30年的奋进与荣光

字字人生百味，段段心路历程
饱经风雨不舍不弃，不凡人生绽放光辉

我和我的祖国

——我们的30年

王 瑜 / 主编

中国盲文出版社

图书在版编目（CIP）数据

我和我的祖国：我们的 30 年 / 王瑜主编 . —北京：中国盲文出版社，2018.12

ISBN 978-7-5002-8830-5

Ⅰ . ①我… Ⅱ . ①王… Ⅲ . ①残疾人—先进事迹—中国—现代 ②残疾人—社会福利事业—人物—先进事迹—中国—现代 Ⅳ . ① K828.6

中国版本图书馆 CIP 数据核字（2018）第 293800 号

我和我的祖国——我们的 30 年

主　　编：王　瑜
出版发行：中国盲文出版社
社　　址：北京市西城区太平街甲 6 号
邮政编码：100050
印　　刷：东港股份有限公司
经　　销：新华书店
开　　本：710 × 1000　1/16
字　　数：231 千字
印　　张：22
版　　次：2018 年 12 月第 1 版　2019 年 7 月第 2 次印刷
书　　号：ISBN 978-7-5002-8830-5 / K · 651
定　　价：48.00 元
编辑热线：（010）83190016
销售服务热线：（010）83190297　83190289　83190292

目 录
CONTENTS

陈燕：
挑战不可能的盲人钢琴调律师

王瑜

陈燕在调试钢琴

【陈燕，女，视力残疾一级，一级钢琴调律师、北京钢琴公益热线创办者、中国音乐家协会钢琴调律分会会员、国内首位女盲人钢琴调律师和首位盲人跆拳道手及独轮车骑手。先后荣获“北京市三八红旗奖章”“北京市自强模范”等荣誉称号。1994 年毕业于北京市盲人学校，1996 年创办中国首条钢琴公益热线，1999 年成立钢琴调律中心，2004 年创办中国第一家以盲人为主、面向全国的钢琴调律公司，同年 12 月被评为“感动中国 2004 十大真情人物”，2007 年当选北京市东城区盲协主席。2008 年登上北京残奥会开幕式舞台，同年获中央电视台励志节目《挑战不可能》第三季“声呐人”冠军。从 2004 年起，她先后出版《陈燕：耳边的世界——中国第一位女盲人调律师的自传》《导盲犬珍妮》等图书。】

2018 年初，参加中央电视台大型励志节目《挑战不可能》获得第三季“声呐人”冠军的陈燕，受某电商邀请为盲人开网店拍摄纪录片。更让她高兴的是，她的又一本新书《导盲犬珍妮》刚刚出版了。作为中国首位女盲人钢琴调律师，陈燕坦言，一路走来，历经风雨。

3 封推荐信

因患先天性白内障双目几近失明，陈燕从小就被姥姥接到北京抚养。转眼到了入学年龄，开学那天，小朋友们都去上学了，只有她留在家里。满腹委屈的她放声哭喊：“我也要上学！”姥姥流着泪说：“明年一定带你去报名，只要有学校要，我天天接送你，咱不怕远。”

第二年，姥姥带她跑了一个又一个学校，都未能被接收。无奈之下姥姥只好在家教她识字。1985 年，12 岁的陈燕听北京人民广播电台说北京有个盲人学校。陈燕问姥姥：“盲人学校能收我吗？”“可以试试。”姥姥说。

于是，陈燕在姥姥的帮助下，握着笔用斗大的字给北京人民广播电台写了封信，几天后真的收到了回信，信里说北京市盲人学校在海淀区定慧寺。姥姥帮她查了地图，告诉她怎么坐车。因从小姥姥就教导她自己的事情自己做，所以她便独自出发去找盲校了。

当时从姥姥家到北京市盲人学校，若认识路，坐车两个多小时就能到。可她连着找了两天，第二天下午三点多才摸进盲校大门。“我找到教导处，一位牛老师接待了我。她问我学过盲文吗？我说没有，但会写字。她说汉字和盲文不一样，还拿出一本大书，全是凹凸不平的小圆点，我一点儿都‘看’不懂。”陈燕说。这是她第一次接触到盲文，感觉像打开了一扇天窗。她缠着牛老师问明年能否来上学。牛老师答应她可以来参加入学考试，但不保证录取。

没过几天，她又听广播提到有个中国残疾人福利基金会，主席是邓朴方。于是她让姥姥帮她打听到基金会地址，决心去找邓朴方叔叔。她找了好多天，终于找到了中国残疾人福利基金会，连着去了 3 天都没碰见邓朴方叔叔。“传达室的于叔叔问我有什么事。我说想让邓叔叔帮我跟盲校说说让我上学。他听完笑了，带我去找了宣文部的杨文娟阿姨。”陈燕说，杨阿姨听她说完，称赞她了不起，当即给盲校写了封推荐信，希望盲校明年能接收她。

她高兴地回家告诉姥姥，不过心里还不踏实。“这时我听广播说有位国家领导人习仲勋爷爷去大学考察。我想他一定是管教育的领导，于是又用碗口大的字给他写了封厚厚的信，请他帮我解决上学的事情。没过几天，我居然收到了习爷爷秘书的回信，信中说习爷爷被我这种求学的精神感动了，专门给盲校写信推荐了我。”

这个时候姥姥又打听到北京的小学都是由北京市教育局小教处管。陈燕又执着地独自找到北京市教育局小教处，“当时小教处的李慧玲副处长被我的执着感动了，也给盲校写了推荐信。”

在这 3 封推荐信的帮助下，再加上陈燕自己的努力，北京市盲人学校的入学通知书真的来了，并让她补习盲文，准备当年 9 月去上学。

走通为盲人调琴正名之路

改革开放给全国人民的生活带来巨变。作为高雅艺术象征的钢琴也进入千家万户，钢琴调律专业相继在各大专业院校开设。在中国残疾人联合会的支持下，北京市盲人学校率先开设了钢琴调律班，首次在全国范围内为盲人学生引入欧美最先进的钢琴调律技术培训。

因儿时姥姥“逼”陈燕学了二胡和电子琴，因此，她有一定的音乐基础，所以顺利入选了盲人钢琴调律班。“之前从没想过盲人居然还能弹钢琴，甚至调钢琴。”陈燕说。

钢琴调律这条路，陈燕走得并不轻松。钢琴的结构和声音传导都非常复杂，调律师不仅需要经过专业的练耳训练才能辨别音阶和音色，更需要熟悉钢琴构造。为此，她每天有十三四个小时都和钢琴在一起，一遍又一遍地触摸和记忆八千多个零部件。为了学会修琴，她只能凭感觉摸索着拿锤子钉钉子，用刨子刨木头，经常把手砸得青一块紫一块，有时甚至血肉模糊。

1993 年，中国第一批掌握欧美先进钢琴调律技术的盲人学生毕业了。然而踏入社会，他们却遭遇到不同程度的挫折。原因很简单，当时业内外不少人还对盲人调律存有偏见。她去了多家琴行，都因不相信盲人能够调琴而被拒之门外，连试调的机会都不给。陈燕好不容易应聘到一家琴行，但也时常遭到误解。陈燕说：“有客户一听是盲人来调律当即拒绝。碰得钉子多了，我有些失望，一度想转行学中医按摩。”

当时盲人按摩已得到社会认可和尊重。无奈之下，她通过努力获得了到北京按摩医院实习的机会，准备放弃钢琴调律专业。带她实习按摩的老师恰好是20世纪50年代盲人中医按摩的首批毕业生。他告诉陈燕，当年他的老师带着他们这些盲人学生去实习，没人敢让他们按摩，都怕被揉坏了。后来盲人按摩师越来越多，才逐渐被人们认可。现在病人找他治疗要排很长时间的队。“这让我很受启发，我想盲人调律作为新生事物，何尝不是如此。”陈燕说，她当时突然有种责任感：“我们是中国盲人钢琴调律专业第一届学生，如果连我们都放弃了，那后面的同学该怎么办？如果大家都改行了，中国残疾人联合会对盲人就业的一片苦心和巨大投入不就白费了吗？”因此，陈燕暗下决心，决不能轻易放弃，一定要让更多人接受盲人钢琴调律。

她回到盲校寻求老师李任炜的支持。李老师鼓励她坚定钢琴调律这个方向，“坎坷是暂时的，正因刚开始，人们才不理解。如果没人走，永远都没有路。”李老师的话更加鼓舞了陈燕。她决心坚持走通这条路。按摩实习结束后，她虽能拿到按摩上岗证，但毅然离开去创业，成为个体钢琴调律师。

陈燕开始独自摸索，在北京的大街小巷上门为用户调钢琴。为了熟悉路况，她让家人帮忙把地图上的地名、车站、胡同、小区等信息一一做成盲文，熟记在心。为避免不必要的猜疑，她与客户初见时从不会说自己是盲人，调琴结束了才告诉对方。客户都很惊讶："你是盲人，你怎么来的？太神奇了。"为了满足客户的不同需求，她把每个客户的情况、要求及每台钢琴调修前后的状况都作了详细记录。有时客户自己记不清的问题，她都能说清楚。不少客户感叹："你对我的事比我自己还认真。"每当此刻，陈燕总会感到无比欣慰。

1999 年 10 月 15 日，第 16 个国际盲人节，这是陈燕生命中非常重要的日子。她自己的钢琴调律中心正式成立。"在北京市残联帮助下，我终于实现了自己的梦想。开业前夕，北京市政府和市残联的领导特意前来慰问。这让我更加坚定地把钢琴调律和帮助更多盲人就业作为毕生的追求。"陈燕说。

尽全力推动导盲犬畅行

2017 年 12 月 25 日，陈燕在导盲犬珍妮的引导下，顺利来到北京航空总医院的门诊大厅，开始为来院患者和家属进行钢琴公益演出。这两年的空闲时间，陈燕常常和珍妮来这里做义工，为就诊患者和家属弹钢琴，舒缓他们的焦虑情绪。北京航空总医院不仅欢迎她和她的盲人钢琴调律师团队做志愿者，而且还是国内首家允许导盲犬进入的医院。

近些年，她的生活因导盲犬珍妮的加入而更加明亮。珍妮是中国第 18 条导盲犬，现在已成为陈燕生命中不可缺少的成员。陈燕说："我申请到她的那一刻非常激动。如今她不仅是我的眼睛，更是我的女儿。"

《中华人民共和国残疾人保障法》规定，导盲犬可以进入公共场所。2015 年允许导盲犬上火车的法规出台，这其中也有陈燕和珍妮的一份功劳。陈燕说："当时，中国残疾人联合会与中国铁路总公司的领导及专家讨论导盲犬可否被带上火车的法规，特地邀请我和珍妮参会。两个半小时的会议，珍妮趴在地上一动没动。领导和专家都很惊奇，原来导盲犬这么听话，比一般孩子还老实。所以导盲犬可以上火车的法规得到大家的一致赞成。一个多月后，允许导盲犬上火车的法规出台。"这件事让陈燕坚信，人们对盲人和导盲犬的态度并非不友善，而是不了解。

由于导盲犬引入国内时间不长，目前数量仍较少，法规在一些地方落实还不到位，一些机构仍以拒绝宠物进入为由将导盲犬拒之门外。在陈燕看来，法律并未规定某些地方拒绝导盲犬进入的惩罚细则，违法成本过低。最近几年，她为珍妮开微博、写书，去导盲犬基地采访，目的只有一个，即让更多人了解到导盲犬就是"盲人的眼睛"。

"我在成长的过程中，受到各地残联、公益机构、很多热心朋友和爱心人士的帮助和关照。这使我很早就养成了帮助他人的习惯，尤其是帮助盲人兄弟姐妹们更是义不容辞。"陈燕说，经过国家、残联、志愿者等各方努力，人们对盲人钢琴调律开始认可，也对导盲犬日渐接纳。"我跟珍妮相守 6 年多，从开始时她带我出门哪里都不让她进，到现在很多地方允许导盲犬进入，点滴变化都反映出社会的进步。相信盲人以后出行的路会越来越顺畅。"陈燕高兴地说。

陈燕说："我有两个梦想，一是让大家都知道盲人能够调钢琴，那样就有更多盲人能找到工作；二是推动导盲犬畅行，让大家都知道导盲犬是盲人的'眼睛'，不要拒绝它们。"至今，陈燕已做过 11 次手术，其中 3 次被宣布病危。2010 年，她遭遇一场车祸之后，彻底失明。她说："我余生的愿望，就是实现这两个梦想。只要今天不放弃，明天就会有希望。"

金晶：感动世界的最美奥运火炬手

叶欣

金晶参加世界献血日活动

【金晶，女，肢体残疾三级，汉族，出生于安徽合肥，籍贯上海。她曾为中国轮椅击剑队队员，获得2002年釜山远南残运会银牌和世界轮椅运动会第三名。她是2008年北京奥运会火炬境外传递火炬手，因在圣火传递途中抵制“藏独”分子的干扰，用残弱的身躯捍卫奥运精神而广为人知，被誉为“守护‘祥云’的天使”“最美最坚强的火炬手”。现任上海市普陀区市政管理中心副主任，上海市人大代表，上海市残疾人联合会兼职副理事长；曾被评为“中国十大杰出青年”“感动中国十大人物”“上海十大杰出青年”“全国自强模范”，荣获“全国道德模范提名奖”；2010年荣获“中国青年五四奖章”，2011年荣获“上海市青年联合会爱心奉献奖”，2012年荣获“上海市杰出志愿者”等。】

金晶，一个响亮的名字，2008 年北京奥运会圣火传递时那个勇敢守护火炬的稚嫩女孩，现在已成为一位坚强独立的妈妈。至今，她先后获得许多荣誉。面对荣誉，金晶坦言，她是幸运的。一路走来，正是残联和社会各界的扶持呵护以及亲友老师和同学同事的关爱帮助，才使她获得了成长的力量，帮她坚守至今，并继续勇敢执着地前行。

坎坷的求学经历

1989 年 5 月，9 岁的金晶还在上小学三年级，脚踝处生长了恶性肿瘤，这对她和家人来说无疑是个噩耗。家人带着金晶来到上海长海医院，无奈之下进行了左腿高位截肢手术。命运在一瞬间改变。对于还没开启自己绚丽人生的金晶来说，截肢意味着学业的荒废和生活的迷茫。

金晶进行了长达一年的化疗。过早经历磨难和苦痛的小金晶逐渐明白，自己要自立，就必须先要自强。要想自强就得有一技之长，于是，金晶化疗结束后选择继续攻读学业。到了初三，金晶按政策回到上海中考，考上了闸北区业余大学附设中专的电脑信息管理专业。临近毕业的时候，学校给他们联系了实习单位，金晶和同学们一起去面试的单位是一家销售电话卡的小公司，同去的其他同学都被录取为实习生，唯独金晶因为身体原因，遭到拒绝。金晶第一次深刻地意识到当时社会对残疾人存在着偏见。

经过一番周折，最后学校推荐金晶到民主党派中国民主促进会上海市委机关去实习，从事档案管理工作。后来，她又经上海市宝山区残疾人劳动服务所推荐，到一家酒店当总机话务员。

成功进入国家队

2001 年，上海市残疾人体育训练中心的一位教练找到金晶，问她愿不愿意加入轮椅击剑队，从小喜欢《佐罗》的金晶当即爽快地答应了。其实，她心底里很想当一名运动员，实现自己的梦想和价值。就这样，金晶成了一名轮椅击剑队员。为了梦想，她开始发奋刻苦训练，每次回家都带着青一块紫一块的伤痕，父母看见后十分心疼，但是金晶顽强地坚持了下去。在 2001 年到 2008 年 7 年的击剑生涯里，她一路过关斩将，从上海队进入国家队，收获了很多奖牌，并一举夺得釜山远南残运会的银牌。

选择成为残疾人运动员的时候，金晶还在做着酒店总机话务员这份比较稳定的工作。当时金晶所在区的残联领导非常支持她成为运动员，特地与酒店方面协调沟通，希望金晶参与训练期间能保留她的工作。酒店方初期给金晶保留着相关工作和基本待遇，但后来时间一长酒店也不再愿意承担金晶的待遇，他们也不愿白养一个人。

残联领导无奈之下只好劝说金晶放弃成为运动员，选择安分稳定的工作。但金晶表示为了坚持自己的梦想，宁愿放弃稳定的工作。令人欣喜的是，经上海市残疾人体育训练中心协调，最终酒店方面还是选择和金晶续签合同保留了她的工作，金晶就这样成为了一名残疾人运动员。

金晶事后回忆说，她觉得这和残疾人工作者对残疾人的理解有直接关系，也与社会对残疾人事业的理解有关。当时社会普遍认为，残疾人能够拥有一份稳定工作就应该心满意足了，而不应该再有“非分之想”，更别提去追寻自己的梦想。庆幸的是，上海市残疾人体育训练中心知道金晶的困难后，帮助她解决了这些问题。

誓死捍卫奥运火炬

法国当地时间 2008 年 4 月 7 日，北京 2008 奥运火炬传递活动在巴黎进行。金晶为巴黎火炬传递的第三棒，也是当天第一个传递火炬的中国人。面对“藏独”分子试图抢夺火炬的突然袭击，金晶以残弱的身躯顽强捍卫奥运火炬，成功传递了火炬。现场无数观众目睹了金晶捍卫火炬的感人一幕。

法国当地时间 2008 年 4 月 7 日中午 12 时 30 分，金晶摇着轮椅与两名护跑手到达位于埃菲尔铁塔与塞纳河之间的区域，等待着与第二棒火炬手的交接。当警察聚焦于正在传递的第二棒火炬时，数名“藏独”分子分批冲向轮椅上等待传递火炬的金晶。面对突如其来的冲击，坐在轮椅上的金晶迅速低下头转过身，用上身紧紧护住火炬。

数次冲击后，“藏独”分子冲破了警方的阻拦，女护跑手被“藏独”分子扭住头发拖到一边，男护跑手以及在场的华人与“藏独”

分子扭打在一起。此时，一个身材魁梧的“藏独”分子趁乱扑到金晶身上，想要拽走金晶手中的火炬。“藏独”分子没想到一个残疾女孩能爆发如此强大的力量，他一边拉扯金晶的胳膊，一边殴打她。金晶的下巴受了伤，仍死死地把火炬抱在怀里。

最终几名“藏独”分子都被警察制服。金晶慢慢抬起了头，眼睛里闪烁着泪光。法国当地时间 2008 年 4 月 7 日下午 13 时 20 分，金晶誓死捍卫的北京奥运火炬在塞纳河边被顺利点燃。她高举圣火，面对异国民众和全世界赞许的目光，脸上露出了胜利而自豪的微笑。

谈起当时的情景，金晶非常坚定：“奥运火炬代表着奥林匹克精神，代表着全人类的美好愿望。传递在我们国家举办的奥林匹克运动会的奥运圣火是我的梦想。火炬在我手里，谁也别想抢走它！”

努力实现残健融合

回顾过去，金晶表示自己是幸运的。小的时候有亲人朋友们的关心和爱护，在学校也始终有友爱的同学和慈爱的老师，走上社会以后得到了很多同事和朋友们的支持。在金晶工作之初，还受益于残联出台的相关残疾人辅助用具补贴政策，为她补助了一部分假肢费用，为她原本不富裕的家庭减轻了一些负担。

金晶始终坚信，一个人如果真诚、与人为善，就算是身体残疾，也总会有人发现你、认可你。2007 年在中央电视台体育频道参加竞选火炬手的日子里，金晶虽然没有团队策划，也没有工作单位支持，但是央视工作人员对金晶的关爱让她感受到满满的温暖，金晶能够入选火炬手，是他们对金晶的认可。广大民众是因为法国巴黎的火炬守护事件，才认识和了解了金晶的，也使她有了更多的发展机会。现在金晶依然保持初心，因为她要让当时选她的人们知道，你们欣赏和支持的金晶，始终没有变。

多年来，金晶非常感恩成为一名光荣的运动员。通过运动员生涯的磨练，她开阔了眼界，知道了运动员的不容易，也明白了很多别人不明白的道理。金晶知道世界很大，人很渺小，人在困难面前只有学会坚强、不懈努力，才能战胜困难。另外，金晶对新时代感到欣慰的是，有越来越多的人理解接纳了残疾人，也有越来越多的企事业机关单位愿意招收残疾人。大家对于残疾人的理解也不再局限于他们是需要帮助的人群，认识到残疾人群中也有很多优秀的人，愿意与他们平等相处。

现在，金晶是上海市的人大代表。她很欣慰地看到中国残疾人各项事业的进步，比如辅助用具的申请派发，残疾人可以考驾驶执照驾驶汽车，残疾证有了更多的用处和优惠，无障碍设施日益完善等等。金晶希望能利用自己的资源和能力帮助更多需要帮助的残疾人，在促进残健融合方面贡献自己的力量。同时金晶还兼任了上海市残联的副理事长。当开始接触残联的各项事务时，她才真正了解到，原来残联有那么多那么细致的工作，很不容易。很多残联老同志向金晶讲起残联一步步走过来的艰辛历程时，都使她很感动。金晶感慨地说：“我们真的需要感恩。残联可能没有办法面面俱到满足每一个残疾人的诉求，但尽了最大努力，争取尽可能地给绝大多数残疾人提供所需要的帮助。我希望将来能够实现真正的残健融合，残疾人能享有与健全人同样的权利以及公平、平等地参与社会生活和工作。”

陈华铭：致力于推动聋人的全面发展

齐华瑞　魏天瑶

陈华铭参加中国残疾人联合会七代会时行使投票权

【陈华铭，男，听力残疾一级，1974 年出生于山西省晋中市。1992 年他成为全国第一批聋人大学生进入天津大学机电分校特教部就读机械专业。1995 年成为全国第一批接受高校全纳本科教育的聋人学生，2008 年当选天津市聋人协会主席；先后获得“天津市和平区连续两届残疾人自强模范”“天津市‘十一五’残疾人工作先进个人”“天津市创建全国残疾人工作示范城市先进个人”等荣誉称号。2008 年赴日本参加 JICA 聋人领导者培训，2017 年赴匈牙利参加世界聋人联合会国际大会。他担任中国聋人协会手语委副主任，长期致力于手语普及工作。】

1974 年，陈华铭出生在山西省晋中地区一个小县城，但先天严重的听力障碍给他的生活和学习带来巨大的困难，他因此对人生也充满了迷茫。改革开放、万象更新，残疾人事业的发展像是黑暗中的一盏明灯，点亮了他对未来的憧憬。

聋人也能上大学

20 世纪 70 年代，残疾人上学还是一件很困难的事情，但陈华铭渴望读书、渴望学习，他从报纸上读到了张海迪姐姐的事迹，深受启发也备受鼓舞。长春大学特殊教育学院招收聋人学生的信息，更让他看到了希望，从此发奋努力学习。

他说："我父母对于我的健康成长给予了很大的帮助，他们从来没有因为我的身体原因而对我降低要求。我父亲说得最多的一句话是我任何方面都不比其他人差，只是听力差点而已。他们平时要求我在任何方面都不能落后于其他人，要求我向身边最优秀的人看齐。也许是父母从来没有因为我听力不好而迁就和放弃，始终把我当作一个健全的孩子严格要求，所以我从来没有因为自己的听力问题自卑过，而是保持积极健康的心态。记得最初和父亲谈论起手语时，父亲说手语是一门语言，也是一门技能，好好学没坏处。这一下打开了我的心结。我真的很庆幸有这样严厉而开明的父母。"

1991 年，在中国残疾人联合会支持下，我国聋人高等教育进一步发展，全国第一所聋人理工科高等教育学院——天津大学机电分校特殊教育部（天津理工大学聋人工学院前身）成立并招收第一届学生。陈华铭幸运地赶上了这个好时机，成为当时天津大学机电分校特教部机械专业全国第一批聋人大学生。3 年大专毕业后，他又赶上了学校首次尝试聋人专续本教育，因为学习成绩优秀，陈华铭被推荐到普通班级专续本学习，成为全国第一批参加高校全纳本科教育的聋人。

陈华铭感慨，如果没有政府和残联积极推动残疾人高等教育发展，他很难有进入大学深造的机会，因此他格外珍惜来之不易的机会，努力学习，全面提升自己。大学期间他担任过班长、特教部第一任学生会主席，成为第一位获得天津市理工科优秀奖学金的聋人，并在人民大会堂获得中国残疾人联合会颁发的"'德敏'自学成才奖"。

回忆起上学的时光，他说："当年我考上天津大学机电分校特教部的时候，我国残疾人高等特殊教育正处于起步阶段，全国只有长春大学和天津大学机电分校等几所高校招收听障类残疾人。近些年来目睹我国特殊教育特别是高等特殊教育蓬勃发展，感触良多。当年全国只有两所大学招收聋人，现在全国范围内招收聋人学生的大学已有二十多所，加上各地招收本地聋人的高校，以及各地残联和中央广播电视大学残疾人教育学院合作为本地残疾人提供的高等教育机会等，可以说现在我国聋人接受高等教育的机会非常多。2017 年，我参加世界聋人联合会国际大会时，与世界各国聋人朋友交流聋人教育时，提到我国现在已经有二十多所大学可以招收聋人学生，外国聋人朋友们都流露出非常惊讶的表情，我感到无比自豪。”

互联网带来广阔天地

陈华铭虽然大学时学的是机械专业，但他对计算机一直有着浓厚的兴趣，在大学期间就通过了国家计算机二级考试——CAD认证考试。他还经常去学校机房自学一些计算机知识，为日后继续自学计算机技能打下了扎实的基础。

他说：“当时全球刚刚进入计算机信息时代，国内操作系统也刚从DOS升级为WIN界面，OFFICE软件刚开始普及，整个计算机应用处于面貌一新的阶段。国际上，欧美发达国家尤其是美国的互联网已开始流行。我预感到国内也会很快进入互联网时代，计算机信息技术将是未来的潮流。另外，计算机工作也非常适合聋人，因此我决心把计算机技术作为自己的发展方向。事实证明，当初我的选择是正确的。后来互联网和计算机技术在国内蓬勃发展，各种信息在网上可以随时查阅，通过社交软件在电脑和移动终端上，就可以与全国乃至全世界任何地方的人无障碍交流。现在很多单位内部都利用社交软件建立群组进行工作沟通，这些做法都给聋人带来极大便利。可以说，科技的发展为我们残疾人创造了良好的无障碍环境，让残疾人可以更好地参与社会。”

事实证明，这些年科技的发展，点亮了无数残疾人的人生。全身瘫痪且不能言语、只有3个指头可以活动的物理学家霍金，依靠现代科技，可以操作电脑，可以与人沟通，展示自己天才的思想，成为了人类最伟大的物理学家之一。盲人朋友也可以操作电脑、上网聊天，或者使用手机拍照、使用地图导航。在陈华铭看来，随着物联网、大数据和人工智能技术的发展，残疾人参与社会、融入社会会更加便捷。残疾人朋友应该充满信心，积极拥抱现代科学技术，努力创造自己的美好未来。

与残疾人事业一同成长

陈华铭说，在他几十年职业生涯和残疾人专门协会工作中，可以明显感受到整个社会对残疾人就业理念和态度的巨大转变。1997年他大学毕业的时候，正处于我国经济转型期，从计划经济转向市场经济，对于大学毕业生国家不再包分配，得靠自己谋职业。他那时的求职过程非常艰难，起初靠家人帮助，虽然曾经在两三家单位工作过，但很不顺利。后来经天津市残联和天津市人事局的推荐，他才能到天津开发区工作。再后来，在时任中国残疾人联合会主席邓朴方先生和相关部门的关心帮助下，才获得了正式编制。那时社会上很多人对残疾人就业还不太理解，甚至有些人还比较歧视和排斥残疾人。

经过三十年的发展，在党和政府以及中国残疾人联合会的积极推动下，《中华人民共和国残疾人保障法》《残疾人就业条例》等法律法规得以颁布实施，使得整个社会对残疾人就业的理念和态度发生了积极而深刻的变化，我国残疾人就业环境发生了翻天覆地的改变。很多残疾人朋友可以找到一份不错的工作，自食其力。越来越多的残疾人朋友，开始为更好的职业发展、更高的收入和更有尊严、更有质量的生活而努力。

2003 年至今，陈华铭从事聋人协会的工作已经 15 年。这 15 年来，他总是全力以赴，在天津市残联各级领导的指导和帮助下，团结聋协团队齐心协力拼搏，陈华铭为残疾人事业作出了积极的贡献。

2018 年，适逢我国改革开放 40 周年和中国残疾人联合会成立 30 周年。30 年前，大部分残疾人生活困难，每天都要为最基本的生存问题奔波，各种文化生活匮乏。如今，随着残疾人康复、教育、就业文化等的发展，越来越多的残疾人身体得到了较好的康复，也接受了高等教育，找到了比较满意的工作，残疾人融入参与社会的能力不断增强，在大城市拥有自己的住房、私家轿车，以及出国旅游等对残疾人来说已经不算新鲜事情。各类丰富多彩的文化体育活动，也极大丰富了残疾人的文化体育生活。

抚今追昔，陈华铭由衷地感谢残联组织，感谢飞速发展的伟大祖国！自己也非常荣幸能有机会参与残疾人工作，为残疾人朋友们服务，为祖国更好发展增砖添瓦。

韩芳：受益于残疾人教育的首位睡眠学博士

王瑜　叶欣

韩芳教授在学术会议上发言

【韩芳，男，肢体残疾三级，1968 年出生于山西天镇，中国首位睡眠临床医学专业博士。现为北京大学人民医院主任医师、二级教授、博士研究生导师、博士后合作导师，任北京大学睡眠研究中心主任，兼任中国睡眠研究会理事长、中华呼吸学会睡眠学组副组长、亚洲睡眠医学会候任主席、国际著名睡眠医学杂志《睡眠与呼吸》副主编，国内专业期刊《中华结核和呼吸杂志》《中华医学杂志》编委等，在发作性睡病研究方面具有世界知名度。1992 年起从事睡眠疾病诊疗及研究，1997 年获博士学位，1999 年 8 月至 2001 年 9 月赴美国凯斯西储大学睡眠教育与研究中心留学，并受聘为医学院助理教授。他在睡眠呼吸暂停的发病机理及中国发作性睡病基因方面的研究，引起国际广泛关注。在国内外学术期刊发表学术论文 160 余篇，其中 SCI 收录 60 余篇；他的研究工作得到国家科技部、国家自然科学基金、北京科技新星计划、教育部新世纪优秀人才计划及国家自然科学基金委中德科学中心等的资助。】

韩芳在专业领域的研究已达到国际领先水平。然而他说，正是由于赶上了中国残疾人高等教育的好政策，才彻底改变了他这个农家娃的命运，让他有机会进入中国医学教育的最高殿堂学习，也让他有机会走出国门，收获事业的进步和家庭的幸福。

幸运进入滨州医学院

20 世纪 60 年代末，韩芳出生于山西省天镇县一个穷困的小山村——塔儿村。一岁半时，一次高烧使他患上小儿麻痹后遗症，此后他的右腿落下终身残疾。他从小就经受村里人的欺负和嘲笑，内心产生深深的自卑感。当时农村主要以体力劳动为主，韩芳时刻有种生存危机感。那个年代，当兵和考学是寒门子弟自立成才的两条主要出路，而韩芳很早就明白，他这样腿部残疾的孩子要想摆脱命运束缚，唯有上学一条出路。因此，他在学习上总是付出比别人更多的努力，一直保持着优异的成绩。

1984 年，初中毕业的他考了全县第一名，在当地引起了不小的轰动。看着自己的成绩，韩芳很激动，因为他梦想的中等师范学校似乎触手可及。填报志愿后，他提前一天就让父亲陪着赶到县城体检。父子俩好不容易找到体检处，负责面试的县教育局负责人却以“会影响教师形象”为由，毫不留情地将他“刷”了下来。韩芳当场就傻了。父亲知道，韩芳想读师范学校只是想尽早工作来支撑这个穷困的家，因为家里还有 7 个弟弟妹妹要上学花钱。“我当时做梦都在考师范，就是希望早点当教师，减轻家里的负担。”韩芳说。

就在韩芳感到痛苦和困惑时，被誉为“八十年代新雷锋”和“当代保尔”的张海迪自强自立的事迹传遍大江南北，全国上下掀起向海迪同志学习的热潮。从这位高位截瘫的偶像身上，韩芳看到了新的希望。于是他下定决心，要像张海迪一样靠知识改变命运。于是，他选择去县城的第三高中就读，准备考大学。韩芳认为，当时全国上下对张海迪的宣传学习，代表了改革开放之后我国人道主义精神的回归。

幸运的是，在第三高中他并没有受到太多歧视，还因成绩优异多次得到老师和学校嘉奖，还参加了校文学社和辩论赛。不过因身体不便和内心自卑，他从没敢上过体育课。3 年之后的 1987 年高考，他以 540 分的成绩高居全县第二，超过当年山西省高考重点分数线 60 分。他也曾想报考北京师范大学和北京大学，然而按当时普通高校招生规定，残疾考生还很难进入这些学校的招录范围。

这时，一直关心他的班主任几经周折打听到一个好消息：山东滨州医学院有个专门招收残疾人的专业——临床医学二系，是全国第一家招收残疾人的高校。班主任依据以往高考报考招录经验，建议他务必报这个专业。韩芳当时心里还憧憬着另一个梦：期望通过报考图书馆专业，曲线实现教师梦。于是他第一志愿选了兰州大学图书馆系，第二志愿报了滨州医学院。结果兰大没能录取他，滨州医学院因他考分很高，虽非第一志愿报考，却也破格录取。这样，韩芳走进了医学的殿堂。现在看来，韩芳坦言滨州医学院更适合自己，命运替自己作了最好的选择。

1985 年，滨州医学院在全国范围内率先创办残疾人临床医学系，招收首批残疾人考生，开创了我国残疾人高等教育的先河。20世纪80年代初，时任中国残疾人福利基金会主席的邓朴方深感残疾人高等教育的匮乏，于是借鉴国外成功案例，力推这一专业的设立。最终在原国家教委、卫生部、民政部、中国残疾人福利基金会和山东省政府的联合推动下，滨州医学院创办了全国首个专门招收残疾人的大学本科系——临床医学二系。当时该系以招收肢残学生为主，进行为期5年的临床医学培养。

国内外求学重塑人生观

滨州医学院残疾人医学系从创建开始，便紧紧围绕残疾人学生的特殊需求，采用集中教育模式。学院专门聘请教师开设针对性和实用性课程，并在生活上给残疾人学生以特别的关怀和照顾。这种“特殊”的政策和理念，给长期被歧视的残疾人学生们带来了身心的温暖，促使他们更加健康成长。

韩芳坦言，大学里平等友爱的集体生活，使他和同学们从自卑敏感的封闭世界中走了出来，逐渐变得乐观自信，甚至敢于自嘲，以前怕上街、怕见人、不敢与人说话的感觉也渐渐远离。在这里，老师们的关心、同学们的相互友爱，使他的心灵世界更加阳光。他逐渐活跃起来，凭借优秀的成绩和较强的工作能力当上了班长，还被选为系学生会主席，后来又担任了院学生会副主席和系团支部书记。这期间，他还创办了校刊、书画社和文学社。一系列实践活动，不仅锻炼了韩芳的组织能力和交往能力，更对他的乐观性格和正向人生观、价值观的形成，以及参与社会活动的信心等，都产生了积极的影响，也使他的视野和胸怀变得更为开阔。

韩芳的经历，是众多来滨州医学院求学的残疾同学成长的缩影。据滨州医学院党委书记车先礼介绍，1985年至2015年30年间，共有来自全国20个省市区1033名残疾人在滨州医学院获得本科教育。进入社会后，不少人成为医疗、科研等领域的骨干，118人受到省级以上表彰奖励，224人考取研究生，就业率高达87%。

滨州医学院原院长、现任教育部学校规划建设发展中心处处长的刘志敏认为，残疾人高等教育在滨州医学院的创办和发展，实现了医学教育、残疾人教育和生命教育的深度融合，培育了师生关爱残疾人、关爱社会、关爱生命的人文情怀，同时引领了扶残助残的社会风尚，成为推动社会文明进步的辐射源。

在滨州医学院，韩芳对医学产生了浓厚兴趣，入学后不久就决定报考研究生。在当时教务处赵绪言老师的鼓励下，他报考了北京医科大学（北京大学医学部前身）内科临床硕博连读研究生，最终取得专业考试第一名的好成绩。1992年9月，在北京医科大学附属人民医院（现北京大学人民医院）两位爱惜人才的导师丁东杰教授和陈尔璋教授的坚定支持下，韩芳如愿以偿地进入北京医科大学附属人民医院开始研究生学习，在著名呼吸病专家陈尔璋教授指导下从事呼吸疾病的诊疗和研究工作，专业方向为当时还特别冷门的睡眠类疾病。

睡眠障碍属医学前沿性课题，发病人数居多，实际危害不小，却多不被病人和社会了解。当时，国内这方面研究刚刚起步，韩芳读研第二个月，导师就把建立睡眠实验室的重任交给了他。看到那些久置未用的进口设备，韩芳感到惋惜。他查看文献，在导师指导下刻苦钻研，尝试摸索机器。那时国内对这一领域的研究几乎空白，他需要查阅学习大量英文资料。为了有更多时间投入，研究生学习的第一个冬天，韩芳基本都是在实验室度过的，晚上干脆就搭个床铺睡在实验室。第二年春天，我国首个具有国际先进水平的睡眠实验室建立了。

1997 年，韩芳成为中国首位睡眠医学专业临床博士。当年 9 月，在德国召开的世界第五届睡眠呼吸暂停学术大会上，他提交的论文引起与会专家尤其是大会执行主席——美国凯斯西储大学睡眠中心主任 Strohl 教授的极大兴趣。在其特别邀请下，1999 年 8 月，韩芳赴凯斯西储大学睡眠教育与研究中心深入学习与工作。在美学习期间，他在世界一流的睡眠研究中心实验室里更是不敢懈怠，夜以继日做实验，不久，他以出色的研究成果获得研究中心认可，并引发国际同行关注，被聘为助理教授。

2001 年 8 月，韩芳放弃国外优越的生活和科研条件，毅然决然地带着妻子和刚出生 3 个月的儿子回到祖国。他深知我国在睡眠研究方面还有很大空间，一心想着回来服务学校、报效祖国。归国后的韩芳回到了北京大学人民医院呼吸科，继续从事呼吸系统疾病和睡眠障碍诊疗及科研工作。多年来，他在无创伤性机械通气治疗急性和慢性呼吸衰竭等领域作出突出贡献；在儿童发作性睡病基因领域的研究成果达到国际先进水平，发现不同于日本人报告的东方人发作性睡病基因；在北京大学人民医院建立了全球最大的儿童发作性睡病病例库；与德国柏林大学、美国宾夕法尼亚大学和斯坦福大学睡眠中心等国际顶级专业研究机构建立了密切的合作关系。

被高等教育改变的人生和命运

自 1985 年山东滨州医学院创办中国首个残疾人高等教育专业以来，中国已有超过 9 万名残疾人学生被普通高等院校录取。韩芳对母校一往情深，受聘为滨州医学院“泰山学者”特聘教授，建立睡眠医学研究中心，设立国内少有的睡眠医学专业硕士培养点，为推动残疾人高等教育事业发展竭尽心力。通过国际合作，在中国残疾人联合会和滨州医学院大力支持下，他开展了全国部分地区小儿麻痹后遗症患者睡眠呼吸障碍的调查与干预研究，已培养 3 名研究生。作为北大的硕士、博士研究生导师和博士后导师，韩芳身体力行，正在培养和已毕业的残疾人硕士、博士研究生共 3 名，其中包括需要轮椅辅助的重度残疾人学生。他培养的残疾人博士也留学海外，登上国际讲坛。

2015 年 5 月，教育部与中国残疾人联合会共同出台《残疾人参加普通高等学校招生全国统一考试管理规定（暂行）》，这是中国首次从国家层面对残疾人参加普通高考专门制定的管理规定。规定要求，从 2015 年高考开始，各级教育考试机构要根据残疾人考生的残疾情况和需求，为残疾人考生提供便利，其中包括提供盲文试卷，免除外语听力考试，允许佩戴助听器、人工耳蜗或使用轮椅、拐杖、特殊桌椅，延长考试时间等。有数据显示，近年来残疾人考生高考过线录取率基本保持在90%以上，过半省份达到100%录取。越来越多的残疾人有机会接受高等教育。

韩芳求学和人生的关键历程折射出改革开放之后中国残疾人高等教育事业的革新与发展。他在这场历史机遇中既是受益者也是见证者，因此对于“知识改变命运，教育改变人生”这句话的体会非常深刻。

初中毕业时，张海迪的事迹对他影响很大，使他在迷茫时坚定了通过考大学改变命运的信念。大学教育对他性格塑造和未来发展影响至深。他通过亲身经历感受到，只有教育才能更有力地改变残疾人的现状。在他看来，高等教育尤其是研究生教育对残疾人的影响更为显著。从滨州医学院考入北京医科大学攻读硕博，再到博士毕业后的国外学习，这些经历对他的世界观、人生观、价值观的形成起到了至关重要的作用，使他变得更加坚强和自信。因此，他认为，教育不仅能弥补残疾人与健全人之间的差距，更可能让残疾人中的人才脱颖而出。“我们幸运地赶上了好的时代和社会。我最深刻的体会就是改革开放之后，教育对残疾人的放开，改变了我们的人生和命运。”韩芳说。

改革开放40年来，尤其是中国残疾人事业发展30年来，残疾人特殊教育政策尤其是高等教育政策，使得我国残疾人得到了更好地成长和发展机会。国家和各级政府的政策、制度，对残疾人教育、就业、生活等方方面面有着明显帮助，社会对残疾人的认识和理解也有了长足进步。

当然还应该看到，当前残疾人教育体系还不完善，一些地方和机构对残疾人仍然存在偏见，比如虽然法律明确规定残疾人有平等接受教育的权利，但实际考学、招录方面还存在无形的歧视。残疾人的社会参与度与健全人相比还存在差距。一些地区改革发展成果，尚未完全让残疾人共享。换言之，法律制度虽然比较健全，但在某些方面却未很好地落实。这些都是韩芳体会较深，也是他期待改变之处。从韩芳的经历来看，在大多数情况下，残疾人只有依赖教育才有机会改变人生、改变命运。韩芳说："对于残疾人而言，30 年来我国残疾人事业发展的意义，相当于改革开放 40 年对于普通民众的意义。"改革开放 40 年来，"教育改变人生"这句话在残疾人身上体现得尤为突出，8500 万残疾人均不同程度地享受到了改革开放的红利。韩芳认为，中国残疾人事业发展的 30 年，是人道主义普及和深入人心的 30 年，也是残疾人教育腾飞和带动残疾人全面发展的 30 年。

马芸莉：特奥圣火点燃生命点亮生活

胡雅坤

2007年马芸莉在长城居庸关迎火炬启动仪式上发言

【马芸莉，女，智力残疾三级，1977年出生于陕西，中国特奥国家田径队运动员；多次参加各级特奥活动，获得金牌11枚、银牌8枚、铜牌6枚，被誉为“中国特奥之星”。2004年，她和爸爸马思祥发起成立了“宝鸡市特殊奥林匹克运动小组”，前后发展参与活动的运动员600多人，得到社会的广泛支持和认可。2008年，受中国残疾人联合会邀请，参加中国残疾人联合会第五次全国代表大会，当选为中国智力残疾人及亲友协会（以下简称“智协”）委员。2009年，经陕西省残联推荐，参加第四次全国自强模范暨扶残助残先进集体和个人表彰大会，被授予“全国自强模范”称号。2010年，分别代表东亚区和中国参加在摩洛哥举办的全球特奥运动员大会，受到摩洛哥国王和参会各国领导人接见。2013年，当选为宝鸡市智协副主席、宝鸡市特奥会副主席。】

马芸莉出生不久，就被发现和其他小孩不一样，既不哭也不闹，邻居们都议论小姑娘是不是有什么毛病。几个月后她的爸爸妈妈带着她到延安医院检查，发现她患有小儿唐氏综合征、心脏病、青光眼等疾病。3 岁之前，她几乎是在去医院的路上长大的。爸爸妈妈一直没有放弃她，带她去各地求医，耐心细致地教她生活的技能，带她上街，培养她的自理能力，给她很多温暖和鼓励。慢慢地，她可以自己读书、看报，照顾自己。

特奥改变了命运

马芸莉很幸运地在妈妈当老师的那个学校读完了小学。初中的时候，学校不收智力障碍的学生，她就只好待在家里。爸爸妈妈偶然从一个朋友那里得知宝鸡市有个陕西省自强中专学校，专门招收残疾人学生，他们希望马芸莉能够学习生活技能和文化知识，今后没有父母的帮助也能够自主独立。

回想那时，马芸莉讲述了她的求学之路与特奥情缘。第一次去陕西省自强中专学校报名时，学校领导说："自强中专建校 50 年了，我们招的有盲人，有聋哑人，有肢体残疾者，还从来没有招收过智力障碍的学生。"于是，她被拒绝了。不过，她的爸爸妈妈没有放弃努力，过了几天再次带着她来到学校，她慢慢走到学校领导面前，祈求的目光中流露着坚定，一字一句向学校领导说："老师，我想上学，我想学习。"这句发自肺腑的话语，感动了在场的每一位领导和老师。学校领导对爸爸妈妈说："我们同意重新考虑你们

右二为马芸莉

的请求，这个孩子一定有学上，放心吧。”很快，在当地民政部门的帮助下，学校通知让她参加统考，她也领到了平生第一张准考证。幸运再次降临，她顺利通过了考试，成为了陕西省自强中专学校招收的第一位智力残疾人学生。从此，她逐渐走出了家庭，走向了社会，迈出了独立生活的第一步。

在 3 年的自强中专学习和生活中，她没有把自己看成是特殊学生，她学会了照顾自己，并且考取了陕西省劳动厅颁发的按摩师 5 级资格证书。从此她的生活打开了一片新的天地。她非常感谢爸爸妈妈一直以来的支持，没有放弃对她的教育和培养，感谢学校领导和老师给了她一个接受职业教育的机会，为她未来的生存打下基础。

2002 年，西安举办第三届全国特奥运动会。经过宝鸡市残联选送、陕西省残联选拔，她参加了第三届全国特奥运动会运动员培训。在为期 3 个月的培训期间，她每天早起晚睡。在教练带领下，经过艰苦训练，取得了女子俯卧撑 F02 组第 2 名和女子仰卧起坐 F02 组第 4 名的好成绩。

运动会期间，在陕西省举办的中央领导和海外友人招待会上，她很荣幸地被选为全体运动员代表向与会嘉宾致欢迎词。当她用中英两种语言读完欢迎词后，国际特奥会首席执行官蒂姆·史莱佛先生兴奋地夸奖她："了不起，她会两国语言。"时任陕西省省长贾治邦和中国特奥会主席阎明复还专门接见了她。后来，她被评为"特奥之星"，她在运动会上的优异表现也被载入到第三届特奥会的画册——《生命之光》中。

通过坚持不懈的体育训练，她的体质逐渐增强，原来臃肿的身材也消瘦了许多，智力和能力也有了明显提高。在参加特奥会之前，她不敢出门，因为她比较胖又是"国际脸儿"，人们看到她就像看到外星人一样，走在外面经常遭到议论和嘲笑。参加特奥会之后，大家对她的评价改变了，夸奖她是得过奖牌的特奥之星，都对她竖起大拇指，这让她感受到从未有过的快乐和自信。特奥运动带给她的进步和成长，改变了她个人的命运，成为她人生中的一个重要转折点。

推广特奥只为传递快乐

第三届全国特奥会之后，马芸莉深深爱上了特奥，也希望有更多的智力障碍人士能和她一样分享特奥运动的快乐。2004 年，她受到国际特奥会邀请，到北京参加"特奥运动员领袖计划培训班"

和“国际特奥会东亚区信使培训”。国际特奥会东亚区组织和中国特奥委，希望她可以每年带动发展 20 名特奥运动员，并且定期向组织进行书面汇报。这次培训使她对特奥运动有了更加深入的理解，她参与宣传、普及和推广特奥运动的愿望更加强烈。她很希望更多的智力障碍人士能够参与到特奥运动中来，通过参加特奥运动走出家庭、走向社会，自强自立。

为了让智力障碍人士有参加活动的机会和平台，进而发展更多运动员，她在爸爸的支持和鼓励下，在许多志愿者的热情帮助下，牵头成立了“宝鸡市特殊奥林匹克运动小组”，简称“特奥小组”。

特奥小组成立之初，遇到了重重困难，一无资金，二无场地，也没有成功的经验可以借鉴。但是他们一直努力探索，坚持了下来。她说，最初发展运动员时，爸爸带着她在整个宝鸡市区找，看到和她一样长得像“国际脸儿”的孩子，就跟上去和孩子家长讲特奥会的事情，请求他们能够让孩子参加特奥小组的活动。有的家长婉转谢绝了，有的家长则不耐烦地把她和爸爸训斥一顿。但是爸爸和马芸莉并没有放弃，而是经常带上水果和特奥会的资料，去智力障碍的孩子家里探望，给他们讲参加特奥运动对孩子和家庭的好处。

时任宝鸡市残联办公室主任的张西朝听到他们的情况后，给了他们热情的支持和指导。张主任给马芸莉的爸爸介绍了宝鸡市几所小学智力障碍孩子们的情况。接下来他们就找到这些学校的校长，表达和学校联合开展特奥活动的想法，商讨举办一次特奥联谊比赛活动。时任新民路学校校长的高立军说：“我们学校操场就是比赛场地，学校的体育器材你们都可以用，老师、学生们都能做志愿者，我们愿意尽力支持。”

与此同时，马芸莉爸爸的一位朋友徐道良先生看到特奥小组活动情况后，也很受感动，提供了很多资金支持。就这样，这个小组由最初的 4 个人慢慢发展到 7 个人。

2005 年 1 月 7 日，马芸莉带领宝鸡市特奥小组全体成员参加了宝鸡市市区“名流杯”迎新春特奥联谊运动会。这次活动在陕西省残联、陕西省特奥委、宝鸡市残联的大力支持下，获得圆满成功。同时通过新闻媒体报道，取得了很好的社会效应。他们的特奥小组成员一下子发展到 30 人，之后他们梳理出“宝鸡市特殊奥林匹克运动小组运动人员基本情况”“运动员参加活动记载”等材料，定期组织开展活动。

这次活动后，宝鸡特奥小组得到了社会广泛关注和认可，开始慢慢发展壮大。从 2004 年成立以来，这支特奥小组在宝鸡市先后组织举办特奥活动 11 次，发展参与运动员 600 多人，代表陕西省参加了第三届、第四届、第五届、第六届全国特奥会，还参加了大连全国田径比赛、北京全国田径比赛、南京“铁人杯”乒乓球比赛以及上海第十二届世界夏季特奥会等。小组成员先后共获得金牌 39 枚、银牌 36 枚、铜牌 33 枚，有 10 名成员荣获中国残疾人联合会和国家体育总局联合颁发的“全国特奥优秀运动员”称号。宝鸡市智协在特奥小组的基础上，又注册了“爱心家园”这一专门为大龄智力障碍人士服务的机构，每天为 10 多名大龄智力障碍人士服务，组织参与社会各方面活动。

各类活动也极大地丰富了智力障碍人士的日常生活，对他们的康复起到不可估量的作用。这么多年的亲身经历让马芸莉深深感到，特奥运动不仅能改善智力残疾人的生活状况，营造社会各界尊重智力障碍人士的氛围，更有利于让他们接触和融入社会，提高智力障碍人士的生活质量和社会适应能力，促进智力残疾人平等参与社会、共享社会发展成果。

马芸莉说："30 年来，我作为一名智力残疾人士，从进入陕西省自强中专学校学习开始，多次参加各级特奥比赛、特奥运动员领袖培训等，还参加国家大型会议，先后成为中国智协委员、全国自强模范、宝鸡市智协副主席以及宝鸡市特奥委副主席。每一个成长过程，都伴随着国家、各级政府、残联以及社会爱心人士对我的关注、呵护和培养。我在特奥活动中得到锻炼、取得成绩，只是我个人获得的进步，而我想让更多智力障碍人士，通过特奥运动锻炼和社会历练的像我一样能自理、自立、自强。未来，我希望特奥运动圣火能够点亮每一位智力障碍人士的生活，每个智力障碍人士都能像我一样得到发展，甚至比我发展得更好。"

王国胜：托起残疾员工希望的“绿洲”

王瑜

王国胜近照

【王国胜，男，肢体残疾三级，1965年出生于河南长垣，中共党员，国民经济学专业博士，驼人集团创始人、总裁，中国医学－耗材整合联盟理事长、中国生物医学工程学会副理事长、中国生物医学工程学会医疗器械标准工作委员会主任委员、中国研究型医院学会麻醉学专业委员会常务委员、中国残疾人联合会主席团委员、河南省残疾人联合会副主席、河南省第十一届政协委员、河南省医疗器械商会会长、北京化工大学名誉教授、硕士研究生导师、北京大学学生公益实践导师。他先后荣获“全国自强模范”“河南省十大创新人物”“全国自强创业之星”“河南省‘五一劳动奖章’”“全国扶贫开发先进个人”“第七届河南省年度经济人物”等称号。】

从出生那一刻起，王国胜注定要承载沉重的压力。他的脊柱严重弯曲，背部不能完全直立。这种身体的病痛给他的生活和心理带来极大的压力。然而压力并没有击垮他，反而让他学会负重前行。他每天都要拖着沉重的身体奔波，为残疾员工和更多困难人群带来支持与帮助。

如今，王国胜一手创立的驼人集团已拥有 4 个生产基地，2 个研发中心，55 个子公司，占地面积 46 万平方米，员工 5000 余人，其中残疾员工 500 余人。迄今为止，集团获得国家、省部级荣誉 60 余项，产品销往 40 余个国家和地区，公益慈善事业投入累计 1.2 亿元，帮扶 2350 户家庭脱贫。这些数字详实而具体地反映出他付出的心血和爱心。王国胜牢记“吃水不忘挖井人”这句话，他深知这一切不只是他个人的功劳，更是国家和社会的进步给了他和集团成长发展的机会，是政府、残联、各界爱心人士的鼎力相助，才使他的事业能够发展壮大。所以他懂得感恩，一直坚持推动医疗健康和公益助残事业的发展，想要为更多人托起希望的“绿洲”。

百折不挠的“个体户”

王国胜脊柱先天性严重变形，重度残疾，是名副其实的“驼人”。1982 年 7 月，他的高考成绩远超高考分数线，但报考的高校因没有录取残疾人的先例，将他拒之门外。做梦都想上大学的他内心充满无奈，站在黄河大堤上，17 岁的他思考着未来的人生，相信天无绝人之路，于是乘着改革开放的东风，他毅然下海经商。

王国胜先后尝试过多种创业方式，相继失败。他学兽医、办诊所，终因农业机械化提升后农村牲畜减少而关门；他搞养殖、办养猪场，因猪价不稳而倒闭；他做康复、推广人体电疗，也因来的病人太少而停业……

王国胜并不甘心，痛定思痛之后决定加入长垣的销售大军中，做了一名农民业务员，在全国各地干起推销业务。他先是销售清洁用品，从拖把、刷子到扫帚，无所不销；而后业务范围又扩展到医院、防疫站使用的卫生用品。

那是一段刻骨铭心的经历。王国胜回忆："那时候，我白天挨家挨户推销，晚上回到旅馆，那种坚硬的木板床硌着严重变形的脊椎，疼得难以入睡。有一天早上，我正要起床，只听得'嘎巴'一声，一股锥心的疼痛从脊椎传出，让我重重地倒在了床上。我休息了一会儿，一边忍受着疼痛，一边试探着慢慢地、一点一点地活动着脊椎。差不多两个小时过去了，又是'嘎巴'一声响，错位的脊椎才恢复原位，我早已疼得满头大汗，像从蒸笼里出来一样。"

一位曾跟王国胜一起跑过推销的人说，那时能有个地方住算好的了。有时货物销不出去，或一时拿不到货款，没钱住店，就只能到车站凑合一夜，还常常被当成"盲流"遭到驱赶。其中艰辛只有自己知道。

从 1982 年到 1992 年，王国胜做"个体户"整整 10 年，历经种种挫折。不过在他眼里这些并非坏事，他觉得开阔了视野，磨砺了意志，提升了能力。这段经历使他积累了丰富的经验，成为了他宝贵的人生财富，也推动着他决心转向实业，距离内心的理想更进一步。

自主研发开创“驼人”品牌

1993年，王国胜靠着手中多年攒下的2万元钱，在长垣县城北关办起了自己的第一个企业——长垣县华新医疗器械厂。他要将自己融入自主创业和创新的实业中。

1992年秋天，广东省斗门县人民医院让王国胜购进一些气管导管。他来到老生产厂家——上海某医用仪器厂，发现该厂已停业，厂里原来一位老师傅建议他试着找找另外一家小厂。于是，他徒步夜行几十公里找到另外一家厂家。在等产品下线那几天，他意识到这是个商机，于是不断到车间向工人师傅讨教每个生产环节和工艺流程。回家后，他阅读了大量书籍，开始自主研发气管导管。他北上河北，东进上海，西奔洛阳、郑州，四处拜访取经，攻克一道道技术难关。有一次，他在一个技术难点上卡住了，老专家在电话里讲了半天还是听不明白，于是他连夜骑摩托车从长垣直奔洛阳跨300公里找到老专家请教。见过拼命的没见过这样不要命的，老专家大为感动，决定深夜传艺，把整个技术难点讲给他听。靠着这股认真钻研劲，在经历无数次失败后，他终于在1993年自主研制出第一根气管导管。

1994年，王国胜为了组织生产，已向亲戚朋友累计借款14.5万元。一次，一个债主催讨2万元借款，此时工厂已发不出工资，购料款也没着落。万般无奈之下，他和妻子到外地找到一个“做大买卖”的老乡，希望对方施以援手。老乡因自身有更大困难婉言拒绝了他。那晚回到宾馆，他与妻子抱头痛哭。就在他手足无措时，一笔 1300 元的货款突然到账，他迅速购买了 5 袋原料，恢复了生产。

1995 年，王国胜自主研制的气管导管获“河南省科研成果奖”，填补了国内气管导管生产空白，产品由此打开销路。1996 年，他厂里生产的气管导管已完全可以替代进口导管，自主研发和生产的麻醉包、镇痛泵也已在国内同行中遥遥领先。

1997 年，王国胜为产品注册了个性鲜明的“驼人”商标。有人问他为何不避讳自己的生理缺陷。他理直气壮地回答：“商标中，‘驼’字小，‘人’字大，表明一点生理缺陷算不了什么，‘人’才是最主要的。人贵有志，残疾人照样可以干出一番大事业，‘驼人’也能顶天立地！”第二年，他投资百万元在长垣县满村乡建成“新乡市驼人医疗器械有限公司”，这是驼人集团第一个生产基地，也为企业进一步发展提供了更大的空间。

2002 年，王国胜为帮助家乡村民脱贫致富，在孟岗乡苇园村兴建卫生材料有限公司和利普包装有限公司，安置村里 120 名劳动力到公司就业。同年，乡亲们推举他担任村党支部书记。

2004 年，“驼人”牌一次性麻醉包被国家医疗器械行业协会评为“放心标志产品”。2005 年 8 月 26 日，驼人集团正式成立。当天集团举行隆重的庆典仪式，中国残疾人联合会和河南省、市、县相关领导都表示了祝贺。同年 9 月，驼人大学成立，王国胜亲自担任校长。学校相继开办营销学、医学、工商企业管理学、质量体系、人力资源、信息化体系、企业内部产品知识等专业。

2015 年，集团旗下“驼人”商标被国家工商总局商标局认定为“中国驰名商标”。同年，驼人集团荣获“全国质量标杆企业”称号。2016 年，驼人品牌入选全国医疗器械十大品牌，集团成为全国工业品牌培育示范企业。

化感恩为动力，促健康与公益

2012 年 10 月，在美国华盛顿举行的美国麻醉年会上，驼人集团作为世界最大的麻醉耗材生产基地、中国最大的医用高分子耗材生产基地参加了此次盛会。国际华人麻醉学院授予驼人集团“杰出的学术使命支持奖”。获得来自国际学术界的专业认可并非偶然，与生俱来的残疾让王国胜从小就更能深刻体会健康的可贵。所以，他在这方面付出很多的精力，不断壮大事业，致力于建设“百年驼人”和打造国际顶尖健康生态圈的思路日渐清晰。

早在 2007 年 10 月，驼人集团就投入百万元公益基金，致力于中国麻醉事业的发展。2009 年 4 月，驼人集团在开封成功举办全国首届“麻醉耗材产学研一体化发展”高峰论坛。为激发中国麻醉医师的创新动力，满足麻醉医学进步对麻醉耗材的科技需求。从当年起，驼人集团每年投入 300 万元项目基金，为中国麻醉医疗器械的科技创新发展提供资金支撑和保障。

2011 年 1 月，国家科技部科学技术奖励工作办公室正式设立以“驼人”命名的医疗器械科技创新奖，驼人集团获得中国医疗器械行业首家“中华人民共和国社会力量设立科学技术奖登记证书”。

2012 年，王国胜决定投资 20 亿元建设驼人健康产业园，占地面积约 33 万平方米。目前产业园已形成研发、生产、灭菌、销售、仓储和物流等基本功能为一体的现代化基地。从 2014 年起，连续 3 届河南省医疗器械博览会在驼人健康产业园成功举办，来自全国 500 多家医疗器械生产、经营企业参加展出。国家卫计委、科技部、国家食品药品监督管理总局、河南省食品药品监督管理局、河南省卫计委、河南省医疗器械商会等有关部门的领导都到博览会考察指导。目前，该博览会已成为河南省颇具影响力的行业展会。

更值得一提的是，为助力健康医学发展，传承医学文化，2010 年驼人集团与中华医学会合作，在驼人健康科技产业园内，投资 1 亿元兴建占地面积 6000 平方米的中国首家多门类医学专题博物馆——中国医学博物馆，2015 年 3 月正式对外开放。该馆旨在挖掘、抢救、保护中国医学历史发展过程中的物证史料，致力于医学文化的传承与发扬，并将其打造成中国医学培训、医学教育及医疗行业交流的平台。中国医学博物馆设有“医学历史馆”“中国麻醉博物馆”“中国护理史馆”“医学专题馆”“中国医疗卫生发展史馆”“血液净化史馆”及“企业文化馆”等。目前馆藏展品近 2 万件，采用多种呈现方式，并结合高科技技术，真实生动地讲述中国医学和各专业学科的发展故事，使参观者穿越于不同时期的医学场景中，用全新方式诠释了中国医学史实和文化。

2018 年 6 月 28 日，中国医学 – 耗材整合联盟在长垣揭牌，王国胜被选为联盟理事长。联盟依托中国工程院医学整合研究院，成员涵盖国内外知名医院、高校、科研机构及耗材企业等100多家单位。该联盟名誉理事长、中国工程院副院长樊代明院士表示，联盟的成立旨在将医学与医疗耗材整合，这恰是整合医学的生动体现。王国胜表示，联盟以“整合、协同、创新”为指导思想，搭建产、学、研、医一体化模式的创新合作平台，促进医疗耗材在解决医学相关问题中的应用，促进医疗耗材的发展，为保障人类健康作出贡献。

与此同时，习近平总书记提出的文化自信让王国胜对于残健共融及平等参与有了更深刻理解。在王国胜看来，除了健康之外，更能体现残疾人与健全人平等的正是文化自信，因为文化自信是对自身文化价值的肯定和践行。一个拥有文化自信的民族，才能昂首跻身世界民族之列；一个践行文化自信的企业，才能走得更远；一个拥有文化自信的残疾人，才能更健康。因此，他特别注重企业和员工的自身文化建设，不断反思“驼人”发展历程，提炼“驼人”创业精神。如今，他提出的“应用创新，百年驼人，扶残助残”的核心理念和“专注执着，砥砺前行”的“驼人”精神已成为驼人集团发展的文化精神内核。

为了感恩党和国家以及社会各界的支持帮助，王国胜和他的驼人集团积极推进扶残助残公益事业，持续回报社会。截至目前，驼人集团先后接纳500余位残疾人就业，帮助他们实现人生价值，同时助力残疾人的康复、教育等各项事业发展。

2005年，王国胜与新乡市残联共同举办“游北京，登长城”活动，并帮助参与活动的 30 余位肢体残疾人在中国残疾人联合会与李嘉诚先生合作实施的“长江普及型假肢服务项目”中装上假肢，使他们重新站了起来。2007 年 8 月，王国胜参加中国残疾人联合会和凤凰卫视举办的“圆梦”助残慈善之夜，为贫困地区残疾儿童奉献爱心。

2009 年，国务院授予河南驼人集团“残疾人之家”荣誉称号。2010 年 2 月，驼人集团捐款 300 万元，建设河南所第一所双轨制无障碍小学，旨在使残疾儿童也能接受良好正规的教育，12 个班级可容纳 500 多名学生就读。2011 年，驼人集团向河南省残联捐款 1000 万元，用于社会扶残助残事业发展。2013 年，中国残疾人联合会团员青年公益实践基地落户驼人集团。此外，驼人集团还为抗震救灾、国防建设、公益事业等慷慨捐资。

从村党支部书记到河南省政协委员，从新乡市残联副理事长到河南省残联副主席，再到入选中国残疾人联合会第六次全国代表大会主席团，成为河南省年度十大经济人物，一路走来，王国胜直面沉重的负担，行走得虽艰难但稳健。他的驼人集团也从河南省残工委授予的“扶贫助残爱心企业”，成为国务院残工委授予的“残疾人之家”。他和他的事业不断得到国家和社会的肯定与褒奖，他心中也始终深怀感恩，感恩国家的富强和社会的进步，感恩改革开放的机遇和各项扶持政策，感恩各级政府和残联的大力支持，感恩社会各界人士的帮助，更感恩如今这个充满希望和生机的新时代。他说，要将这颗感恩之心化为持久的动力，推动健康事业和公益事业持续前行。

王结：成立推拿行业首个国家级技能大师工作室

王瑜

王结（右）在手把手指导盲人学习按摩技能

【王结，男，视力残疾一级，1971 年出生，专业技术二级岗位，宁夏塞上英才，享受国务院特殊津贴，宁夏盲协主席；成立我国推拿按摩行业第一个“国家级技能大师工作室”。他先后荣获“全国道德模范”“全国先进工作者”“中国十大杰出青年”“全国自强模范”“全国五一劳动奖章”“中国青年五四奖章”“全国技术能手”“中国教育年度新闻人物”“宁夏培养使用技能人才先进工作者”“银川市首届凤城名医”“固原市十大突出贡献人物”等荣誉称号。他创办的爱德学校，被国务院残工委评为“全国残疾人之家”，被民政部评为“全国民办非企业单位自律与诚信建设先进单位”，被宁夏回族自治区人民政府评为“就业再就业工作先进集体”和“扶残助残先进集体”。他曾受到习近平总书记的亲切接见，其事迹被写入宁夏回族自治区党史和地方中学课本。】

从一位山区盲人少年成长为国家级技能大师工作室的带头人，王结历经磨难与困苦，创造多项纪录，成长为宁夏乃至全国推拿按摩行业的翘楚。但在他看来，他和他的伙伴们取得的那些耀眼成绩更多源于时代和社会的进步。

王结感恩改革开放和如今充满希望的新时代，党和国家出台多项保障残疾人权益的法律法规和政策制度，使残疾人得到康复、教育、就业、脱贫、托养、文体等多方面服务与保障；与此同时，新的残疾人观也逐渐深入人心。他特别认同中国残疾人联合会邓朴方主席所说的那句话：对于残疾人，不是人们不人道，而是人们不知道；不是人们不理解，而是人们不了解。

宁夏首位盲人大学生

20 世纪 70 年代，王结出生于宁夏西海固山区。1984 年，因一次意外事故，13 岁的他双目失明。那个年代，人们靠体力耕作、靠天吃饭，大多数人认为体力劳动有障碍的残疾人是家庭的负担。当时，残疾人生活没有保障，更谈不到尊严和平等参与。

后天失明是毁灭性的人生打击。寸步难行、吃喝拉撒全部需要人照顾，不分白天黑夜地躺着，想着树木、小鸟、同学、老师……懵懂少年陷入痛苦和绝望中。连续几天，半夜醒来的王结总听见父母在唉声叹气：“娃这一辈子咋办呢？我们去世后娃咋办？”王结这才知道，爹娘的心更苦。懂事的他决心站起来，他摸索着照顾自己，碰得鼻青脸肿也不放弃。老师同学们来看望他，给他讲海伦·凯勒和保尔·柯察金的故事，他受到了鼓舞，发誓要靠双手创造生活。

父母也一心想让王结早早学一门安身立命的手艺。不久，在热心人士的帮助下，14 岁的王结得以去县医院按摩科学习。“瞎子要是能给人看病的话，我们穿上白大褂就成大夫了。”有人冷嘲热讽。倔强的王结把讽刺变成动力，不分白天黑夜地苦练，梦中还在枕头上练手法，整整苦练了 3 年。同时在亲人和老师的帮助下，他借助盲文和录音自学了中学全部课程。

痛苦绝望中，改革开放的春风拂起了他的希望。残疾人事业快速发展，特别是 1988 年中国残疾人联合会的成立，1991 年施行的《中华人民共和国残疾人保障法》，让他有机会读中专、上大学，圆了一个山区盲童的上学梦。

1987 年他以优异成绩考入陕西省自强中专学校，并以全班第一名的成绩毕业。回到西吉县人民医院，他满怀热情地为患者诊治按摩，治好不少人的病。于是他被传得很神，连孕妇和一些癌症患者也找他看病。但一些疑难重症病人未能被治愈失望离去的背影深深刺痛了他。这时有不少盲人也纷纷找他，希望他能指点一条生存之路。他意识到，现有的本领远远不够，还有那么多人需要帮助，应该学习更多知识。

王结请几位中学老师给他教授高中全部课程，准备向大学进发。他白天上班，晚上听录音、做作业，常常累得手拿着笔就睡着了。当时残疾人高等教育刚刚起步，一些大学特殊教育专业尚未面向西北地区招生。长春大学特殊教育学院只以单招单考形式面向部分发达省市招生。熟人劝他别白费力气，他却不放弃，年年给中国残疾人联合会打电话咨询。1994 年冬天，中国残疾人联合会被王结深深感动，于是派工作人员到宁夏考察，把王结锲而不舍的感人故事带回北京。

在中国残疾人联合会积极推动下，1995 年教育部出台面向全国招收残疾人学生的政策，长春大学特殊教育学院开始面向宁夏招收盲人。王结欣喜地赶赴长春参加高考。在 200 余名考生中，他以出色的成绩脱颖而出，如愿以偿地考上了大学，成为宁夏第一位盲人大学生。

帮助更多盲人从事按摩工作

当王结上完大学回到西吉县人民医院工作时，有更多盲人来找他诉说痛苦，希望王结能帮他们找到工作。于是王结想到办盲人按摩培训班，把所学技能教给大家。他一趟趟跑县里，一遍遍申述，县教育局终于批了场地，但办学资金要他自己想办法。于是，他又苦思筹钱路子。一天上班途中，他听到唢呐声，路人议论说有位盲人在卖艺，过路人自愿给钱。这启发了他，他决定搞一场残疾人募捐义演。他通过当地残联找到一些会吹拉弹唱的残疾人，请到自己家里排练，由母亲照料他们的生活。他还联系了县文工团和学校师生友情助演，请县剧院提供场地。寒冬时节，剧院没暖气，他找来废铁桶请人箍成土炉子，四处求援要来两车煤块。

经过 40 多天奔波，1998 年 12 月 3 日国际残疾人日当天，这场以残疾人为主的文艺汇演轰动西吉。王结却因极度疲劳，演出当天病倒了，高烧 39.8 度被送去医院输液。为了保证募捐义演顺利进行，他拔掉了身上的输液管，在别人搀扶下奔走于台前幕后。这股精气神，感动了当地民众，5 元、10 元、100 元……在这个国家级贫困县，一场演出破天荒募集到 1 万多元。西吉县残联把这笔善款设为残疾人职业技能培训的专项资金。此次义演，让王结深深感受到社会爱心助残的力量。

在残联和社会各界支持下，他在西吉举办了宁夏第一期盲人按摩培训班。三十多名山村盲人激动地前来参加培训。培训开始，王结才发现，学员不仅文化底子太差，生活习惯也没养成。他便从早晨五点起床，忙到夜里十一二点，除了耐心上课，还苦口婆心教他们卫生习惯和生活礼仪。

按摩技艺的掌握需要大量实践，但没人愿意用自己的身体做试验。王结就亲自当陪练。最多时，有 12 个人在他身上同时练习，身上到处都是按出的血印，旧疤未愈再添新伤，他忍痛坚持指导。王结深知，生硬的手法极易造成伤害，但他全然不顾，他太想让大伙儿成功了。

山区民众普遍缺少健康意识，消费条件也较低。经过培训的盲人依然很难就业。王结想到省会银川，那里机会会更多。于是，他毅然辞去别人眼里珍贵的“铁饭碗”，去银川为更多盲人打前站。

在银川，他白天去有关部门咨询盲人就业相关事宜，晚上就睡在医院走廊长椅上。这些部门的工作人员都被感动了，表示政策上全力支持他，但资金仍需自筹。王结让姐姐帮他在银行贷了 3 万元，成立爱德盲人按摩中心。很快，一批批山区的盲人被王结和“爱德”吸引，到这里来学习按摩，不少人顺利就业，找到尊严、实现价值。

多年来，他们治疗的患者遍及全国各地，还有来自日本、美国、意大利等国家的患者。与患者的交流，打开了这些盲人从业者心中通向世界的窗户。随着爱德盲人按摩中心名声鹊起，各地残疾人纷至沓来，许多下岗职工也慕名而来。此时的王结感受到能为社会做些事情真的无比幸福，浑身奔涌着创业激情。

2001 年 7 月，建党 80 周年时，王结创办的宁夏第一所残疾人职业技能培训学校——宁夏爱德残疾人职业技能培训学校成立。学校以保健按摩培训为主，还设有计算机应用、工艺品制作、刺绣、盲人定向行走等科目的培训。

自 2001 年以来，王结培训残疾人及下岗失业人员 7000 余人，90% 以上学员取得国家职业资格证书。为帮助学员寻找合适的就业岗位，王结联系社区居委会和区内外多家单位，先后帮助近 4000 名学员就业。有些学员经他推荐到北京、上海、天津等地就业，还有些学员远赴日本、新加坡、澳大利亚等国工作。在他的直接支持指导下，200 多名学员成功创业。

坚守助残只为感恩社会

在王结坎坷多彩的人生履历上，有一连串的“第一”：世界上第一个考取 SIYB（创业培训）教师资格证书的盲人，中国第一个攻读双硕士学位的盲人，中国第一个参加全国职称统一考试晋升为主任医师的盲人，中国第一部指导盲人创业书籍的编著者，宁夏第一所残疾人职业学校的创办者……经人社部、财政部批准，王结成立了我国推拿按摩行业第一个“国家级技能大师工作室”。

王结有名了，在宁夏可谓家喻户晓，许多媒体对他的事迹进行了报道。有人问王结成功的源泉在哪里，他总说：“自己取得的一点成绩，离不开党和政府、社会各界及家人的关怀与支持，现在要做的就是报效党和国家，回馈社会。”

他说，失明初期，为生存而求学求知；工作后，为更有尊严而努力。伴随生活、工作质量的提升，他很想为其他残疾人做点事情，所以才有了后来的创业，带动更多人实现梦想。而各级党委、政府、残联和社会大家庭的关爱与支持，对他的成长和发展起到关键性作用。

我国残疾人事业的发展，尤其是特教事业的发展为王结的求学之路带来机遇。从中专、大专、本科到研究生，他一路的求学历程，见证了我国残疾人教育的发展和完善。从为残疾人专设的职业中专，到单考单招的第一所大专——长春大学特殊教育学院，到本科自考向盲人开放，再到中央党校研究生学院和北京大学研究生学院为他专设考场，王结的命运因此改变，生命充满希望和力量。

当王结到了就业年龄，《中华人民共和国残疾人保障法》的颁布实施，《残疾人按比例就业》等政策出台，使他进入西吉县人民医院工作，拥有了一份体面的工作。当他带领残疾人创业时，残联等有关部门扶持残疾人就业创业的好政策，助力他和他的残疾人朋友们一路向前。

2002 年，王结被确认为当地残联的后备干部培养对象，得到组织和领导的关心培养，后来成长为一名残疾人工作者——当地盲协主席、固原市残联副理事长。

如今的王结，得到人才强国战略、宁夏人才工程的惠泽，成长为宁夏塞上英才、全国技术能手，享受国务院特殊津贴；被残联组织以高层次人才引进到宁夏残疾人康复中心工作，带领康复团队为残疾人进行贴心服务，同时开展中西医结合治疗小儿脑性瘫痪、近视、斜弱视等研究工作。

赵帅：残奥乒乓球世界冠军的平常心

程昭拉雅

【赵帅，男，肢体残疾三级，1994年11月出生，中国残疾人乒乓球运动员，连续两届国际残奥会冠军。4岁时因交通事故失去左臂，13岁进入河北省残疾人乒乓球训练队，开始专业运动员生涯；2012年荣获伦敦残奥会乒乓球TT8级男子单打冠军；2016年9月在里约残奥会赛场再次战胜各路高手，摘得男子单打项目金牌，成功卫冕；2016年12月15日，获得“2016年CCTV体坛风云人物年度残疾人体育精神奖”提名奖。】

赵帅在基地训练

4 岁时一场车祸夺走了赵帅健全的左肢，使他失去了左臂，留下终生的残疾。那时候的他，无论如何也没有想到自己有一天能作为世界冠军站在国际残奥会的领奖台上。在访谈中，他总是强调自己的“幸运”，不断感恩父母、教练和老师，也不断感谢着国家、残联和他所在的团队。

远离歧视的“幸运”孩子

在见到赵帅之前，笔者收集了很多与他相关的故事，大致勾勒出一个典型的励志残疾人的形象：坎坷的童年，不易的求学路，历经磨难形成的坚韧品质。笔者第一次见到他时却大吃一惊，当时是在河北省正定县的国家乒乓球训练基地，那时赵帅刚刚拿到他的第一个残奥会冠军。他走过来时笑得有一点羞涩，但又带着少年意气风发的精气神。他带着来访问的一行人走到训练场，然后拿起球拍重新开始训练。当他拿起球拍的那一刻起，浑身便散发着光芒。一天下来，除非注意到他的残疾部位，笔者很难意识到是在和一个残疾运动员交流。后来，笔者问起赵帅的童年，他说自己是个幸运的孩子。

4 岁时，一场突如其来的车祸让小赵帅徘徊在生死边缘，在与死神的拉扯中，他的一部分健康被带走了。他幸运地活了下来，却永远失去了左臂。由于致残的年龄较小，赵帅在适应残疾时心理上并未遭受特别大的挫折。在父母的坚持培养下，他将幸存的右肢锻炼的基本可以满足生活和学习的需要。

赵帅回忆自己童年时光时，提起最多的就是那些调皮捣蛋的日子。他说，在9岁前，他从未意识到自己和别的孩子有什么不一样，大多数时间他和其他同龄的小男孩一样淘气喜欢做恶作剧，还常常是带头捣蛋的那一个，而且乐此不疲。那时的记忆中，身边的人也似乎未曾因为他的残疾而对他另眼相看。

赵帅很快到了读书的年龄，得益于当时国家对残疾人教育政策的不断完善，赵帅身体的残疾并未阻挡他的求学路。和中国所有的父母一样，赵帅的父母也期望他好好读书，学会一技之长，在未来谋求一条光明大道。赵帅也以优异的学习成绩回报了父母多年的期望。

事实上，无论是在校读书还是成为一名运动员，赵帅都曾面对过各种各样的困境，不过他总能保持着一颗平常心，坦然面对。回忆起过去的经历和自己的心态，他说这得益于年少时的幸运。正是当时父母、家人的关爱和身边老师、伙伴的正常对待，才让他身体残疾这一无法改变的事实大多数时候被悄悄过滤掉了。

平常心看待冠军荣誉

11岁时，赵帅第一次拿起乒乓球拍。他的父亲——一位业余乒乓球“高手”办了一个乒乓球的兴趣培训班，每次总会带着赵帅前去。在观摩了一段时间后，赵帅不再满足于观战，他希望可以真正地体验这项运动，于是他拿起了球拍，开始了自己的乒乓球生涯。

赵帅尝试练习乒乓球后不久，父亲就发现了他这方面的天赋，但是家里其他人都不同意赵帅学球。赵帅的左臂在车祸中丧失，这意味着他在打球时比健全人更难控制平衡。据赵帅回忆，刚开始打球的时候，因为掌握不好平衡，常常身上摔得青一块紫一块，直到后来摔多了才慢慢发现诀窍。赵帅学球的不易让母亲非常心疼，加上家人原本对他读书有着更多的期待，于是他最初的学球路并不顺畅，然而赵帅自己却非常坚持。他说，那时既不了解残疾人体育，也没有期待会有一天靠打球吃饭。他的想法很简单，学球就是因为喜欢，多苦都愿意坚持下去。他记得上初中的时候，和朋友们打球随便拿一个球拍打就能称霸球场，那种开心到现在都忘不了。

很快，赵帅的坚持就有了回报。一个偶然的机会，他转成了一名专业运动员。当时河北省残疾人乒乓球训练队在各地选拔运动员，父亲从朋友口中得知后，抱着试一试的心态带着他前去参与。没想到赵帅过五关斩六将竟然最终入选。从那时起，赵帅的人生因为乒乓球打开了新的篇章。

采访时，笔者问了赵帅一个很俗套的问题，拿到冠军听到国歌的时候想到了什么？他想了想说："大概是每天湿透的球衣吧。"这句话令在场的很多人动容。赵帅回忆起训练的时光，最深的感受就是辛苦，他说一个上午大概需要换三四件球衣，因为都湿透了。尽管这条路很艰辛，他却从来没有想过放弃。

由于天赋不错，在最初的训练过程中赵帅只是身体上有些辛苦，但是当开始和健全运动员一起训练的时候，情况改变了。"连着几天一场球都赢不了。"赵帅说这话的时候，情绪仍然有点激动。"那时候每天都很难受，一场都赢不了，感觉一点信心都没有了。"

笔者追问："这种情况持续多长时间？是怎么恢复的？""主要是我心态好，而且身边的教练和前辈们也都很关心我，所以很快就恢复了。"他说。

从11岁开始打球到后来两次拿到国际残奥会冠军，赵帅感觉自己最大的改变就是心态。2012年，赵帅第一次参加残奥会，比赛前做了充分的准备，并没有什么心理负担。他记得决赛前一天晚上一沾枕头就睡着了，第二天在赛场上也稳定发挥。然而到了2016年的时候，比赛前一天晚上，他却躺在床上辗转反侧，难以入眠，反复考虑着如果这一次拿不到冠军该怎么办，如果这次拿不到别人会怎么看？当拿到奖牌的那一刻，他再一次用实力证明了自己。"等下次残奥会的时候我大概就可以平常心了，因为我已经证明了自己，不管什么结果心里都可以接受了。"赵帅平静地说。

说起心态调整，赵帅回忆起一件有趣的事。在第一次获得残奥会冠军后，他休整了一个月才回到了训练基地。当时他找到教练要求住单人间，现在想起来当时的要求，赵帅依旧感觉有点不好意思。"当时年轻，心态其实有点飘了，觉得我都得了残奥会冠军了，怎么也要有点特殊待遇。"他说。但是在住了几天单人宿舍后，赵帅开始无所适从，感觉到了自己的膨胀。他又主动找到教练请求换回到原来的住所，之后他的心态也一点点沉淀了下来。教练说，正是由于赵帅可以用平常心对待失败和胜利以及每一次训练，他才能在乒乓球运动员的道路上越走越远，越走越稳。

期待学有所成转型教练

“其实从来没有想过自己会走到今天这样一个位置，成为世界冠军。”赵帅说着挠了挠头，“按照最初的想法，我就是打算好好学习，努力考一个好一点的大学，但对于未来，基本是一片迷茫。”乒乓球对于赵帅来说，是人生转折的开始，成为专业运动员也是他重新规划和书写人生的一个良好契机。

当问起他以后的打算时，赵帅说，一方面他要继续好好练球打球，一方面也不想放弃学业。从 2017 年下半年开始，赵帅正式进入北京体育大学开始他的本科学习生涯，专业是运动训练学。但考虑到他现役运动员的身份，他和其他在基地培训的运动员定时由北京体育大学派来的老师进行统一授课。在赵帅的桌子上，笔者看到他学习英语的笔记本和专业课的教材，从那些工整的笔记和认真的作业就可以看出，他对学习的重视和为此付出的努力。他说：“希望可以顺利完成自己的本科学业，如果有机会考取研究生就更好了。”

对于我国的残疾人体育事业，赵帅感慨良多。那时候他参加培训时，运动员大多年龄较大，现在年龄小的运动员越来越多。这意味着更多的残疾人可以拥有更好的机会参与残疾人体育事业，以此改变人生。当谈及不足时，赵帅也直言不讳地表示，当前我国残疾人体育的选拔制度仍不完善，这很可能让一些残疾孩子错失宝贵的机会。但总体来说，我国残疾人体育事业的发展前途光明且充满希望。等退役以后，他希望可以作为一名教练员重返运动场，用自身的经验来帮助更多的残疾人实现梦想、追求美好的人生。

宫恩年：扶残助残四十载的“军民融合”典范

王瑜

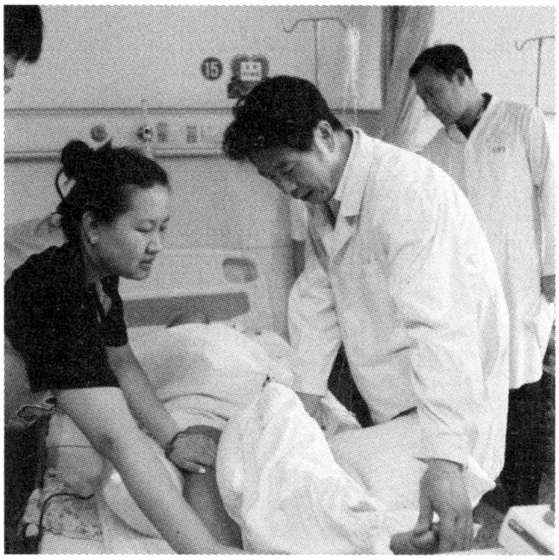

宫恩年（右二）正在为骨病残疾患者做检查

【宫恩年，男，汉族，山东蓬莱人，多年扶残助残先进个人。原中国人民解放军66400部队骨病专科医院院长、主任医师、博士生导师，专业技术3级；兼任中央军委保健委员会保健专家，全军中医药学会常务理事骨伤科主任委员，亚太人工关节学会会员，华裔骨科学会关节外科和脊柱外科分会理事，中国传统医学手法研究会北京分会副理事长，中华医学会骨坏死组委员，中国中医药学会会员。他从事骨科临床与研究40年，研制出活骨丸、活骨胶囊、活骨膏，获“中国科协特等发明奖”；先后荣立二等功2次，三等功3次，被北京卫戍区党委评为“模范军医典范”；荣获“北京市扶残助残先进个人”“军队医疗科技成果奖”“北京军区‘优秀中青年科技干部’和‘学习成才岗位建功先进个人’”“全军中医药工作先进个人”“2007年度中国十大科技英才”“建国60周年——中华之魂十大杰出成就奖”。】

宫恩年，医学专家，40 年来始终躬耕在骨科临床一线。他的人生经历颇具传奇色彩：从一名三军仪仗兵转行到卫生兵，再到专业的骨科医生。他先后担任中国人民解放军某部医院副院长兼骨病外科主任，中国人民解放军 66400 部队骨病专科医院院长。从医 40 年来，他手中那把“神刀”，使海内外无数残疾人和面临瘫痪的骨病患者从痛苦和“弯曲”的生活中解脱出来，拥有了“直立”的人生，重塑了生活的希望。

许多患者亲切地称他为“宫一刀”。他却将这些都归功于党和军队多年的培养。他说，自己只是一名普通的医生，每天的工作就是以专业的技术救死扶伤，与截瘫和残疾作斗争。几十年来，扶残助残早已内化为他和他团队的生活习惯。

技术扶残，重塑患者人生希望

股骨头坏死被医学界称为“不死的癌症”，在全球医学界都是棘手的难题。医学界普遍认为，股骨头因其特殊的解剖部位，一旦坏死，就难以修复。40 年的骨科临床实践中，宫恩年以髋关节疾病治疗为中心，开创性总结出“早期发现，早期治疗，中西结合，优势互补”的诊疗理念。他以西医诊断为依据，采用中药内服与外用西药相结合来改善股骨头内血液循环，并兼用西医手术改善髋关节活动功能，辅以中医按摩，配合功能锻炼等综合康复治疗，彻底解决了股骨头坏死不能修复的世界医学难题。

28 岁的小伙子冯某，患双侧股骨头无菌缺血性坏死，肢体几近瘫痪，残疾多年，完全失去了生活自理能力。他接受宫恩年提出的纯中药保守治疗，口服活骨胶囊加局部外用活骨药膏。6个月后，肢体功能痊愈，重新开启了“直立”人生。这只是宫恩年救治过的万千股骨头坏死患者中的一员。40年来，宫恩年在攻克股骨头坏死难题的同时，在复杂脊柱疾病治疗方面也积累了丰富的临床经验。他还创新了十几种手术方法，大大缩短了手术时间，减少了病人的痛苦。经过30多年的临床追踪随访，经他手术治疗的数千例腰椎间盘突出症患者，手术成功率为98%以上。

曾有一位80多岁的张大爷，来到医院时左腿骨折且生命体征很弱，一些大医院都不敢给他做手术。宫恩年同样担心手术产生的风险，但他更担心的是若不尽快让老人站起来，不只是左腿残疾问题，很可能危及老人的生命。因为骨折的老人只能卧床，卧床就易引发肺部感染等并发症从而有生命危险。看着病人无助的眼神和家属的万般恳求，宫恩年不忍心拒绝，亲自主刀，采用特殊方法，在老人身体状况承受范围内，以20分钟的最快速度结束了手术。术后3天，老人居然奇迹般站了起来；而后经过医护人员的精心护理，老人身体逐渐恢复健康。

最近几年，宫恩年带领核心诊疗团队攻克了颈、胸、腰椎管内肿瘤摘除、颈椎外伤性骨折伴高位截瘫、植骨融合术等重大医学难题。颈椎内肿瘤的摘除和颈－颅搭桥手术涉及的部位，神经、血管密集，稍有不慎病人将有可能再也站不起来。然而，宫恩年凭着娴熟的技术和勇于挑战的精神，先后使4名重度高位截瘫患者重新站立了起来。

世界各地骨病患者慕名而来。他和团队一年 1500 例的手术中，股骨头坏死治愈率达 90% 以上。他自主研发的活骨丸、活骨膏、骨炎丸等系列中成药，荣获两项国家专利和一项军队科技奖，研制的人工全髋关节置换手术器械获一项国家专利。这些专利和发明奖被患者称为“灵丹妙药”。他提出的功能锻炼等新理论，降低了外伤性股骨头坏死的发生率，并对骨结核、骨髓炎、骨肿瘤等疑难疾病的治疗十分有效。不少患者感叹，正是宫医生为他们带来重获新生的希望，帮他们找回生命的尊严和活力。

公益助残，彰显妙手仁心

行医多年，宫恩年没收过病人一分钱红包。不仅如此，对于不少贫困患者，他还常常用自己的收入为他们垫付医药费，有时甚至全额资助。有些特别困难的患者治疗费动不动就上万元，宫恩年常常将自己攒的工资捐献出来。他说：“实在不忍看到被病痛折磨的患者再遭受贫困之苦，我愿意把技术和收入都贡献出来帮助他们，只是希望他们能够健康，活得更有尊严。”

宫恩年说：“我经常定期去走访贫困患者家庭，发现有些困难户为了治病，四处举债，使得全家都陷入了贫困。看到病人遭受病痛和贫困的双重折磨，我总是想立马帮他们一把，这种感觉是自然而然产生的。我只是简单地想去帮助别人。”有一年，他去基层义诊，遇到一个山东患者弯着腰无法站立，全家因常年看病负债累累。他毫不犹豫地给这个患者做了手术，不但没有收取任何费用，临走时还把身上带的所有钱留了下来。宫恩年说，他总是不忍心看患者流泪，每次都尽最大的能力去帮助那些困难患者，希望给他们艰难的人生带来美好和幸福。“将心比心，健康的人能拥有一切，而这些患者因患病不仅身陷痛苦中，直不起腰，还可能遭受歧视，生活已不能正常继续。我们挣着工资，享受着健康生活，怎么忍心再从那些贫困患者身上去挣钱呢？”宫恩年说。

在宫恩年看来，“医者父母心”。一个人若有能力让身边更多的人幸福起来，才是真正有价值的人生。因此，除了技术扶残之外，他还常常自发为贫困患者捐款并每年定期远赴贫困地区为患者义诊。

辽宁省瓦房店市中心医院的很多骨病患者都曾是宫恩年救助的对象。这是一群不能站起来的人，很多人都是半瘫患者。为了帮助他们重获新生，原北京军区政委谷善庆上将与宫恩年医生联合当地爱心人士和企业家共同捐款，建立了贫困骨病患者救治基金。宫恩年更是带领诊疗团队每年定期为这些患者免费实施手术和救治。最近 10 年来，宫恩年每年都和他的团队装着满满一车手术器械，从北京驾车 8 个多小时来到这里，为患者实施公益治疗，迄今他们累计免费实施全髋关节置换等大型手术上百例。这些站起来的患者们用最朴素的方式表达着对宫医生的感激之情。

据不完全统计，仅 2011 年到 2016 年这 5 年间，宫恩年和他的“公益助残团队”就向瓦房店的慈善机构捐款 173 万元，其中宫恩年个人捐款达 60 万元。几十年来，宫恩年带领自己的诊疗与医护团队，以精湛的医疗技术和高尚的职业道德，在国内外骨病患者中树立了良好口碑与声誉，收到了数不清的锦旗和感谢信。

回报社会，践行“军民融合发展”

2015年，以习近平同志为核心的党中央提出了“军民融合发展”的国家战略。同年底，按照这一战略要求，中国人民解放军66400部队骨病专科医院由部队转到地方，改制为北京市海淀区同步中医骨科医院。年近花甲的宫恩年本可借此“功成身退”，但他不忍将毕生的诊疗心血和专业经验就这样荒废，更不希望技术后继无人，让那些信赖自己的患者求医无门。于是，他积极响应“军民融合发展”的国家战略，欣然接受邀请，担任这家地方医院的学术带头人。而原医院核心诊疗团队和医护人员受他的感召，也都志愿来到新的医院继续为患者服务，他们中不少都是退伍军人。在海淀区医疗卫生机构相关负责人看来，宫恩年的诊疗团队本身就是一个“军民融合”的典范。

这所闻名遐迩的军队骨病专科医院能够“华丽转身”，离不开当地政府的大力支持。医院改制前后，得到国家卫计委（国家卫生健康委前身）、北京市政府、海淀区政府等部门的鼎力支持和倾情帮助。这也为宫恩年和他的团队更好地致力于“军民融合”发展，更好地服务社会、服务来自各地的患者创造了良好条件。

经过多年发展，宫恩年带领的团队已成为拥有成熟专业技术和丰富临床经验的国内领先骨科诊疗品牌。他们提出的中西合璧诊疗法，可全面开展颈椎前、后路手术，胸椎前、后路手术，腰椎手术，脊柱矫形手术，髋、膝关节置换手术等高难度的手术。宫恩年坦言，为了信赖自己的万千患者，为了始终坚守救死扶伤的理念，也为了更好地践行“军民融合发展”战略，更好地扶残助残，只要还有力气他就继续工作下去。

在宫恩年心中，“军民融合发展”战略不仅为医疗行业的创新发展开拓了更加广阔的前景，也为他的未来人生之路指明了新的方向。他表示：“虽然我已从军队的工作岗位退休，但我对自己热爱的事业和对病人的情感永远不会退休。”中央“军民融合发展”的战略让他找到了新的方向，因此他希望在地方合适的平台上，延续自己几十年来积淀的专业医疗技术，发挥余热，带出更多的传人，继续为患者特别是残疾患者服务。

作为一名受党和军队培养多年的老党员和老军人，宫恩年始终与党中央、国务院和中央军委的政策和精神保持高度一致。多年来，无论日常工作还是平素生活，他都以党员和军人的标准严格要求自己，身先士卒，严格带领团队，将全心全意为人民服务的宗旨落实到日常工作和生活的点滴之中。

在宫恩年看来，正是党和军队的多年培养和支持，他和团队才能够成长成熟起来。因此，谈到未来的发展，他语重心长地说：“我会在新的起点上更好地为基层服务，为人民服务，为患者服务，反哺社会，回馈党和军队多年的培育之恩。”

格桑卓嘎：西藏特教事业发展的亲历者

叶欣

【格桑卓嘎，女，藏族，1980年3月出生于西藏自治区拉萨市尼木县，中共党员，拉萨市特殊教育学校藏文教研组组长、班主任。1999年毕业于拉萨市师范学校，成为西藏第一批从事特殊教育工作的教师。多年来，她多次被评为“校级优秀教师”，2002年被评为“拉萨市优秀教师”；2007年被评为“西藏自治区优秀教师”；2009年获得教育部与中国残疾人联合会联合颁发的“全国特教园丁奖”；2012年被评为“拉萨市全纳教育先进个人”；2017年被评为“西藏自治区学科带头人”，同年获得“拉萨市优秀教师银奖”荣誉称号。】

格桑卓嘎（后排右三）带孩子们接受爱国主义教育

格桑卓嘎，1999年毕业于拉萨市师范学校，是西藏第一批从事特殊教育工作的教师。从一个初登讲台的稚嫩学生到经验丰富的特教老师，格桑卓嘎亲身参与并见证了西藏特教事业从无到有、不断发展的过程。

从无到有，协助筹建特教学校

1980年，格桑卓嘎出生在拉萨市尼木县，她从小就梦想成为一名教师。就在毕业的前一年，老师告诉大家有这样一个机会，拉萨市将建立特殊教育学校，大家可以去北京学习培训一年，毕业后做一名特教教师。“我抱着极大的好奇心，懵懵懂懂地与其他6名同学报了名。”回忆起过去，格桑卓嘎记忆犹新。

在北京第一师范学校培训期间，格桑卓嘎和同学们曾专门花时间去一所特殊教育学校观摩学习。课堂上，老师一边大声地发音，一边熟练地用手语与学生们交流。这一场景让格桑卓嘎感到震撼。在当时的西藏，人们大多认为残疾孩子是没有希望的，不少人对残疾人投之不屑甚至鄙夷的目光。“西藏当时还没有特殊教育学校，却有不少残疾儿童，这些孩子现在是什么处境呢？他们肯定也需要教育。”想到这些，格桑卓嘎开始坚定了自己从事特殊教育的决心。

梦想是美好的，但现实是残酷的。1999年10月，拉萨市正计划筹建特殊教育学校，当时面临很大困难：没有办学经验、没有教学地点、没有交通工具、甚至没有一名学生。毕业后，包括格桑卓嘎在内的 7 名特教老师回到拉萨，主动担起这一重任。通过拉萨市教体局协调，他们在拉萨市第七中学借了一间教室。有了教室后，老师们便开始分头招收学生，每天骑着自行车在拉萨的大街小巷招生摸底。但是，当时人们对特殊教育知之甚少，家长大都用不信任的目光审视他们。格桑卓嘎说，最初只有 7 个家庭愿意让孩子到特教学校就读，但是这已经让他们非常兴奋，因为西藏第一所特殊教育学校终于迎来了第一批学生。

2000 年 12 月 1 日，拉萨市特殊教育学校正式挂牌成立。西藏的聋、盲学生终于有了属于自己的学校。特教学校刚成立，许多课程和教学方法还处于摸索阶段，但每个老师都教得十分卖力。原本生活在无声世界里的孩子们，经过老师们的不断指导训练，慢慢学会了发声、看口型等，可以和普通人进行简单对话；眼盲的学生也能渐渐通过触摸盲文了解世界……这一教育成果被家长们口口相传。到第二次招生时，人们已逐渐了解和认可特殊教育，来的学生开始增多。再后来，拉萨市特殊教育学校落户城关区纳金路，有了专门的教室、学生食堂和宿舍楼，教学条件得到很大改善。“虽然过程十分艰辛，但孩子们的进步让我们倍感欣慰与快乐。”格桑卓嘎说。

心灵育人，收获幸福体验

特殊教育是一项光荣而又十分艰巨的工作，要做好这项工作，必须具有过硬的专业能力和十足的耐心。从 1999 年参加工作以来，格桑卓嘎一直坚持“以特教为本，以心灵育人”。在与学生朝夕相处中，她就像一面镜子，告诉学生们如何做人。她总是倾尽所学，想方设法地传授学生们知识。她像父母一样关心爱护学生们，又像朋友一样与学生们平等交流，亲密无间。

在格桑卓嘎看来，特殊教育是爱的事业，教师美好的心灵是学生永不枯竭的知识源泉。当一名特殊教育教师，只有用心灵育人，才能教好学生，也才会有幸福充实的人生体验。她感到，要做一名优秀的特殊教育教师，不仅需要拥有广博的科学文化知识，还需要不断学习特殊教育理论，不断进行特殊教育实践，才能把握残疾学生心理、性格特点和教育规律，掌握指导和教育学生的科学方法，也才能在课堂上找到与学生的最佳契合点。

在教学过程中，她针对学生的实际情况和学生的接受能力，利用各种教学手段进行教学。在教学活动设计中，她充分考虑到听障学生的注意力持续时间短、抽象思维能力差等特征，采取多样化的教学形式，比如图片、幻灯片、录像、行为演示等直观的教学方法，并组织丰富多彩的教学活动，让学生寓学于乐。这样既提高了学生们学习的积极性，又克服了他们不易集中精力的弱点。在多年的教学工作中，她教授的课程两次被评为“校级优质课”。她本人也 3 次获得“校级优秀教师”称号，并在 2002 年拉萨市首届课程比赛活动中荣获一等奖。

为了充实自己，格桑卓嘎从不放弃任何学习和锻炼的机会，不管是学校组织的专业教师培训，还是学校开展的业务学习；不管是学校开展的师德师风教育，还是教研教改活动，总能看见她忙碌的身影。她虚心向同事们学习，和同事们在一起听课、评课、讨论。在工作中遇到疑难之处，她总是虚心请教其他老师，取长补短，以干一行、爱一行、钻一行的敬业精神把自己学到的知识传授给学生。

每天早晨，格桑卓嘎都伴着学生的一声声“老师好”走进教室；又在学生们的“老师，再见”声中踏上了回家的路。她很享受师生之间的情谊，虽然学生的发音不是那么标准，但看着孩子们充满爱意的面容和认真打手语的样子，她感到很幸福。她身边的这一群可爱的聋哑孩子，从小生活在无声的世界里，有的很早就离开了自己温暖的家，离开了父母和兄弟姐妹，来到学校这个新环境，所以他们幼小的心灵特别需要爱的安抚。格桑卓嘎深知作为这群特殊孩子的班主任，就应该像他们的母亲那样，时时刻刻地想着他们，用满腔的爱感化他们，让孩子们感受到：学校就是家，老师就是父母。

不忘初心，坚守平凡而又伟大的岗位

“为学生奉献一切”是格桑卓嘎在工作中信奉的准则。她认为没有爱就没有教育，为了学生的进步和成才，她愿意付出自己所有的时间和精力。作为一名特殊教育学校的教师和班主任，她从未喊过一声苦，叫过一声累，心甘情愿做着细致繁琐的工作，用行动和爱感染、带动和教育学生。

有播种就有收获，她为学生们付出爱心，也同样得到了学生们的真心。2004 年 9 月 10 日，教师节当天早晨，她刚走上讲台，正准备上课时，班里所有学生忽然都站了起来，边打手语边用模糊的声音对她说："祝老师节日快乐，永远健康！老—— 师——您——辛——苦——了！"随后，班长代表全班同学给她献上洁白的哈达。当时她的眼睛里充满了泪水，泪水模糊了双眼，看不清学生们的脸，激动的不知道该对学生们说什么好。那一刻，格桑卓嘎明白，这洁白的哈达代表了孩子们可爱而纯真的心灵，是她平生收到的最有价值、最难忘的礼物。她深信一句话：人不是因为美丽而可爱，而是因为可爱才美丽。在她眼里，学生们虽然身体残疾，但他们与健全孩子同样可爱、同样美丽。

作为一名特殊教育老师，格桑卓嘎获得了师生和家长们的一致好评，也得到了学校和社会的肯定与赞扬。回想自己多年如一日坚守特殊教育的原因，格桑卓嘎坦言："自从当初选择了特殊教育之后，就慢慢喜欢上了这个职业。这其中不仅有家人的支持，更有家长的信任，学生的喜爱。而国家、社会与学校对自己教学工作的认可，也令我为之深深感动，成为我内心热爱这个职业的源动力。"她说，还要感谢教育部和中国残疾人联合会的领导、西藏自治区的领导、拉萨市的领导、主管教育部门的领导以及社会各界关心支持特殊教育事业的热心人士，感谢他们源源不断地为西藏的残疾人学生带来温暖和关怀，为西藏特殊教育事业的发展带来光明和希望。

如今，经过多年的发展，西藏的特殊教育发生了翻天覆地的变化。从 2000 年只有 1 所特殊教育学校发展到现在的 5 所。格桑卓嘎所在的拉萨市特殊教育学校也已扩展为 8 个年级、11 个聋班、1 个视障班，共有来自全区 7~18 岁的学生 141 人，其中聋生 132 名、盲生 9 名，农牧民子女占学生总数的 97%，所有学生全部得到免费教育并享受助学金，学校教师也增加到 70 多名。学校现在也搬到了新校区，环境优美、设施齐全。招生范围也不仅限于盲生、聋生，针对智力残疾孩子，也开展了培智教育，配套的康复设施也较齐全……格桑卓嘎深知，这些改善和进步都离不开国家对特殊教育事业的日益重视。

“如今，在党和政府的关心下，我的第一批学生已经大学毕业了。有的参加了公务员考试，即将走上工作岗位；有的现在还成为了我的同事。我亲眼见证了他们的成长，看到他们如此优秀，心里感到万分高兴，也更加坚定了自己当初的选择。”格桑卓嘎脸上挂满了笑容，“我将继续努力，用爱的清泉浇灌这些孱弱的花朵，相信他们同样能绽放出属于自己的绚烂！”

杨波：熠熠生辉的南疆“创业之星”

齐华瑞　魏天瑶

杨波（右）在助残活动上免费为少数民族同胞配戴助听器

【杨波，男，满族，听力残疾二级，祖籍北京。他1997年开始创业，先后创办3家公司，创办的听力康复中心免费为听力残疾人检测、维修助听器，多次为听力残疾人赠送助听器；积极推动新疆助聋门诊服务项目落地，推动新疆符合条件的聋人考取驾照。他的企业高比例安排残疾人就业，多次接收大中专残疾毕业生进入公司实习并进行技能培训。先后获得“全国计算机技能大赛银键盘奖”“吐鲁番市自强模范先进个人”“国家信息产业部IT行业高级技能职称”“自治区第二届计算机职业技能竞赛（残疾区）第一名”“自治区电子信息行业技术标兵”“全国计算机技能竞赛团体冠军”“全国技术能手”“新疆百名青年创业之星”“全国自强创业模范”“‘百纳璐诗杯’首届全国听障演讲比赛三等奖”等奖项和荣誉。】

杨波，幼时因药物中毒导致耳聋，却坚持在普通学校完成学业，并在计算机调试大赛中屡屡夺冠。在创业过程中，他克服重重困难，相继获得很多荣誉。在担任新疆维吾尔自治区聋协主席后，他致力于为听力残疾人服务，想方设法克服维吾尔族语言与汉族语言之间的差异，尽心尽力帮助更多的听力残疾人。

计算机比赛显身手

杨波 3 岁时，由于药物中毒几乎失去全部听力。这对于一个刚刚开始认识世界的孩子来说，无疑是异常残酷的打击。当幼小的杨波渐渐意识到自己可能永远听不到这个世界的一切声音时，他感到恐惧和迷茫。那个时候，正是靠着父亲的不断鼓励和引导，他才一步步走出阴影，逐渐重塑信心。

“慢慢明晰自己的人生目标之后，我知道自己并不是一无是处，我的人生意义不是让人怜悯我，也不是自怨自艾，而是让全世界知道，我是一个有价值的人。”回忆起当时的心境，杨波颇有感慨。当时，杨波的偶像是世界伟大的作曲家贝多芬。贝多芬晚年虽然听觉日渐衰弱，但对艺术的执着追求战胜了他个人的不幸，最终创作出许多经典传世的钢琴名曲，成为流芳千古的音乐家。贝多芬跨越听力障碍创造奇迹的历程深深打动着杨波，他暗暗下定决心：“我的耳朵还未完全失聪，贝多芬可以做到的事情，我为什么不可以呢？”一颗不向命运低头的种子在杨波心中逐渐生根发芽。

初中时一次偶然的机会，杨波接触到了计算机，对于新事物富有好奇心的他立刻对计算机产生了浓厚的兴趣。高中毕业后，他考入了新疆粮食工业专科学校，学习计算机专业。凭借扎实的功底，他后来又分别考入西北大学计算机专业和中央广播电视大学吐鲁番分校计算机科学系，进一步进修计算机专业知识。

作为残疾人，杨波和健全人一起学习时，难免遇到种种困难，尤其是上课时听不清老师的讲话。杨波说：“不过，我非常幸运，得到了老师和同学们的帮助，他们都很关照我，让我坐在第一排，下课的时候还和我一起交流课堂的重点。”杨波一直非常感谢陪伴自己一路学习的师长和同学。

杨波没有辜负残联和各界人士的帮助和关心。很快他就在计算机赛场上大显身手。在 2006 年新疆第二届残疾人计算机技能大赛中，杨波以优异的成绩获得冠军；同年 12 月，杨波同另外一名残疾人选手及 3 位健全人一起，组团代表新疆参加了全国第二届计算机调试大赛，一举获得全国团体冠军的好成绩。赛后他坦言：“在与健全人的比赛中压力很大，担心听不清裁判的口令和提示；但另一方面，听力不好反而减少了比赛中的干扰，能让我更加专注地进行比赛。”

这些成功的经历让杨波备受鼓舞，他的人生从此开始绽放光彩。他内心非常感恩残联为他提供的锻炼机会和展示平台，“残联组织和推荐我参加的各种计算机调试大赛是我人生的重要转折点。”

发挥专业优势积极创业

大学毕业之后，杨波决定自己创业，向社会证明自己的人生价值。他从父母和哥哥那里借了 3000 块钱，就踏上了漫漫创业之路。1997 年 7 月 1 日，杨波依靠自己所学的计算机专业知识开办了一家主要为用户提供上门电脑维修服务的公司。

万事开头难，刚涉入这个行业的杨波，技术一时间还得不到客户的认可，有些找他维修电脑的顾客甚至会因他的残疾而刁难他。创业之路可谓异常艰辛。在最困难的时候，杨波给员工发完工资后，身上没有一分钱，每顿饭都是馒头咸菜，他也因此患了胃病。

后来，杨波开始反思并改变了策略，推出免费给顾客维修电脑的活动。活动期间，杨波抓住每一个机会，给客户提供最好的服务。慢慢地，他建立起了自己的品牌信誉。通过不断努力，一年以后不少客户开始主动上门找他维修电脑，生意慢慢好了起来，公司逐渐有了稳定的客户和不错的业绩。因为良好的信誉和口碑，杨波在吐鲁番地区有了知名度。凭借着踏实和诚信，他先后被评为“新疆百名青年创业之星”和“全国自强创业模范”。

“创业很艰辛，但一定要有足够的心理承受能力。相信自己不比别人差，这正是我的主要动力。”杨波说，“诚信是成功的基石，没有诚信，创业就是个笑话。”无论面临怎样的财务压力，杨波都坚持依法纳税，决不走“歪门邪道”，多次被评为“纳税先进个人”。

从上学到创业，残联对杨波的帮助和支持让他心存感激。在他心里，他与残联的感情非常深厚。残联就像是他的“娘家”，对他就像对待家人一样，也是他坚强的后盾。“一个人的能力是有限的，幸好有残联给了我很大的支持。在我困难的时候，残联领导和工作人员鼓励我不要灰心，要勇于面对困难。在我无助的时候，残联给了我很大的支持，让我一次次闯过最艰难的时刻。”杨波说。

杨波说，如今改革开放已经40年了，中国的残疾人早已有了多种多样的就业选择，不再像过去那样局限在盲人按摩等传统职业上。各级残联对于残疾人就业问题也不断提供多样的解决方案，帮助残疾人进行自我定位、对残疾人进行技术培训并帮助他们找到适合自己的职业。针对不同残疾人的生理特点和自我需求，残联推荐他们到不同的工作岗位。杨波举例说，肢残人士适合语音客服、程序员和设计等不需要过多身体运动的工作；听力残疾人士适合安装、设备操作和编程设计等对于交流要求较少的工作；智力残疾和精神残疾人士可以和其他的残疾人士配合完成简单加工等技能工作。

谈到创业梦想，杨波异常兴奋。他说，残疾人和健全人一样渴望实现自我价值。随着经济的不断发展，残疾人有了更多的创业机会；随着教育的不断普及，残疾人掌握了更多的专业知识和技能；随着文化的尊重包容，残疾人有了更强的自信心；随着优惠政策的出台，残疾人有了更好的创业环境。正是社会各界对于残疾人事业的大力支持，残疾人才更有自信和底气从事自己热爱的事业。

尽己所能服务残疾朋友

由于表现出色，杨波被选为新疆维吾尔自治区聋人协会主席和吐鲁番市聋人协会主席。他深知听力残疾人士的种种困难，因此任职后尽己所能帮助有着同样不幸遭遇的听力残疾朋友。对于听力残疾人的需求和建议，杨波总是及时与残联领导沟通，在各级残联领导与部门的帮助支持下，听力残疾人士助聋门诊、听力残疾人士机动车驾照考试、残疾人免费停车等福利和优惠政策得到了落实。

“听力残疾者相对于其他残疾人来说更容易被误认为‘假残疾人’，在生活中常常会受到误解。听得到但听不清是听力残疾人士最苦恼的问题。”杨波回忆着当时开展听力服务的初衷。那时吐鲁番当地没有助听器服务点，听力残疾者为了调试助听器需要赶往近 200 公里外的乌鲁木齐，往返车费、时间和精力都耗费巨大，而且调试效果也并不理想。为了改变这一现状，更好地服务听力残疾朋友，杨波决定在吐鲁番建立听力康复中心。刚开始时，无资金、无场地、无人员，面对这种困境，杨波一方面从自己公司里挤出一部分收入作为启动资金，另一方面把创办吐鲁番首家听力康复中心的想法向当地残联领导作了汇报，吐鲁番市残联领导当即表示支持。不仅帮助协调解决了场地问题，还帮他联系了助听器专家，请专家帮忙培训了 3 名验配师。杨波说：“当听力康复中心建起来的时候，看着这一切，我更加坚定地感到自己的付出是值得的。我坚信，在残联的帮助下，没有什么过不去的坎。”

新疆属于少数民族自治区，汉族同胞与少数民族同胞语言不通。为了克服语言不通的障碍，听力康复中心专门配备了一名懂汉语的少数民族同胞，负责接待、解答和翻译工作。每年下基层进行听力服务的时候，杨波也都会请一位懂少数民族语言的同志随同翻译，向少数民族听力残疾者宣传党和政府对残疾人的各种优惠扶持政策。尤其是党的十八大以来，在以习近平总书记为核心的党中央领导下，各级政府和残联对于残疾人群体的大力帮扶和热切关心。杨波说：“我们希望利用每年的听力助残活动，使少数民族同胞切切实实享受到党的普惠政策，让他们感受到党和政府对我们残疾人群体的深切关怀和爱护。”

谈到对残疾人事业发展的认识，杨波感慨万千。他说，经过30年的发展，我国的残疾人事业有了翻天覆地的变化，残疾人权益的保障也日益完善，这其中政府和残联发挥了关键作用。而他自己则是残疾人事业的发展和残联大力支持的直接受益者。

从受听力障碍折磨到勇敢面对现实，从计算机调试大赛冠军到自主创业成功，从受到残联关照到成为残联一员，再到开始服务更多的残疾人同胞，人生路上，杨波一直心怀感恩。他感恩家人朋友的鼓励，感恩政府、社会的悉心帮助，感恩改革开放，更感恩如今所处的新时代。他深知，正因如此他才能实现儿时“成为一个有价值的人”的理想。

刘芳：伴随残联成长的基层残疾人工作者

杨宁　吴梦甜

刘芳（后）带领肢残运动员参加首届全国肢残人轮椅马拉松健身赛

【刘芳，女，肢体残疾三级，中共党员，基层残联残疾人工作者。1990年，进入湖北省残联工作，现任湖北省残联各专门协会秘书长。刘芳在本职岗位上默默奉献，任劳任怨，与残疾人同胞广交朋友，倾听他们的需求，帮助他们解决实际问题，为他们的生活带来温暖和希望。多年来，她的努力持续受到单位同事和残疾人朋友的赞扬和好评，多次被评为“先进工作者”“优秀共产党员”“湖北省残联机关优秀工作者”，荣立“三等功”一次，荣获“‘十一五’期间全国优秀残疾人工作者”。】

刘芳，自幼患小儿麻痹后遗症。20 世纪 90 年代初，她进入湖北省残联工作，在残联工作已近 30 年，现任湖北省残联各专门协会秘书长。作为一名基层残联的残疾人工作者，她的成长轨迹紧紧伴随着中国残疾人事业 30 年的发展。

在刘芳看来，正因为她自己的感同身受和残联组织的关怀指导，才使得她能在岗位上将心比心，更加负责任地为残疾朋友身体力行地做实事、做好事，为改善他们的生活状态、丰富他们的精神世界而不懈努力。她说，残疾人是她的朋友，残疾人事业是她的责任。在这个她热爱的岗位上，她感受着爱、奉献着爱，全心服务、无怨无悔。

设身处地，做残疾人朋友的知心人

1990 年，刘芳到湖北省残联工作，2003 年开始担任肢残人协会秘书长，后担任湖北省残联各专门协会秘书长。工作之初，为了尽快进入角色，她认真学习党和国家以及各级政府对残疾人的有关政策，学习残疾人工作的各项业务知识，希望能够提高自身素质和业务能力，为开展各类工作做好准备。

她深知“纸上得来终觉浅，绝知此事要躬行”，同时也深刻地意识到要做好残疾人工作，就要和残疾人朋友们在一起，广泛联系基层残疾人，要成为他们的贴心人，倾听他们的心声，了解他们的需求，维护他们的权益，真心实意地替他们排忧解难。

在多年的工作中，她结交了很多残疾人朋友，与他们如亲人般相处。刘芳也时时牵挂着他们的个人发展和生活状况。

何雷是一名脑瘫残疾人，从电脑职校毕业后一直待业在家。由于身体平衡失调，渴望工作的他求职之路充满坎坷、四处碰壁。他的父亲看到他萎靡不振的样子，带着他找到了湖北省残联专门协会办公室，希望能够得到帮助。得知何雷会操作电脑，也善于和人交流，刘芳非常想帮助他。于是她四处联系询问，最后终于找到一家残疾人开办的软件开发单位，给何雷提供了一份后台管理的工作。他父亲很感激地说："你们不但搬掉了压在我们心上的石头，更解放了何雷的身心，给了他做人的尊严。"如今，何雷的精神状态非常好，连网络签名文字都透着一股自信，这令刘芳非常高兴。

有一位叫谢中模的农民工，被一场大火烧成重伤并留下了严重的后遗症。面部、颈部肌肉增生，十个手指粘连，完全丧失了生活自理能力。突然的变故让他本来就贫寒的家庭雪上加霜，他本人更是痛不欲生，几次轻生未遂。随之而来的术后治疗和整形费用对他而言更无异于天文数字。得知情况后，刘芳帮他联系了武汉一家整形医院，免费给他做了整形手术，不仅切除了脸上的增生组织，更让他的十个手指完全分开，恢复了手部的功能。如今谢中模恢复得很好，已为他联系好打工的单位，刘芳为他和他的家庭彻底解决了后顾之忧。

残疾人工作偶尔也会有危险紧张的时候。一天晚上，刘芳接到一位残疾人朋友打来的电话，原来是这位残疾人朋友所在的福利企业因厂房纠纷，被房东派来的帮手围攻，不仅打砸厂内设备，还打伤了残疾职工。残疾职工们个个情绪激动，准备召集更多的残疾人以暴制暴。这通电话让刘芳心急如焚。于是，她迅速打电话向省残联领导请示，市残联随后迅速介入第一时间赶到现场进行调解。残疾朋友们看到省市残联都快速作出反应，赶到现场了解情况，也纷纷表示愿意相信残联，等候调解。事后，一些残疾人朋友说，看到残联的工作人员来了，心里顿时感觉很温暖，残联让他们有了依靠和支撑。

这一个个故事，说小也小，说大也大。说小，也可能只是一些生活琐事；说大，它可能关系着一个人乃至一个家庭的幸福。这些故事汇聚在一起，就是残疾人群体、国家和社会的幸福。身为残疾人，刘芳不只是把帮助残疾人看作是个人的工作，更是将这些事情看作为同一群体的朋友应尽的义务。她也希望能有更多人加入这个队伍，和残疾人成为知心的朋友，让他们感受到社会的包容和接纳，让他们内心不再孤独。

想方设法，帮助残疾同胞融入社会

也许同样身为残疾人，刘芳更能读懂残疾人内心的需求。她知道残疾人最渴望的就是走出去、平等地参与社会生活，被大众接纳认同。因此，如何让残疾人走出去、将残疾人的风采和能力更好地展示给社会，获得更多关注和认可，是她最关心的问题。从2003年起，她先后组织了多次大型活动，尽自己最大努力，让残疾人“动”起来，走向社会的大舞台。

丰富的文化生活可以充实残疾人的精神世界，激发他们对生活的向往和热爱。因此，为了给残疾人朋友提供一个展示自我的平台，湖北省残联举办了湖北省首届肢残人士歌手大赛，从湖北省 17 个地市选拔出 18 名选手。通过这次赛事，来自湖北黄石的歌手李莉脱颖而出，最终被中国残疾人联合会推荐，登上了 2008 年北京残奥会开幕式的舞台。他们还推荐“宜昌市肢残人太极柔力球队”代表湖北省肢协参加了在北京举办的“全国肢残人柔力球比赛”，夺得一等奖。这一文一体，以点带面，将肢残人的风貌较为全面地向社会进行了展示，获得了不错的效果。刘芳欣慰之余，更为当代残疾人的风采感到骄傲。

除了展示优秀残疾人代表的风采，刘芳也希望让文化生活的愉悦惠及每一位残疾人朋友。为此，她策划组织了残疾人文化周活动，在湖北省图书馆举办了“首届全省残疾人书法、摄影、绘画艺术展”，盲人歌手声乐器乐大赛，残疾人心理咨询讲座以及残疾人读书日活动等。看到残疾人朋友们积极踊跃参与文化周活动，受到社会各界的肯定和好评，刘芳非常开心，因为这在刘芳看来是能真真切切为残疾人朋友做的实事。但是，刘芳也明白残疾人是个多元群体，不同残疾人群有不同的需求和偏好。针对不同残疾人群的特点，她给予了不同的关注，组织开展了不同形式的活动。

盲人是残疾人中最困难最弱势的一个群体。针对他们的需求，刘芳花了不少心血。她知道语言表达是盲人的强项，盲人朋友们对广播有着独特的情感。于是，她联系了楚天广播电台，组织举办了优秀盲人事迹展播活动。8 位盲人朋友在电台直播间深情并茂地讲述了他们自强不息、自主创业的先进事迹，激励更多的盲人发奋图强。随后，她又与几家新闻媒体联合举办了为残疾人朋友捐赠电脑的活动，并与省残疾人职业培训中心联合举办了电脑及网络电子商务培训，帮助不少盲人朋友实现了信息无障碍，使他们更好地融入信息社会，融入现代化的生活。

对于聋哑人而言，他们的交流主要靠手语，由于普通人很难读懂这种特殊的语言，手语反而成为聋哑人融入社会的一大障碍。针对这种情况，她和湖北省聋协的同志共同策划了“让手语走进高校”活动，举办了3届湖北省高校手语联赛，每次都有10多所高等院校组队参赛，很多高校学生开始关注和学习手语，推动了手语在健全人中的普及，具有良好的社会效应。

这些活动都是她在工作岗位上多年的探索，也是伴随残联共同成长的思考和实践。残疾人群的生活有困难和不幸，但残联工作不应是沉重的，而是应不拘一格、开拓创新，用各种丰富多彩的活动，给残疾人群体带来活力，让残疾人自信地走向社会大舞台，展示个人风采，实现个人价值。

深感温暖，期待与残联共进步

在刘芳看来，残疾人事业需要的是大爱，是团结，是所有人共同汇聚而成的温暖。今天如果说残疾人事业取得了一些成绩，那绝不仅仅是某个人的功劳，而是残联这个大家庭、政府和社会各界协力支持的结果。以湖北省残联为例，一方面，省残联领导给各专门协会配备了办公室，增加了工作经费，各项工作进展才得以更加高效顺利进行；另一方面，中国残疾人联合会给予地方残联更多的帮助和支持，社会各界人士也对残疾人公益事业更加关注支持，好心人越来越多。这些鼓舞让刘芳和她的同事干劲更足，工作信念也更加坚定。

刘芳说："她也是寻常百姓家的普通残疾孩子，作为一个残疾人，残联给我带来了很多温暖和帮助，给我个人的生活带来了翻天覆地的变化，可以说改变了我的命运。因此，我对残联本身也充满了深厚的感情。"

作为一个残疾人工作者，刘芳深切感受到我们国家和社会对残疾人的关心越来越多，各项惠残政策落实得越来越好，这是社会文明进步和国家整体实力强大的体现。残联的康复服务工作也从白内障复明、小儿麻痹后遗症矫治和聋儿听力语言训练 3 项康复拓展到 8 项康复，新增了低视力康复、精神病防治康复、智力残疾康复、社区康复和残疾人用品用具供应服务。各种关心残疾人民生的惠残政策逐一落到实处，身边残疾人朋友的幸福指数逐渐提高——这都是在残联成立后刘芳亲眼看到、亲身经历的。残疾人的生活条件和环境越来越好，精神文化生活也越来越丰富。

多年来，残联和残疾人事业一直在发展和进步，并且不断与时俱进。随着社会文明程度的提高，残疾人的需求已经不仅限于满足温饱，他们对于精神层面的需求、对参与社会文化生活和社会建设的愿望也日益迫切。这些不同层面的新需求也给残疾人工作者提出了新的课题和挑战。刘芳认为，作为残疾人工作者，需要提高思想水平和工作能力，在活动创新和组织工作创新上狠下功夫，读懂新政策，掌握新的工作技巧，不断适应新形势，以便更好地为残疾人服务。

刘芳坦言，社会在发展，时代在进步，但残疾人事业的目标始终如一：就是要让被服务的对象——残疾人——这一弱势群体过上好日子。守住这个初心，脚踏实地，就一定能做好工作，残联和残疾人事业也一定会越来越好。

李娟：
帮乡亲走上电商致富路的“中国好人”

夏昕鸣　叶欣

【李娟，女，肢体残疾一级，1989年出生于安徽省宿州市砀山县唐寨镇唐寨村，患脊髓性空洞症。她被社会和媒体誉为飞上蓝天的“断翅小鸟”，先后荣获“砀山县巾帼建功标兵”“五四青年奖”“宿州好人”“安徽好人”“中国好人”“全国脱贫攻坚奖奋进奖”等。】

李娟荣获“全国脱贫攻坚奖”

2017 年 10 月 9 日，“全国脱贫攻坚奖先进个人表彰会”在北京举行。表彰会上，一个坐着轮椅的瘦小身影格外引人瞩目，她就是“2017 年全国脱贫攻坚奖奋进奖”获得者、曾当选“中国好人”的李娟。当天，时任中共中央政治局委员、国务院副总理、国务院扶贫开发领导小组组长汪洋亲自为她颁奖并合影留念。而她坚强独立、凭借电商模式带动村里乡亲们脱贫致富的事迹也被人民日报、中央电视台和中国日报等多家中央级媒体竞相报道。

“习近平总书记说他最牵挂的人就是困难群众，我深深感受到国家对我们困难群众的关心。希望所有像我一样的残疾困难群众都能努力工作、认真生活，不仅不拖后腿，还能持续给社会传递正能量，让国家发展得更好。”李娟小小的身体蕴含着大大的能量。

家人鼓励，用嘴“搭”起电商脱贫路

刚来到这个世界的李娟体弱多病，医生曾无可奈何地摇头说：“可能活不到两岁。”这句话让李娟父母战战兢兢，心痛不已。一路坎坷地带着、拉着、帮着、拽着，小李娟终于辛苦地熬过两岁。然而，病魔却不肯远离。2008 年初，李娟先是四肢失去知觉，不久肌肉也快速退化，全身只有头部可以活动。严峻的病情对本就不富裕的农村家庭来说更是沉重的打击。“不能放弃！”李娟父母咬牙坚持着，带着虚弱的小李娟跑遍合肥、南京、宿州市各大医院，债台高筑的结果换来的却是“7 节脊髓已空，完全没有康复可能性”的残酷诊断。

李娟患的是可怕的脊髓性空洞症。如今 29 岁的她体重仅有 25 公斤，一叶肺萎缩，胃也缩至五六岁孩子胃的大小。李娟不仅身体被病痛折磨，心理更是长期承受着巨大压力，她羡慕健康孩子可以无忧无虑地成长，每当夜晚来临总想结束一切痛苦，可想到深爱她的父母和家人，她又会产生很强的求生欲，“我还有太多想做的事情没有做，太多想去的地方没有去。父母照顾我很不容易，我亏欠他们太多了。”于是，她痛下决心要改变自己。她先让妈妈拿来一根筷子，咬在嘴里，试着点遥控器。慢慢地，她不仅能选台看电视，还能拨号打电话。

2009 年，得知李娟因患病致残之后，当地县残联工作人员给她办了残疾人证，帮她申请了困难残疾人生活补助和重度残疾人护理补贴，使一家人艰难的生活有了一些保障。

2013 年，李娟家里安装了网线，安装方还送了她一部触屏手机。就这样，通过这部手机，李娟浏览新闻、和朋友聊天、接收最新的资讯，从此，互联网为李娟的人生打开了一扇窗。

2015 年，砀山县委县政府以建设“国家电子商务进农村综合示范县”为契机，开始探索电商扶贫新模式，一批贫困群众和农村能人逐步依靠电商脱贫。同年冬天，一场大雪让李娟家里 3 万多斤苹果滞销。这十几亩果园产的苹果是全家生活的依靠，眼看就要烂在家里。为解燃眉之急，李娟开始自学做微商，希望帮父母减轻点负担。她自己不能动，就告诉父母怎么用手机给苹果拍照，再精心撰写几行推介的文字，而后忐忑地上传到网上。没想到几分钟后，就有一个网友要买 20 箱苹果，并很快给她转了 1000 多元的货款。

这让她大受鼓舞。从那以后，她每天咬着触控笔经营微商小店。父母拍好照片后，她认真挑选照片上传至朋友圈。只要有顾客咨询水果的信息，她都会用尽全力尽快回复。在常人看来简单的文字沟通，对于长期卧床身体虚弱又残疾的李娟来说，却相当不容易。她要用嘴咬住触控笔，一个字母一个字母地拼出来。别人用手指操作几秒钟就完成的句子，她常常需要几分钟甚至更久，嘴里磨出血泡，牙齿咬出豁口，她仍然不放弃。

精诚所至，金石为开。不到两个月，李娟奇迹般地把家里滞销的 3 万斤苹果全部卖了出去。这个消息一下子在村子里传开了，十里八方炸开了锅，街坊邻居纷纷上门请教李娟。就这样，李娟继续用嘴咬着触控笔在手机上帮着街坊邻里销售了 8 万余斤的酥梨，实现收益 5 万余元。

李娟借助电商平台，不但让自家脱了贫，还带动街坊邻居一起挣了钱。听说了这个身体不便的年轻人做了这么了不起的事情，当地县残联特地来李娟家里探望慰问，帮她一家解决生活上的困难，鼓励和支持她做好微商事业。2016 年底，在当地镇政府帮助下，李娟家成功申请了家庭危房改造，县残联、镇政府分别资助危房改造资金 1.5 万元和 2 万元。“这让我的家庭生活环境有了很大改善，我很感激国家和残联的政策，也感谢残联各位领导对我的关心。”李娟说。2017 年 7 月和 9 月，安徽省残联理事长张纯、副理事长赵卫弘专门请来安徽医科大学第二附属医院康复科主任医师吴建贤，为李娟做康复治疗。宿州市残联理事长杨厚文和县残联理事长侯本秀等领导还送来轮椅、护理床、理疗仪等辅助器具和仪器。

“县残联的杜蕴梅大姐对我非常关心，我们经常通过微信聊天，她像自家大姐姐一样关心我，让我不要有太大压力。”李娟把这些“好”看在眼里，心怀感恩。

政府助力，成就“电商 CEO”

如今，一个身体不便的残疾人，只要有一台电脑、一部手机，就可以成为面向全国甚至面向全世界的商人。“互联网为跟我一样的残疾人朋友提供了最有利的创业舞台，也为广大残疾人朋友开启了改变人生的奇迹之门。”李娟感慨身处信息时代的幸运。

2016 年 11 月，砀山县残联为了方便李娟做微商，送给她一部平板电脑。县扶贫办资助她一部新手机和一台新电脑，并教她的家人如何用电脑上网帮助李娟一起销售。县委主要负责同志得知李娟的事迹后，特别安排电商协会、红十字志愿服务总队对她进行对口帮扶指导，帮她规范产品包装、建立销售体系，还帮助她设计包装、图案等。镇政府则安排专人对接，教李娟学习使用语音输入法，减轻用嘴咬触控笔的痛苦。“桃如意”“带澳飞”等砀山十大电商企业也都自愿成为李娟的代理商。

当地镇政府还帮助联系了一些商务公司和大的电商平台，利用城乡互动爱心公益活动的机会，帮助李娟在网上销售砀山酥梨。在砀山县电商协会的帮助下，李娟以个人名义成立了砀山娟秀电商公司，办理了食品经营许可证和营业执照，并把水果注册为“祥奥娟”品牌，成功入驻京东砀山馆。

“她对产品的要求非常高，坏的、小的、次的水果坚决不能放。”负责发货的父亲李祥玲说道。从事电商至今，他们没有收到一起投诉和退货。

“以前我都不敢想她还能卖东西。现在她不仅生活变得充实，还帮助家里增加了收入。”李祥玲说，“以前家里卖水果一年只能卖2万元左右，2016年女儿帮助家里销售水果的收入就有5万多元，还帮以前救济过我们的街坊邻里把水果也卖出了好价钱。”

“李娟这丫头最实诚，不仅不挣俺一分钱，还以比市场价贵一毛钱的价格帮俺卖出了早熟梨。”同村贫困户魏广明手有残疾，说到李娟的帮助，一个劲儿夸。

如今李娟已成了远近闻名的“电商CEO”。面对意想不到的收获和荣誉，李娟坦言：“我能活到今天，已是一种幸运。能有这样的成绩，更是从未敢想，这离不开政府和好心人的帮助。我现在最大的愿望就是把电商做好，把这份爱心传递下去。”

传递温暖，带动更多残疾伙伴脱贫

现在，李娟比以前更忙了，不仅要做好产品品牌，还要拿出更多时间与残疾人朋友们交流，把自己的经验和经历告诉更多需要的人，让残疾人朋友们重新认识生命、坚强生活。“镇里特别关注我们残疾人创业问题，专门成立了残疾人创业中心，我们在镇里的电商驿站办公是免费的，一分钱都不用花。无线网、电脑、水电都是给我们配好的，给我们节省了很多的开销。政府实实在在为我们考虑，解决我们老百姓的困难。”李娟把这些好消息一一分享给她的朋友们。

“虽然我的身体不好，但是我有一双眼睛、有一张嘴。活着，我就要做有意义的事。”李娟在砀山残疾人微信群里说，“人穷志不穷，自己挣来的饭，才吃得香。”

李娟的故事给许多残疾人带来了新的希望，带动了更多贫困残疾人走上电商脱贫之路。“她躺在床上都可以养活自己，我的双手还可以活动，双脚还可以四处走动，为啥要靠政府和别人来救济？”唐怀志说。唐寨村电商驿站从业者唐怀志今年 25 岁，从小患脑瘫，行动说话都很吃力，一直是当地贫困户。一年前，唐怀志加了李娟的微信，成为她忠实的“粉丝”，重拾生活信心。

“我没见过李娟，只在微信上和她聊过，她给了我很大鼓舞，非常了不起。”李娟不向命运低头的精神感染了他，唐怀志主动加入电商创业大军。2016 年 7 月，唐怀志在淘宝网上注册了网店，开始在网上销售自家土特产。“我在学校学的就是电子商务，毕业后应聘过许多公司，但那些公司看到我的情况都不愿意录用我。我当时很绝望，感觉生活没有希望了。现在，我的网店一个月利润有一千多块，我打算再多上点新产品，估计收入还会更高。”

李娟说，目前她正和唐怀志等朋友商量，准备建一个励志群，组建帮扶残疾人创业团队。“我们一起做电商，相互鼓励，一起实现脱贫致富。”李娟说。李娟的公益计划已经开始，她聚集了周边村子的残疾人，成立了以残疾人为主的团体，还注册了公众号（微商城），鼓励更多残疾人在微商城卖自己的产品。

“我并不是所谓的代言人，只是众多残疾人脱贫致富中的普通一员。希望我们打动大家的，不是残疾这个标签，而是有能力提供精致美味的产品。如果可以的话，我会继续把这个平台做得更大，免费为跟我一样有志有梦的残疾人提供创业交流服务。希望能通过我的努力，让更多像我一样的残疾人脱贫致富。我相信，在未来，属于我们残疾人的电商之路会越走越宽广。”李娟的眼中闪烁着光芒，美丽动人。

郑璇：
中国首位自主培养的聋人博士

叶欣

郑璇（中）和她的学生们在一起

【郑璇，女，汉族，听力残疾一级，1981 年生，教授，硕士生导师，我国第一位自主培养的聋人博士，首位公派赴美国聋校孔子课堂任教的聋人教师。现为重庆师范大学教育科学学院特殊教育系教师，聋人与手语研究中心负责人。她曾获“重庆市教书育人楷模”称号和“全国教书育人楷模”提名，连续 3 年被评为“全校最受毕业生欢迎”的教师。迄今累计发表学术论文 20 余篇，出版专著 2 部，译著 5 部，主持国家级科研项目 3 项，参与多项国家级、省部级科研项目。她入选北京残奥会火炬手，荣获 2018 年度“全国最美教师”“全国女科技工作者社会服务奖”“全国文明家庭”“重庆市教育系统优秀共产党员”“重庆市敬业奉献模范”“重庆市五四红旗手”“感动重庆十大年度人物”等荣誉。】

郑璇是一位被称为“传奇”的聋人，本科就读于武汉大学，博士入读复旦大学。她是中国首位自主培养的聋人博士，但这些成绩在她看来并非一蹴而就，而是父母、老师、残联和社会各界的支持给了她前行的力量。她说：“没有谁会是生来的坚强者和所谓的励志者。每个生命都值得被尊重与善待。”

艰难坎坷的教育之路

郑璇的爸爸在部队服役，只有妈妈一个人照顾她。两岁半时，一次生病发烧，郑璇的妈妈带着年幼的她去医院。为方便，她们开了药带回妈妈单位医务室，请来一位“赤脚医生”帮忙打针。结果那个医生由于粗心大意，忘记儿童用药剂量应减半，一连打了几天才发现。药中的抗生素叫“卡那霉素”，就是它过量造成郑璇的听力损伤。

后经检测，她的双耳听力损失程度分别为95分贝和115分贝，非常严重。不幸中万幸的是，她两岁半失聪，当时已有些口语基础，属于语后聋。相对先天失聪的孩子来说，她的康复难度要小一些。而且，她左耳在高频段还剩下点残余听力，但右耳完全无声，她借助合适的助听器还可以听得见别人说话，因为人说话的语音主要集中在高频段。尤其类似Zh、Ch、Sh这样的声母，带上助听器，在声音足够大的情况下，反复听辨是可能听清的，这是决定郑璇口语康复效果较理想的前提。加之父母早期干预也做得不错，她3岁时就戴上了助听器，从小习惯听声音，辨音能力也较强。许多平均听力损失和她一样的聋孩子，因验配助听器不够及时，或本身高频段听力损伤严重，口语康复效果并不明显。因为听是说的基础，若没有良好的听力矫正，要想获得理想的口语能力很难。

她的父母文化水平不算高，不懂教育学和心理学，但他们有个简单朴素的想法，就是希望郑璇跟其他健全孩子一样，能说话能上学。所以，他们一直没有放弃对孩子进行口语训练，郑璇也从没进过康复中心，父母就是她最好的康复老师。多方求医无效之后，他们及时为郑璇佩戴了合适的助听器，从a、o、e开始教她说话发音，天天练习，从不间断。她的父母还特别为她购买了刚时兴的双卡收音机，这在 20 世纪 80 年代算是相当大的支出了。

5 岁时，她的爸爸妈妈就希望她能进小学。因为他们和外婆在家里教她的过程中，发现她接受能力强，认识不少字，会画画、会算数、会背唐诗。于是，他们托人给找了一所家附近的小学——武汉市硚口区南垸坊小学，也是乒乓球名将乔红的母校。报名时，学校有位老师问郑璇话，她听不清楚，她的父亲心里很难过，面试没有通过。他回到家继续对孩子进行语言训练，第二年又把孩子送过去。这时她的交流能力好些了，顺利通过面试。

刚进小学时，郑璇心里总是诚惶诚恐。因为听不见，必须时刻睁大眼睛观察。上课时，不能完全听清老师的话，只好看别人做什么，她也跟着做什么。她说："很多时候，获得的信息不完整，甚至支离破碎，闹了不少笑话。"

到了三年级，郑璇家搬到了武汉郊区，附近没有好学校，父母就让她回老家监利县和表妹一起借读了两年。回忆起那两年的时光，郑璇说：“表妹给了我很多支持。我们年龄只差一个月，在同一班级，还是同桌。老师讲课时，她就‘翻译’给我。当时我学习成绩很好，又是大城市来的，大家都很喜欢和尊重我。虽然我听不见，但不会被欺负。五年级时，家里买了新房子，我又转学回武汉市。这时问题来了，因为我的发音已带上家乡的口音，常被武汉的孩子们嘲笑欺负。从那时起，我就不敢说话。”

整个中小学求学中，她的父母一直和老师保持着密切联系，并请老师把座位安排在前排中间。上课时，郑璇总是听得特别认真，老师们都对她印象深刻。曾有个老师对她父母开玩笑说，郑璇听课时，眼睛一眨不眨地盯着她，好像恨不得要把她吃掉。别的孩子听累了可以闭上眼睛稍作休息，对于郑璇而言，她必须始终连听带看，有时还要连蒙带猜，一节课下来，比其他同学累得多，就算课间十分钟也不能休息，要趁别的同学去玩的时候借来他们的笔记补记。

中小学阶段老师语速慢、声音大，普通话标准，再加上教室小，她的听课质量还算可以。大学时经常几百人在阶梯教室上大课，老师拿着麦克风讲课。有时碰上年纪大、口音重的老师，就算坐在第一排也难以听清，这让郑璇感到深深的挫败。像欧洲史、中国古代哲学这些课，都是武汉大学知名教授讲授，公认讲得很精彩。而她却无法听清，无可奈何时，干脆选择逃课去图书馆。

郑璇本科时，就读于武汉大学国家人文科学实验班。文史哲3个专业的课程都要学习，课程非常多。有时一周有42节课，晚上和周末都排了课。文学方向的老师普通话最标准，所以她的笔记做得最详细，并且她自身非常喜欢文学，从小多次在作文竞赛、语文知识竞赛中获奖。本科毕业后，她被保送到武汉大学汉语言文字学专业攻读研究生。

走出身份认同危机

虽然从表面上看，她融入了主流社会，但她心底仍然觉得孤单。研究生阶段，她也尝试从心理学中寻找解脱，但无果，最终选择了语言学。她意识到，语言沟通问题是聋人所有障碍的源头，而手语是一个更自如亲切的世界，她想去寻找同类人。

一个偶然的机会，她得知复旦大学龚群虎教授是研究手语的语言学家。正值研究生二年级暑假，复旦开设青年学者语言学讲习班，龚教授是主讲专家之一。郑璇报名参加，如愿见到了他，并向他表达了考博意愿。他表示非常欢迎。因为自身是聋人，专业也对口，于是，经过一年准备，她最终通过考试，进入复旦学习。

2005 年入学，郑璇成为龚教授招收的第三个手语语言学博士，也是迄今为止唯一一个聋人学生。龚教授是中国首位研究手语的语言学家。此外，他对汉藏语言学也很有研究，这也成为后来郑璇研究西藏手语的缘由之一。

龚老师严谨的治学态度和磊落的人品，深深影响着郑璇。在她刚入学时，龚老师就多次强调学手语的重要性，让她深入聋人社区，提高手语水平。龚老师对郑璇的评价是会口语、读普校，属于“非典型聋人”。龚老师对手语聋人十分尊重，一再要求学生与聋人朋友交往时，一定要谦虚低调。当时有不少媒体采访郑璇，龚老师经常提醒她注意心态，不要因接受太多采访，将“名气”变成“包袱”。

在复旦读博时，她经历了一场“身份认同危机”。这场危机像暴风骤雨，几乎把她摧毁。郑璇回忆说：“之前虽学了手语，但没有真正从内心完全接纳，总觉得口语还是有优势。跟朋友用手语聊天时，如果陌生人看着，我会觉得不太自在，甚至会故意边说边打手语，证明我并不是‘哑巴’。当时我是上海残疾人艺术团成员，每周都要到聋青技校参加排练。有的聋人演员刚开始对我热情，慢慢就变冷淡了。后来才听说是因指挥的聋人老师用手语跟大家说话时，我当时没能全部看懂，正好又有健听老师进来，我就向他们打招呼，视线移开忽略了聋人老师，造成误会，大家觉得我不想跟聋人交流。当时，我的手语水平还不是很好，看大家聊只能看懂一部分。可有些演员认为我既然是聋人，理所当然能看懂手语。”

郑璇说，那时她觉得自己像个“边缘人”，在健听人圈子觉得孤独，在听力残疾人士的圈子里也没法完全融入，又赶上博士论文写作时期，压力非常大，身体状况也不太好。2008 年北京残奥会，她被选中参与手语舞《星星你好》的排练，但因身心俱疲，一个月后只得放弃排练，回武汉休息。毕业论文和“身份认同”的双重挣扎，让她整日处在焦虑和抑郁之中。她说，那段时间她特别厌恶说话，导师布置了一个公开汇报论文提纲的任务，令她每夜辗转反侧、痛苦不已。在别人看来，觉得她口语还可以，但她会很在意自己每一句话、每个字是不是说得好。哪怕有一个音发得不完美，她就很痛苦，感觉像得了“语言强迫症”似的。这时，她遇到一个同门师弟，一位美国留学生。他告诉郑璇她的问题是遇到了“身份认同危机”。那时她才知道了“Identity Crisis”这个词。经过仔细思考，郑璇决定完全放弃健听人身份，接纳作为聋人的自己，开始认真学起手语。现在回想来，郑璇说，那是她心里的一道坎，只有彻底“放下”口语，手语才会精进，才能真正体会到无声世界的感觉，摆脱对助听器的依赖。

后来，她写了封邮件，问导师可否不说话，用手语表达。导师对她说：“当然可以，你可以选择觉得舒服的生活方式。比起拿博士学位，我更希望你生活幸福。”有了老师的话，郑璇的心理负担慢慢减轻了，继续开始做博士论文。因为论文，她博士延期一年毕业。对郑璇来说，多出的一年不仅有更加充裕的时间写论文，也让她有更多时间去思考“身份定位”，让她慢慢接纳了自己的聋人身份。站在这个立场再次融入社会，她对自己不再那么苛求，也不会那么痛苦。读博第三年和第四年，她做了很多自己喜欢的事。比如，当复旦研究生舞蹈队队长，独立策划和主办一台古典文化专场舞蹈演出。走出“身份认同危机”，让她找到了重获新生的感觉。

感恩无障碍的成长环境

“现在看来，是社会的大环境和我家里的小环境为我创造了接近无障碍的氛围，让我能够成长得更健康。”郑璇说。

作为家里的独生女，父母把全部爱都放在她身上。为了她，父母一直是单位和家两点一线，几乎没有社交。郑璇能够练就今天的口语能力，还有一个重要原因，就是从本科到博士，郑璇一直学习中文专业，阅读了大量语言学专业书、学习了语音课程、知道普通话中每个音的发音部位和发音方法。上大学之后，她仍然在进行自我康复训练，借助普通话考级培训教材和《演讲与口才》杂志等，用随身听把自己说话的声音录下来，反复听辨，自我矫正。

小时候，学校不懂事的孩子会追着她叫“聋子”，抢夺她的助听器，父母的同事见到她会感慨：“多可爱的女孩子，可惜就是耳朵不好。”大学时，当她在校园里向聋人朋友学习手语时，有陌生男子走来，围着她们转来转去，还不时发笑。这些都让她非常介意，她不希望让别人知道她是聋人。

随着社会进步，人们对残疾人有了更多的理解和认同。现在，她已习惯认识新朋友时，提前告诉对方一声：“不好意思，我听力不好，戴助听器，麻烦您慢慢说。”对方大多会表示理解并照顾到她的表达。公共场合，聋人即使手指翻飞也不再成为大家目光的焦点。

作为一名失聪 30 余年的聋人，她对这个群体有着强烈的归属感与认同感。她说：“聋人的障碍在于沟通，有苦难言的滋味我最清楚。我希望能帮助聋人群体发声。我期待经由我做出的成绩，人们能看到聋人群体巨大的潜力。更希望人们可以通过我的表达，了解到聋人朋友真实的诉求。”

作为一名高校青年教师，郑璇向往象牙塔内低调自在的学者生活；但自身的聋人身份和从事的特殊教育专业，又决定了她在潜心学术、修炼自我的同时，还需要常怀济世之心。于是，她在两者之间努力寻求一个平衡点，既能让自己保持内心平和，也可以力所能及多做点事，帮助到更多聋人。

一个现代文明社会，必然是对弱势群体充满宽容的社会。聋人和健全人的融合，是一个双向互动过程，不仅需要聋人自身努力，也需要全社会的接纳。中国社会和残疾人事业的发展日新月异，相信不久的将来，语言沟通问题将不再困扰聋人。无论是使用口语还是手语的聋人，都可以享受良好的无障碍环境，与健全人一起平等共享改革发展成果，实现自己的人生价值。

刘锡祥：文学与关爱带来“行走”的力量

吴梦甜　杨宁

刘锡祥业余喜欢摄影

【刘锡祥，男，肢体残疾二级，祖籍山东，1955年生于北京，长于兰州，中国农工民主党党员，甘肃省作家协会会员，1984年牵头成立国内最早一批民间残疾人草根组织“兰州市残疾青年协会”，2003年被国务院残工委、国家人事部和中国残疾人联合会授予“全国残联系统先进工作者”。1975年开始文学创作，发表作品数百篇，其中自传体长诗《寻觅》获“甘肃省第二届优秀文学作品奖”；散文诗《绿色的树叶》获“首届全国卫生文学创作奖三等奖”和“甘肃省第三届优秀文学作品奖”。先后出版诗集《寻觅》，合集《五色花》《如花的季节》《做生命的酋长》等。1997年入选《中国当代艺术界名人录》第五卷，2010年编撰文集《岁月命题》，2013年出版诗集《岁月沉香》，2015年该诗集获“甘肃省第五届黄河文学奖专业三等奖”。】

刘锡祥，17 岁时左脚意外被玻璃扎破，感染恶化后最终截肢，靠双拐行走。多年来他坚持文学创作，业余时间为残疾人及残疾人事业服务。

如今的刘锡祥不仅在文坛绽放异彩，同时也为自己的生命注入了新的活力。然而他说：“如果当初没有遇到文学创作，没有家人的支持与陪伴，没有残联和社会各界的帮助，我很难走出困境成为今天的自己。正是这个伟大的时代和不断发展的残疾人事业让我充满信心，勇敢面对人生。”

文学创作助他走出困境

命运是残酷的，回忆起受伤时的情景，他说：“当我闭上眼睛躺在手术台上，仿佛昏睡了一场之后，左腿膝盖以下的部分就永远不再属于我了。我当时内心非常烦闷和痛苦，认为自己没有活下去的意义，但也就在内心挣扎的过程中我找到了能让自己走出困境的方法——文学创作。”

刘锡祥出生在北京，“文革”前随父母“支援大西北”到了兰州。身有残疾的他最大的爱好就是阅读，总是想方设法找各类书籍来看。据刘锡祥回忆：“文革时很难找到要读的书，只能找到一些手抄本，或是老作家的藏书，我会费尽心思去找书来读。到了 20 世纪 80 年代初情况就好了一些。记得当时我一个月的工资才 13 块钱，那时在兰州西站十字路口旁有一家新华书店，每次销售名著时我都会排队去买，很是拥挤，甚至还从楼梯上摔下来过。就这样我仍旧坚持阅读。我没有上过大学，因此只能靠自己的努力和勤奋来学习，读名著记笔记，这也为我以后写作奠定了基础。”

高一时他写过一篇名为《我爱绿树——沙滩》的散文，当时的语文老师对他的这篇散文称赞有加。他说，语文老师给了他很多鼓励，坚定了他继续创作下去的信心。高中毕业后正好赶上改革开放，这一阶段，他的创作热情空前高涨，收获颇丰。正是在这个时期，他加入了兰州市作家协会，并在《红小兵》杂志上发表了作品，也由此结识了很多作家。文学创作陪他度过了最为艰难的时期，成为了他生命中不可或缺的一部分。文学对于健全人来说可能是“年龄病”，年轻时很热爱，但随着年龄的增长就会渐渐放弃。但对于残疾人意义却不一样。刘锡祥说：“文学创作已经成为我生命的一部分。因此，我会一直坚持创作下去，正如它在我生命最艰难的时候陪伴在我身边一样。”

新时代让他感受到美好

改革开放给中国人的生活带来了翻天覆地的变化，越来越多的家庭拥有了汽车，也有更多的人考取汽车驾照。早在2000年时，刘锡祥就曾为了残疾人考取驾照的事情四处奔走。国家政策放开后，他成为了甘肃省第一批考取驾照的残疾人。

因为考取了驾照，他能到的地方越来越多，他的生活也变得更加丰富多彩，文学创作的视野也开阔了很多。他写了几十年诗，得了几次文学奖。现在写诗不仅成为他的爱好，更是一种习惯，因为心里总是有倾诉的愿望。随着年龄和阅历的增加，心境的不同让他的写作风格也有了变化，读过他的诗集的人可以明显感受到他的这种变化。早年的创作更多的是热情，后来的创作更多的是思考和沉淀，从中可以看出时代和个人思想发展的轨迹。开始“看山是山、看水是水，之后看山不是山、看水不是水，最后看山还是山、看水还是水。”几十年写下来，虽然收获颇多，但由于环境的局限性，也难免形成了“定式思维”。于是，他开始寻找自我突破的方法，那就是“走出去”。为了增加阅历、改变固步自封的状态，他在 2016 年作出了一个让亲戚朋友惊讶的决定——自驾游。从兰州出发，穿越四川、贵州、云南至海南的天涯海角，历时一个月，行程近万公里。身边所有的人都在说，像他这个年纪的残疾人哪能承受得了这么久的自驾游，就是风华正茂的年轻人想想都会发怵，不敢轻易上路，更何况他驾驶的还是一辆已经开了十几万公里的小旧车。但是，他认为这是一次自我挑战，有着非凡的意义。在大家忐忑不安的牵挂中，他和老伴一个月后安全抵达家中。当亲朋好友看到他在行程中拍摄的上千张照片和每天的感悟札记，大家才真正明白了他自驾游的意义。

他说：“这一次自驾游不仅开阔了我的眼界，也帮助我走出了封闭的状态，增加了人生的‘厚度’。”他接受记者采访时说：“这一路走来，看到很多、听到很多、感受到很多，一些经历让我至今难忘。为此我出了一本《八千里掠影札记》，记录了我这一行的点点滴滴。这些经历给我注入了新的活力。”

失去左腿以后，刘锡祥从未想过有一天自己会开车甚至可以自驾游，而如今的他可以去做一切他想做的事情，不但能养活自己、照顾家人，还参与到各种有关残疾人的公益事业中，为更多的残疾人提供帮助。他说，正是因为有了国家的支持、残联的帮助，才让他有机会融入社会，欣赏这个世界。他认为，这不仅仅让他找到“重生”的感觉，也让更多像他一样的人看到了希望，能够因为这个时代而感受到这个世界的美好。

在他看来，首先要感谢这个伟大的时代，否则一切无从谈起；还要感谢文学创作带他走出身体和生活的双重折磨，让他拥有了敢于直面人生的勇气和积极乐观的心态。正是因为这些，才让他有了今天的“重生”和面对生活的成熟态度。

残联给予力量帮扶更多人

除了文学创作，刘锡祥以自身的不懈努力，影响和帮助了更多的残疾人。这不仅是因为他在残联工作，更因为他想通过自己的努力去为更多的残疾人服务，想要通过自己的行动让更多的残疾人看到希望。

早在 1985 年，他就团结了一批残疾人青年，创办了甘肃省第一家青年残疾人组织——兰州市残疾青年协会。他积极开展社会活动，为残疾人融入社会做了大量细致的工作，协会在省内及全国产生了一定影响。他和团队还经常组织一些社会知名人士为贫困户和残疾人送温暖，帮助残疾人排忧解难。

2003 年他调入甘肃省残联之后，工作认真刻苦，积极发挥组织协调能力为残疾人办事。他希望保持一名老残疾人工作者的生命本色，延续团结、服务残疾人的工作宗旨并为之不懈努力。如今已经退休的他还在考虑为残疾人，尤其是残疾人作家搭建一个属于自己的平台。他知道一位家在白银的残疾人作家，经过多年的努力才出了一本自己的书，结果出书不久就去世了。同为残疾人作家，刘锡祥完全能体会到文学作品对这位作家精神的慰藉。现在他就想着如何将残疾人作家协会成立起来，搭建一个平台，让喜爱文学的残疾人有展示自我的舞台。

作为一个老残疾人工作者，他从未想过自己可以通过文学创作影响多少人，他只是希望可以通过自己对残疾人事业的努力以及自己的生活态度，让越来越多的残疾人看到希望，摆脱身体和生活带来的困境。

中国残疾人联合会成立 30 年了。多年来，这个全国性的残疾人组织一直对残疾人非常重视。刘锡祥说："从我第一次见到邓朴方先生到如今也正好 30 年，每每想起这位心系中国残疾人事业的奠基人、亲力亲为的倡导者和实践者，我都十分敬重和感动。正是因为有残联、有像邓朴方先生这样的人，我才更加坚定了为残疾人事业不懈努力的决心，期望帮助更多的残疾人重回正常的生活。"

回望多年来的工作和生活，刘锡祥说："'走着'是我的生活态度，虽然失去了腿，但是有了更加强大的精神力量支撑我继续向前。未来，我们国家的残疾人事业要走的路还很长，需要更多的人加入这一事业当中。我希望残疾人群体能够获得社会更多的尊重和理解，得到更多的关爱，共享这个时代带来的美好。"

吴幼盛：从“唐宝”父亲到智协志愿者

叶欣

吴幼盛和妻女

【吴幼盛，男，1971年出生，福建省漳州市诏安县白洋乡中心小学教师。现为中国智力残疾人及亲友协会（以下简称“中国智协”）的热心志愿者，智力残疾孩子家长代表。2011年10月13日，吴幼盛16岁的儿子吴益鸣（网名亦凡），不幸因病去世。2013年，他的女儿出生，不久被确诊为唐氏综合征，属智力一级残疾。2015年底，吴幼盛加入中国智力残疾人及亲友工作群，在中国智协当志愿者，负责中国智协“主体工程”的组稿和编辑工作。】

吴幼盛，在遭遇儿子病逝，女儿身患唐氏综合征等一系列家庭不幸后，他化悲痛为力量，多年致力于中国智力残疾人及亲友协会的志愿者工作。如今，吴幼盛正计划创办一个以儿子生前的网名“亦凡”命名的公益组织——亦凡唐宝之家，专门为那些家里有唐氏综合征儿童的家庭服务，期望带动更多爱心志愿者帮助“唐宝”孩子接受艺术康复和融合教育，更好地融入社会。

各界声援，助女儿进入幼儿园

吴幼盛的女儿出生于 2013 年 8 月 26 日。在她出生前 18 年吴幼盛就已经有了一个儿子——吴益鸣。儿子从小就极为聪明和懂事，然而不幸的是，刚满 16 岁就因病去世。在怀女儿的时候，吴幼盛的爱人已经 44 岁了，这么高龄的产妇自然属于唐氏综合征筛查的重点高危人群。当时去做产检时，医生也一再叮嘱他们去漳州市级医院做唐筛。然而，由于考虑到这也许是这辈子当爸爸妈妈的最后机会，他们抱有一丝侥幸心理，没有听医生的话去做唐筛，而是顺其自然让女儿平安降临。没想到命运又一次给他们带来打击，失去爱子的他们迎来的是一个患有唐氏综合征的女儿。

在刚刚得知女儿患有先天性唐氏综合征时，吴幼盛夫妇几乎接受不了这个致命的打击。他的爱人甚至一度想要放弃生命，带着女儿一起去“天国”找儿子。然而，看着女儿顽强地一天天长大，夫妻俩深受触动，决定不管命运如何多舛，也要咬紧牙关陪着女儿一步一步走下去。

然而现实比想象得更加残酷，要想把一个患有唐氏综合征的小孩养大并教育好，实在太不容易。由于体质较弱，他们的女儿隔三差五生病，经常要到县医院甚至汕头大学附属医院住院治疗。正常的孩子一岁左右就会说话，可他们的孩子3岁了还不会叫爸爸妈妈。为了教女儿学说话，他们倾注了很多心血，努力地启发和引导女儿认识身边的事物，开口说话。功夫不负有心人，女儿终于开口说话了，从只会发一个音到现在已经能够说出含有四五个音的短句来。他们深切地体会到养育一个特殊孩子的辛苦，但也感受到辛勤汗水没有白流的欣慰。作为一位文字爱好者，吴幼盛从女儿出生起便坚持为她写成长日志，至今已写了70余篇，有6篇刊发于《闽南日报》副刊。

从前，吴幼盛对唐氏综合征几乎没有概念，更遑论对这一群体的关注和帮助。自从有了智力残疾的女儿后，吴幼盛深切感受到残疾人士要想过正常生活可能遭遇的歧视与排斥。2017年8月底，他带女儿到幼儿园报名入学，当时女儿4岁，早已达到国家法定入园年龄。可老师们还是找各种理由百般推托，说学校照管不了特殊孩子，怎么求情也不肯接收。吴幼盛急得实在没有办法，只好向县人民政府教育督导室和中国智协求助。在县教育督导室的努力协调下，学校仍要求吴幼盛带孩子到他们的指定医院，由学校指定的专家进行鉴定评估，如果专家认为孩子可以适应学校的学习生活，他们才同意接收。后经专家鉴定评估，孩子完全可以适应学校生活，学校才勉强接收。但仍要求吴幼盛或妻子每天都至少要有一个人到学校陪读，还要求他们与学校签署一份文书，声明以后如果孩子在学校里出现意外，由他们自己承担责任。

当吴幼盛将女儿遭受的不公待遇向中国智协群求助时，得到了中国智协领导和群友们的大力支持和声援，大家纷纷向吴幼盛提出解决办法。后来此事在县教育督导室协调下及时得到解决。

携手中国智协，甘当志愿者

多年作为“唐宝”父亲的亲身经历，吴幼盛感到，单靠个人和家庭独立承担这种命运带来的挫折会异常艰难，还需要政府、社会和残疾人组织的关心与支持。为了帮助和女儿有相似经历的残疾人士创造更好的社会环境，吴幼盛选择成为一名中国智协的志愿者，期望把小爱延伸成大爱。2015 年，他有幸认识了山西省平遥县著名爱心人士冀鸿旗，在他的推荐下加入到中国智协群，从此就在这里和大家携手并肩、共克时艰。

有一天，时任中国智协副秘书长、现任中国智协总顾问的孔德周老师得知吴幼盛是漳州市作家协会会员，擅长文字工作，便邀请他负责中国智协“主体工程”——专门采访和报道中国智协系统的各类典型人物。吴幼盛一听便毫不犹豫地答应了。在这项工作中，吴幼盛把栏目名称定为“天使风采”，并细分为“蜗牛之星”“亲友楷模”“智协工作者”“机构工作者”和“志愿者专区”五大版块，同时负责收集和编辑稿件。

从 2016 年 10 月 21 日至今，吴幼盛一共采写编辑了 22 期稿件，详细报道各类“天使”的感人事迹。比如，全国心智残疾者家长组织联盟理事长戴榕、创办深圳市喜憨儿洗车中心并为智力残疾者提供培训和就业机会的曹军、十年如一日专门收留和照顾智力残疾流浪者的“山西省十佳志愿者”冀鸿旗、为重度智力残疾人士开拓生存之路的杭州弯湾托管中心创办者徐琴……这些文章都刊发在中国智协的各类媒体上，向社会和大众展示宣传了智力残疾群体各类优秀人物的风采，也使广大智力残疾家庭深受鼓舞，为大家树立了学习的榜样。

2016 年底，中国智协在云南省昆明市举行六届四次全国委员会，特邀吴幼盛列席参加。随后举行的特奥家长论坛和特奥联谊运动会中，吴幼盛也全程参与并就大会活动撰写报道，刊发在中国智协的官网。2017 年初，中国智协策划编撰了一本图书以反映智协成立以来，特别是从 2012 年法人注册登记以来，在履行“代表、服务、维权”宗旨方面取得的成绩，书名为《我们这样走过——中国智协发展之路》，吴幼盛被委以重任，担当本书的编辑之一，编辑了其中的 15 篇稿件。除此之外，吴幼盛还热心响应中国智协号召，积极投入智力残疾人士家庭“安心工程”——意外及疾病综合保障保险项目、全国联动大型公益活动“牵着蜗牛去散步”等公益项目活动的宣传和推广工作。由于在中国智协志愿工作中表现积极、成绩显著，2018 年 3 月 21 日，在杭州举行的“中国智协唐氏综合征委员会”（以下简称“唐委会”）成立大会上，吴幼盛当选为副主任，负责宣传和融合教育工作。在他的提议和努力推动下，经中国智协批准，他们运营了一个微信公众号——中国智协唐氏综合征委员会，由他负责组稿并担任主编。目前公众号已刊发了几十篇稿件，引发了广泛的关注和好评，现总阅读量超过 2 万次。为了倡导和推动融合教育，他四处奔波，经常和教育部、残联等部门的领导交流探讨，深入到普通学校、特殊学校、康复机构等调研，希望在不久的将来，普通学校都能向特殊孩子敞开接纳的大门。

虽然吴幼盛的工作是志愿服务，有时还很辛苦，但只要一想到这份事业与女儿的成长息息相关，他便觉得再苦再累也值得。吴幼盛表示，只要中国智协需要自己，就一定会把这份志愿工作坚持下去。

梦想创办“亦凡唐宝之家”

由于经历了苦难与艰辛，吴幼盛和爱人的心都变得特别柔软和敏感，每当他们得知有人和自己一样，家庭遭遇变故或者孩子身体残疾时，常常会第一时间给这些家庭送去力所能及的抚慰、温暖和帮助。当得知朋友的外甥女被查出患有地中海贫血，需要到广州的医院做骨髓干细胞移植时，他们当即捐助 1000 元。一位老同事得了尿毒症要去福州做换肾手术，他们第一时间上门探望。一位初中同学的儿子不幸去世，他们夫妻俩又上门去探望与他们同病相怜的两口子。

还有一件事对吴幼盛触动也很大。他所在的村里有一户人家，全家五口人只靠父亲一人打工维持生计。妈妈和儿子都患有脑瘫，妈妈病情较轻，儿子病情很严重，今年已经 10 岁，不会说话、也不会走路，整天瘫坐在椅子上，大小便失禁，天天都要穿纸尿裤。

爷爷70多岁了，体弱多病。家里还有个5岁的小儿子。由于家庭经济极为困难，没有人手照顾，那个患脑瘫的孩子也从没到任何机构做过康复训练，更没接受过教育。有一天，当地教育局通知吴幼盛女儿所在的小学，要求学校给这个重度残疾孩子送教上门，可学校领导考虑到种种困难起初并不太想接这个任务。后来，吴幼盛亲自到学校给校长和教导主任做思想工作，并和他们一起送教到这个孩子家。

为了帮助更多与女儿一样遭遇不幸的唐氏综合征儿童，吴幼盛一直想创办一个公益组织，并打算以儿子生前喜欢的网名“亦凡”来命名，叫“亦凡唐宝之家”。他率先在漳州地区创建了一个微信群，群名就叫“漳州唐氏综合征互助会”，把全市各县、区、镇有唐氏综合征孩子的家庭组织起来，经常开展网上互助学习研讨和线下聚会活动。2018年12月2日，为迎接世界残疾人日的到来，在漳州市残联的大力支持下，吴幼盛策划并组织了一次“漳州市唐氏综合征知识讲座”，邀请中国智协唐氏综合征委员会执行主任苏振和全国著名的“唐宝”——首届中国智协“蜗牛之星”王安及其父母到漳州授课，使漳州市残联、智协的工作人员和广大“唐宝”家长们深受触动和鼓舞。

2015年下半年，他加入一个名为“唐氏征治愈希望群”的唐宝家长QQ群，成为其中一名管理员。那时起，吴幼盛和QQ群其他管理员开始致力于创办一个全国性的公益组织——唐氏综合征基金会，旨在通过募集资金支持厦门大学神经研究所开展唐氏综合征的治疗和改善研究，助力厦门大学创建“唐氏综合征研究所”。

此外，吴幼盛夫妇还经常发动周围有艺术特长的志愿者和爱心人士当义工，组织“唐宝”们唱歌、跳舞、写字、画画或者演奏乐器，并号召大家定期或不定期接受康复培训，以更好的状态融入社会。

每一个残疾人士的背后，都有家庭无言的付出。采访的最后，吴幼盛说：“作为一名智力残疾儿童的父亲，我对这个群体的境遇和普遍存在的心理感同身受。为此，我也很乐意向公众袒露我们这个群体的生活现状和内心体会。如今，遭遇命运不幸的同时，我也感到一种幸运，正是因为赶上这么一个好时代，有政府、有社会各界的帮助，女儿才得以顺利上学。另外我内心期盼，随着社会的发展，人们思想观念的进步以及各方的持续努力，未来残疾人事业能够更上一层楼，残疾人都能自强自立，成为对社会有用的人。”

孙岩：
高等艺术教育托起的盲人钢琴家

齐华瑞　魏天瑶

孙岩（右）获得“首届国际残疾人钢琴比赛金奖”

【孙岩，男，视力残疾一级，后因诊疗失误失明，1983年出生于吉林长春，中央音乐学院首位盲人硕士毕业生，我国首位具备专业资格证书的盲人钢琴演奏家、国际安徒生亲善大使。他4岁学习钢琴，6岁登台演出，10岁获“全国残疾人艺术调演一等奖”，11岁在远东及南太平洋残疾人运动会开幕式表演钢琴独奏《黄河颂》，23岁中央音乐学院钢琴系硕士毕业。自6岁登台至今近30年，演出遍及30多个国家和地区的近百座城市。他曾连续3次获得“残疾人艺术调演一等奖”，先后被评为“跨世纪杰出英才”“全国自强模范”；2004年与指挥家杨力和天津交响乐团举办第一场个人独奏音乐会，同年应邀担任“安徒生诞辰200周年亲善大使”；2005年获“第一届国际残疾人钢琴比赛金奖”。2006年“孙岩国际慈善基金会”在京成立。】

很多时候，孙岩会让身边的人忘记他是位盲人。谈吐幽默、举止得体，不仅弹得一手好钢琴，还创立了自己的教育事业。稍加交流，就能感受到他满满的自信。也许比大多数盲人幸运的是，多年来他的成长和发展不仅得到家人和学校的关爱，更有来自残联和社会各界的呵护。

孙岩从小在普通学校学习，曾获得“全国十佳少年”荣誉称号，一路是众人眼中的好学生。他免试进入中央音乐学院钢琴专业，成为该校有史以来第一位盲人大学生，从本科读到硕士，出国演出多次。毕业后更获得 2005 年在日本横滨举办的“第一届国际残疾人钢琴比赛金奖”。孙岩说：“中国残疾人联合会成立 30 年来，我是实践者，也是受益者，更是我国残疾人教育和残疾人事业蓬勃发展的见证者。”

各界呵护茁壮成长

1983 年，出生于吉林省长春市的孙岩患有先天性白内障，3 岁时因为一次诊疗失误导致双目失明。

孙岩说：“在这样的特殊情况下，童年的我不可能像其他孩子一样看电视玩游戏，我爸爸就给我买了台电子琴。”生活在黑暗中，电子琴成了他的伙伴，父母注意到这一点，开始有意培养他的兴趣，这让孙岩逐渐爱上了钢琴。他开始能弹一些简单的曲子，比如《妈妈的吻》《小燕子》《一剪梅》……

按照一般盲人的成长路径，他的教育随后将在盲校开始和完成，距离长春市最近的四平盲校离家也要400多公里，这意味着钢琴学习将会中断。

1991年，8岁的小孙岩在全国第三届盲童夏令营上弹奏了《四小天鹅》和《牧民歌唱毛主席》，被观众席中时任团中央书记处书记的李克强同志看到。李克强关切地询问他的情况和未来的梦想："想继续学钢琴吗？""想！"孙岩使劲地点头。"那好，我就请吉林省教委和团委，在你家附近找所小学随班就读。"李克强当即表态。随后，在中国残疾人联合会、原国家教育委员会（现更名为教育部）、吉林省团委和社会各界多方帮助下，长春市西五小学破例接收了孙岩。

当年9月，孙岩和其他健全孩子一样，背起书包上学了。然而因为他是盲人，不少家长一开始并不理解，"有家长表示，凭什么因为一个盲孩子浪费大家的上课时间。这时适逢我国残疾人保障法刚刚生效，及时保障了我的受教育权益。"孙岩说，"1991年，《中华人民共和国残疾人保障法》正式施行，其中明确规定，国家保障残疾人受教育的权利。现在很多进入普通学校随班就读的盲孩子也都得益于这项法律。当时教委和学校领导让我试读三个月，最后到期末考试，我的多门科目在300多人中都排名第一。"

孙岩经常向同学们借来笔记译成盲文学习，凭着勤奋和坚持，不仅开始在学习成绩上超越很多普通孩子，生活中也赢得了老师和同学们的喜爱。

时任中国残疾人联合会理事长的刘小成特别关心孙岩的发展。1997年，孙岩的母亲试着向他提出想让孩子到北京学习钢琴的想法，刘小成理事长立刻表示赞成。他说："我们共同努力吧。"随后，刘小成理事长向时任中国残疾人联合会主席的邓朴方汇报此事，邓朴方主席亲自与中央音乐学院协商孙岩就读一事。最终，孙岩顺利进入中央音乐学院附中学习。

高等艺术教育殿堂为他敞开大门

虽然中央音乐学院附中同意接收孙岩入学，但很长一段时间没有人愿意担任他的专业课老师。因为在谁能给孙岩担任钢琴主课老师的问题上，附中一些老师提出同样的问题："他看不见谱子，我们怎么教？"

在等待入学的那段时间里，孙岩和妈妈都很焦灼。中国残疾人联合会介绍他先到著名钢琴家刘诗昆先生创办的钢琴艺术中心练琴。孙岩母子坚韧不拔的精神深深打动了刘诗昆先生，他向中央音乐学院资深教授郭志鸿和钢琴系教授杨峻推荐了孙岩，后者恰好是刘诗昆的老同学。郭志鸿教授免费教了孙岩 3 个月，随后杨峻教授毅然决定收下孙岩做学生。他对老同学刘诗昆说："听那孩子弹琴，我没办法拒绝。他是用心在弹，更何况他把梦想看得比生命更重要。"直至今天，无论什么场合，只要一提起上述几位教授，尤其杨峻教授，母亲眼里都会充满感恩的泪水："美国的海伦·凯勒之所以能成为伟大的盲人作家，从某种意义上说，是因为她的老师更伟大。如果没有这几位老师，就没有孙岩一生的成绩和幸福。"

在恩师杨峻的培养下，孙岩学习刻苦、成绩优秀，专业主课考试成绩都在90分以上。附中向中央音乐学院推荐保送生时，所有老师一致同意推荐孙岩。而在学院对被推荐学生进行专业考试期间，适逢孙岩随中国残疾人艺术团赴澳门地区和香港地区演出。鉴于孙岩成绩优秀，中央音乐学院领导再次决定破格让孙岩免试进入该校钢琴系学习。于是，孙岩成为了这所著名艺术院校建校以来第一位盲人大学生。中国最高音乐教育殿堂接收这样一名“特殊”的学生，在中国艺术教育史上也是一次创举。

这些年来，孙岩多次跟随团队赴世界各地演出，向世界展现中国残疾人事业的发展成就。2000年9月8日至27日，孙岩所在的中国残疾人艺术团在时任中国残疾人联合会主席邓朴方的率领下，在美国纽约、华盛顿、旧金山等6个城市举行名为“我的梦”的大型歌舞节目巡回演出，轰动当地。时任美国总统克林顿为他们特别题写了贺词：“表演艺术具有唤起我们每个人对生活以及对我们生活的这个世界更加深刻的理解，具有鼓舞我们自立、激励我们实现自身价值的力量，能提供开发创造性天赋与能力的渠道。最重要的是，艺术给予我们的力量，跨越了语言、文化、种族的不同以及残疾所造成的障碍，能使我们理解并尊重人类的多样性以及我们共有的目标与价值。”

大爱可以消解许多不幸

多年来，孙岩的付出获得了国内外业界人士的高度认可。他曾连续3次获得“残疾人艺术调演一等奖”，1999年被评为“跨世纪杰出英才”，同年应邀赴中国台湾地区参加“视障音乐周”并举办音乐会。2003 年，他被评为“全国自强模范”。2005 年，他在日本横滨获得“第一届国际残疾人钢琴比赛”金奖。2008 年，在由中国残疾人联合会、中央人民广播电台、国家广电总局电影频道节目中心联合主办的“喜迎奥运 祝福残奥 爱心助盲”大型公益活动中，他演奏的《野蜂飞舞》以高超的演奏技巧和艺术表现力征服了现场观众。2009 年 5 月，年仅 26 岁的他在深圳第一次成功举办了个人钢琴音乐会。截至 2017 年末，孙岩的演出已遍及全球 30 多个国家和地区的近百座城市，受到多国元首接见和当地民众的追捧，曾在美国卡耐基音乐厅演出谢幕达 12 次。

2010 年上海世博会期间，孙岩作为志愿者在生命阳光馆为观众演奏。时任国家主席胡锦涛前来参观聆听，对孙岩表示肯定和鼓励。“胡锦涛主席就站在我旁边，听我演奏了很长时间。然后对我说，和你一样的广大残疾人的坚强，让我们的世博会变得更加精彩，也更加具有不可替代的时代意义。”孙岩满脸喜悦地回忆。他坚持在生命阳光馆为游客弹奏钢琴曲，一直弹到世博会闭幕。他希望通过这种方式激励残疾人不放弃对于生活的希望和热情；同时在世博会的大舞台上，向世界展示中国残疾人的自信和才华，传递人道主义精神。

孙岩不止一次表示：“想想当年盲人阿炳的命运，就会感到我们今天的生活多么幸福。是社会给了我如此宽广的舞台，我没有理由不刻苦努力，充分发挥自己的才能。”出于这样一种感恩之心，他积极投身公益事业。2006 年，北京市希望书库成立“孙岩国际慈善基金会”，他向基金会捐助拍卖款10万元。自2016年起，在繁忙的演出之余，他在全国巡回开展“公益励志讲座”，用自身的正能量激励数以万计的青少年为梦想而奋斗。同时，他鼓励残疾人转变固有的依赖观念，不应仅依靠国家的福利而生活，残疾人群体应该发挥主动性，积极贡献属于自己的一份力量。

后来，他创办公司，开始专注于儿童舞台音乐剧领域的探索，旨在让孩子们在表演过程中体会到艺术的快乐。现在，他正专心筹备木毯儿童舞台剧项目。未来，他想把健全孩子和残疾孩子都纳入舞台剧排练中，“在舞台剧这样一个领域里，不必刻意考虑培养未来艺术家这一功利目的。一个孩子不必有多么精深的艺术造诣，只要能通过这样的一个剧，去发现孩子们彼此身上的不同及各自的优点，便足矣。在舞台剧中，孩子们能学会团队合作，能够通过这样合作的方式，去观察学习对方，进而建立更多的社交联系。”孙岩说。

他坚信，当孩子们参加这样的舞台剧以后，会自觉优化更喜欢的一些艺术形式。通过参与，孩子们将学会攻克难关并分享成功，不论健全或是残疾孩子，他们都可以去享受这样的状态和氛围，不存在鸿沟。他希望无论健全还是残疾，每个孩子都可以分享艺术的快乐，每个孩子都有机会成为更好的自己。

“我梦想着，在美妙的音符里，在永不放弃的坚持中，我们会变得更健康、更勤奋、更快乐、更懂得爱我们身边的一切，更懂得帮助他人、感恩天地万物。我梦想着，每一个人点点滴滴的力量汇聚而成的光，把我们生活的世界照得温暖、照得明亮、照得美好。”

孙岩如是说。

孙岩特别认同联合国社会发展司原司长索卡尔斯基说的那句话："没有残疾的生命，只有残疾的环境。"在孙岩看来，身体的残疾并不是最彻底的不幸与黑暗，如果能够被一个健康、充满关爱的和谐社会接纳和扶助，在最光明、最宽容的环境中成长，进而能够有机会充分发挥自己的独特才能，尽显生命的华章，任何不幸都会被大爱消解于无形。

陆锋：
首位人工耳蜗植入者的“动听”人生

吴梦甜　杨宁

【陆锋，男，听力残疾一级，54岁，江苏省靖江市人，1985年因药物中毒导致双耳失聪。1995年，他成为中国第一个试验性植入人工耳蜗并获得成功的人士，带动人工耳蜗进入中国。业余时间他持续为聋人及人工耳蜗事业服务。多年来他走遍全国各大医院和聋儿康复中心，推广和普及人工耳蜗。他曾联合北京协和医院、同仁医院、301医院、友谊医院和上海医院五官科等机构实施听力康复科研；曾在中央电视台、北京电视台、中央人民广播电台等媒体进行听力康复科普宣传；致力于“中国人工耳蜗用户协会”的筹建及管理工作；从事“耳蜗”书籍的素材提供和发行工作；参加“成都—拉萨”听力康复慈善行活动。目前他正在推进“中国耳蜗群体现状及需求”项目调查工作。】

陆锋在弹吉他

陆锋，因药物中毒彻底失去听力，后勇敢做中国人工耳蜗植入的第一人。现在拥有一家小公司，带领数十名员工创业，业余时间为聋人及人工耳蜗事业服务。

如今的陆锋不仅重返有声世界，也拥有了崭新的生命历程。然而他说，若当初没有遇到邓元诚教授，没有姐姐的支持与陪伴，没有选择人工耳蜗实验，没有残联和社会各界的帮助，他很难成为现在的自己。正是这个美好的时代和不断发展的科学技术才让他有机会重回有声世界，能再次享受“动听”的生活。

飞来横祸，风华正茂突失听力

21 岁之前的陆锋，生活可以说一帆风顺，对未来充满希望。但是命运偏偏在这个时候跟他开了一个大大的玩笑，从此他的人生道路拐了一个大大的弯。

那时候的年轻人都有一个出国留学的梦想，陆锋也不例外。在大学毕业工作两年后，他学习英语、考过托福，收到过美国几所大学的录取通知书，为自己出国留学做了充足的准备，期待展开一段新的人生旅程。

出国前，喜欢踢足球的陆锋去参加了一个业余比赛，不小心伤到了右腿的半月板。为了不影响出国学习，他便决定在国内做半月板摘除手术。当时手术很成功，但是没有想到，手术之后出现了伤口感染，医生用了大量新霉素来冲洗他感染的伤口，却引发血液中毒，最后导致药物神经性耳聋。风华正茂的陆锋双耳突然失去了听力。接下来是漫长的求医路，全家人都放下了手里的事情，陪着他四处求医，几乎走遍中国的每座城市，用尽了各种治疗方法。那个时候只要听到能治疗神经性耳聋的方法，不论治疗过程多么痛苦难熬，他都会去尝试，可惜并不如意。

回忆起求医的艰辛，陆锋向笔者讲述了这个故事：“至今还记得父亲陪我在杭州治疗的那个冬天。为了方便治疗，我和父亲在医院附近租了一个小房子。有天早上起来后，我就坐在凳子上看了两个小时的金庸小说，突然发现父亲不在房内，打开门，却看到父亲瘫坐在门外。原来他出门忘了带钥匙，穿着单薄衣服的他使劲敲门敲窗，而我却一动不动，没有反应，他整个人都崩溃了。当时的我并不能理解父亲当时的心情，如今50多岁的我开始理解作为一个父亲当时的心情——看到自己风华正茂的儿子突然之间耳聋，远离了社会、远离了这个世界。那漫长的岁月不只是我一个人的噩梦，更是全家人的噩梦。”

陆锋说：“1988年的冬天，我在北京见到当时被称之为‘中国聋人之父’的邓元诚教授。他接待了我，看了我的求诊过程并研究了我的病史，然后在一张纸上写道：孩子，回去吧，不要再跑了，你这些无用的治疗对这种神经性耳聋都是无效的，不要花费精力、时间和金钱再去跑了，回去等科学的发展吧。那一年我失望地回到老家。”

陆锋说，就这样，从1985年到1993年在无声的世界里他昏昏沉沉度过近10年。

中澳合力，首例中国人工耳蜗植入成功

1993 年，邓元诚教授突然给陆锋家打来电话，说澳大利亚有个专家小组，在中国寻找一个会说英语，且是语后聋的中国成年人做人工耳蜗植入实验。邓元诚教授一下子想到了陆锋，问他愿不愿意参加这个实验。由于人工耳蜗植入手术当时有一定的危险性，陆锋的父母接到电话后沉默许久。陆锋说，回想起那些年有太多这样的消息，每一次都失望而归。幸好，他有个倔强的姐姐，她认为弟弟因为突然的耳聋与这个世界隔绝太不公平。“既然已经死了一次，也不怕第二次。”

从 1993 年到 1995 年，经过反复的术前实验，终于在 1995 年 4 月确定了中国第一例多导人工耳蜗手术时间。陆锋说，那天是 1995 年 5 月 4 日青年节，当时他已 31 岁。

手术前夕，陆锋和姐姐在北京王府井全聚德烤鸭店订了一个包厢，点了一桌子菜和酒。他真的不知道手术结果会如何，有很多话想要和姐姐说，但始终没有说出口，只是在纸上写下类似遗书的一些话。他想请姐姐转告父母，不论手术成不成功，都是他自己的选择，如果失败和家人也没有关系。

1995 年 5 月 4 日上午 8 点，陆锋被推进了北京协和医院手术室。由于亚洲人跟欧洲人头骨存在差异，原计划 4 个小时的手术延长到 8 个多小时。他的主治医生是墨尔本医科大学的帕尔曼和北京协和医院的曹克利两位大夫，他们两个人坚持了 9 个多小时。手术

结束，他被推回到病房后很快就睁开了眼睛，看到一位漂亮的护士在身旁，笑着对他做了个“胜利”的手势。那一刻，他意识到自己还活着！那时候，他已不太关心自己的听力能不能恢复，至少还活着。

术后一个月，陆锋到达北京协和医院复查时，已有许多外国专家和中国专家到场，现场还有一些媒体，等待见证中国第一例多导人工耳蜗的手术效果。从上午 9 点多专家团队开始调试、获取数据、编写程序，到上午 11 点他的听力系统被打开了。那一瞬间他感觉所有声音从四面八方涌了过来，他激动地说：“我听到了！”在场的人们都高兴地鼓起了掌。

不过，令他没想到的是，虽然听到声音，却听不懂大家在说什么，他突然觉得这个世界很陌生，心里有些失望。在场的人们也慢慢失去耐心，陆陆续续离开，只留下核心手术小组。他们跟陆锋讲，由于他已经 10 年没有听到声音，所以需要有耐心慢慢适应。当时，陆锋只觉得他们是安慰自己。手术小组跟他约好第二天上午 10 点钟再次调试。

从医院出来，陆锋和姐姐都很沮丧，俩人决定吃完烤鸭就回家。他说：“反正我人活着就行了。至少现在能听到了，就是听不懂，管它呢，反正也不是第一次失败了。”陆锋说，其实他和姐姐都不太甘心，又没办法沟通，姐姐说什么他也听不懂。于是姐姐就找了张报纸挡住脸叫他“陆锋”。陆锋说：“我看不到，也不知道从哪里发出的声音，但听到这两个字的时候，就觉得这是个非常熟悉的词。姐姐又一次叫‘陆锋’。我用疑问的口吻问她‘是不是有人在叫我的名字？'姐姐没有动，依旧举着报纸，我拉开报纸那一刻，看到姐姐已泪流满面。那一刻，我们看到了希望，看到了美好的未来。"

第二天，陆锋再次回到北京协和医院接受调试。调试后第三天，他就可以在安静环境下进行一对一交流，大概三个月的时间，基本恢复听力。

植入人工耳蜗后，陆锋的生活发生巨变。正常交流、电话、开车、会议均没有太大问题。他开始着手去做一些事情，一开始做经纪人，之后又到国外一家公司工作。现在自己开了一个小公司，带领数十名员工创业，主营 IT（PLC 编程类）类产品和服务。业余时间，他喜欢运动，经常打羽毛球、网球、保龄球，游泳等，有时还会约朋友一起打桥牌。他还喜欢自驾游，开车去过很多地方，也想组织成人人工耳蜗植入者一起自驾游。现在的陆锋不但能养活自己、照顾家人，还常去参加各类关于人工耳蜗推广的公益活动，为更多人提供帮助。

幸运与挑战，积极推动人工耳蜗普及

从 1985 年多导人工耳蜗诞生到 1995 年陆锋植入人工耳蜗，这枚帮他重获听力的小小机器历经十年才进入中国。随着科技不断发展，人工耳蜗外部设备频繁更新换代，每次都有明显进步。如今借助一些听力辅助设备，陆锋基本可以实现听力无障碍。正是因为有了人工耳蜗，才让他真正回到有声世界。对于陆锋而言，它早已成为生命中不可或缺的一部分。

从 1995 年成功植入人工耳蜗后，陆锋参加过各种人工耳蜗宣传推广活动，也参与了很多公益项目。去过全国 20 多个省市医院和残联康复中心进行人工耳蜗科普，参加了许多人工耳蜗恢复听力的宣传活动。他还积极参加王永庆捐赠人工耳蜗活动、成都—西藏之行听力普查活动、成人语后聋人工耳蜗听力补偿活动等。目前，陆锋在全国范围内推动人工耳蜗无线调频项目，希望将人工耳蜗聆听推向更高层次，为人工耳蜗事业贡献一份力量。

作为中国接受人工耳蜗植入的第一人，这次手术的成功不仅让陆锋寻回了声音，也为我国人工耳蜗事业发展作出了巨大贡献。正是因为有了这次成功的手术，让越来越多的人看到了希望。

不过当下人工耳蜗在推广过程中还面临不少问题。目前我国能接受人工耳蜗植入手术的人口近千万，但实际普及程度还很低。这首先是因价格昂贵，不管首次手术还是后续配件都无法进入医保系统。其次是医生方面，能实施手术的医生与需要手术的患者远不成比例。第三是康复问题，手术后听力和言语康复没有得到足够重视，很少有医院重视术后康复，缺乏好的康复机构。另外，还需引起重视的是歧视问题，有些学校对人工耳蜗佩戴者有恐惧感，甚至拒绝接收入学。有些学校则过度关心“耳蜗人”，特殊对待。这些都导致“耳蜗孩子”心理上产生某种自卑感。

中国残疾人联合会一直以来对人工耳蜗康复全聋病人非常重视。从 1995 年起，时任中国残疾人联合会主席的邓朴方先生亲自挂帅，与澳大利亚高层沟通，成功把多导人工耳蜗引入中国。这对我国聋人康复事业影响巨大。后来由中国残疾人联合会下属机构——中国聋儿康复中心全面负责国家层面康复及耳蜗项目，使更多听力残疾人群获益。我国政府也启动人工耳蜗救助项目，投入资金逐年增加，越来越多的听力残疾人群寻回声音。

失去听力后，陆锋从未想过有一天还能打电话、开车。如今，他可以去做一切想做的事情。陆锋激动地说："正是因为有了国家的支持，医院的努力，才让我有机会再次听到这个世界。人工耳蜗不但给了我新生，也让更多像我一样的人看到希望，能因这个时代而感受到这个世界的'动听'。"

陆锋说："在我成长过程中，受到来自残联、各级组织、家人和朋友的很多帮助。正因此，我个人 20 年来一直致力于普及宣传人工耳蜗知识，热衷慈善。我发自内心想要告诉与我有一样遭遇的病人和家庭，科技能够助残，能帮助我们重回社会。如果国家和社会能给予正确的引导和帮助，会使得这些家庭少走不少弯路。"

从人工耳蜗发明到临床运用，再到引进中国；从手术技术的传授，到人们有意识接受，至今已走过 20 多年历程。未来，要让人工耳蜗帮助更多有需要的听力残疾人士，还有很长的路要走。陆锋衷心希望社会能对残疾人有更多包容、理解和接纳，使他们能无障碍地感受这个世界的美好！

唐占鑫：温暖的时代助伤友重建生活

温倩倩　戴正

笑容甜美的唐占鑫

【唐占鑫，女，肢体残疾一级，1978 年生于陕西，德国科堡应用技术大学硕士。现任北京新起点公益基金会联合发起人兼理事长，北京市脊髓损伤者希望之家联合创始人兼主任，北京新生命养老助残服务中心联合创始人，中国肢残人协会脊髓损伤专业委员会副主任，“国际脊髓损伤日”中国区形象大使。2014 年，她创办了北京首家脊髓损伤者希望之家，成功推动了北京市政府、市残联向二便失禁残疾人配发一次性卫生护理用品政策，成立了中国第一支由脊髓损伤伤友组成的艺术团。2015 年 11 月，在中国肢残人协会的支持下，通过社会众筹开展了针对京津冀 20 名伤友的骨干培训班。2017 年 3 月，她被评为“中国残疾人事业十大新闻人物”。】

在喧闹的咖啡厅，笔者见到了独自前来的唐占鑫。她面带微笑，同咖啡厅的服务员开心地打招呼，像是这里的熟客。她熟练从容地操作着轮椅，轻松准确地停在我们面前，整个过程没有让任何人帮忙，一切是那么自然，仿佛她从来没有受过伤一样。如此独立自信的唐占鑫分享了她的人生历程和对这个温暖时代的感悟。

社会对残疾人的态度日益友善

时代每天都在变化，作为一般人认知中的弱势群体——残疾人对于时代变化的感知可能更加敏感和深刻。唐占鑫说："从受伤到现在，无论是对残疾人的人文关怀还是无障碍设施的硬件建设，我觉得我们的社会都发生了很大的变化。"而"友善"是她对这种变化的整体感知。

对于唐占鑫来说，2004 年是个永远难忘的特殊年份。那一年，年仅 26 岁的唐占鑫完成了在德国的学习，获得硕士学位，然而突如其来的车祸让她再也站不起来了。"刚回国的那几年，国内民众对于残疾人的接受程度并不高，无障碍设施的匮乏、周围人的异样眼光等等，甚至连残疾人自己都无法接受自身的缺陷，陷入自我否定和恐惧之中。"唐占鑫说道，"这与国外形成鲜明的对比，国外对于残疾人普遍是一种包容和接纳的态度，从这方面来说，那时我们的社会还不够友善。"

谈到现在，笑容再次出现在她的脸上。"社会对于残疾人的态度越来越友善，残疾人自己也更愿意走出家门，融入这个社会。"

唐占鑫（右二）与伤友们在一起

唐占鑫说出自己的体会，“现在社会对于残疾人的接受程度高了很多，人们认识到残疾人是社会大家庭的一部分。对于我们，大家更多的不是怜悯而是钦佩。大家认为残疾人能够照顾自己，甚至自力更生是件很酷的事情，这很正能量。”

唐占鑫认为，在无障碍设施等硬件建设方面，我们国家也有了明显进步。“原来我们出行非常不便，比如很多公共场所没有无障碍卫生间。北京奥运会和残奥会带来了契机，国家开始大力建设无障碍设施，而且这么多年一直在不断完善。现在几乎有台阶的地方就有坡道可以供轮椅出行，地铁的无障碍直梯、公共场所的无障碍卫生间和无障碍标识也明显多了起来。”唐占鑫说，“残疾人也能有条件像健全人一样逛商场、购物和娱乐。”

“中途之家”助力康复扶贫

遭遇车祸初期，唐占鑫一度陷入痛苦和迷茫。后来在医生和家人的悉心照顾下，她通过不懈努力，终于慢慢走出了阴影，并且找到了工作。然而她的心里一直惦念着同是肢残人的朋友们。在网络上和现实中，她都看到了很多可怜的因病致残者。“他们就像我刚受伤时一样，眼神中充满着消极和绝望。而我认为残疾人的生活不应该是这样的。”唐占鑫说道。

这个时候，中央提出了对贫困弱势群体的“精准扶贫”战略。2014 年 3 月，习近平总书记参加两会代表团审议时，进一步阐释了“精准扶贫”的理念，强调要实施精准扶贫，瞄准扶贫对象，进行重点施策，为政府扶贫工作的开展指明了方向。而对应到中国残疾人联合会的残疾人扶贫工作，“康复扶贫”成为贯彻实施“精准扶贫”理念的重要部分。

在唐占鑫眼中，残疾人和政府间的有效互动是非常珍贵的，也是非常重要的。在政府精准扶贫、康复扶贫的过程中，社会组织就好比一条纽带，连接着政府与民众，促进政府与民众之间的良性互动。为此，2014 年 5 月，在中国残疾人联合会、中国肢残人协会和北京市东城区残联的支持下，唐占鑫和 4 位志同道合的伤友一起创办了“中途之家”，这是北京市第一个帮助因伤病中途致残的脊髓损伤者重建生活的非营利性社会组织。唐占鑫说："'中途之家'旨在通过康复和技能培训，让残疾人有自理能力甚至有经济来源。"

为了更好地推动"中途之家"的发展，她和4位伤友毅然放弃了原本来之不易的工作。当我们惊讶于她的勇气时，她却很自然地说："找到一份稳定的工作养活自己固然很好，但是能够用自己的经验帮助更多人找回独立和自信，这才是人生的价值。"

不过，仅凭一腔热情不能把公益做好，残疾人做公益更是困难重重。因此，还需要科学的救助方式、高效的组织管理以及广泛的宣传。唐占鑫特别讲述了参与中央电视台《创业英雄汇》的经历："现代化的公益运营需要向商业'取经'，要运用多种有效的宣传渠道。很感谢中央电视台提供的机会，让更多人看到我们在行动，让更多人相信并且加入到我们中间。"唐占鑫的眼神中充满着坚定。她说："残疾人本身是一个群体，相互吸引，我们因为相似所以信任。"唐占鑫通过节目向更多人说明了脊髓损伤者的困难，以及这个群体对全方位组合性服务的需求。

唐占鑫这样解读残疾人公益组织的发展："在快节奏的现代社会，公益组织不能单打独斗，与残联找到契合点是我们组织发展的关键，因为我们本来做的就是服务残疾人的工作。在我们的发展过程中，很感谢残联和肢残人协会为我们提供了场地、资金等方面的支持，拓宽了我们获取社会资源的渠道。"

唐占鑫说："政府相关部门了解到残疾人群体的需求之后，将居家无障碍改造、辅助器具适配和护理补贴等一系列政策精准对接到个人，产生了更好的康复扶贫效果。中国残疾人联合会也紧跟时代发展，同各类社会组织和企业合作，将其作为触角，有助于推进政策转化为行动，更有效地帮扶全国 8500 万残疾人。”

一滴水只有放进大海里才不会干涸，一个人只有当他把自己和集体的事业融合在一起时才最有力量。最初做公益时，唐占鑫并没有想过要把这个事情做成一辈子的事业，然而残联和肢残人协会的支持、伤友的信任让她深深感受到了自身的责任。“公益创业最好的回报是精神丰收，我无法给我的合伙人丰厚的物质回报，但是大家能在工作中体会到精神上的富足。”唐占鑫说。

携手残联打造无障碍出行手册

随着城市交通的发展，地铁的重要性越来越显著。对于残疾人来说，地铁是很便捷的出行选择。为了让更多的残疾人享受到地铁带来的便利，2014 年 6 月，唐占鑫和她的团队通过一站一站坐地铁的方式，开始搜集地铁无障碍设施的信息。经过 17 个月的体验式调查，她们共搜集了 17 条地铁线路、318 站的无障碍出行情况。在市、区两级残联的支持下，他们完成了汇集这些线路和站点的《无障碍出行手册——地铁篇》。

小事成就大事，细节成就完美。这本手册内容丰富、使用方便，从地面到地铁站厅、再到站台，每一段的信息都在手册中有清晰的标注。甚至为了方便残疾人找到无障碍入口，手册中还标明了无障碍入口周边的标志性建筑物。此外，唐占鑫团队还精心制作了无障碍设施使用攻略、著名景点地铁出行攻略、意外情况应急办法和应急电话等，大大丰富了手册的内容。如此大的工作量只是来源于唐占鑫当初一个很朴素的想法：将地铁无障碍变得好一点，方便伤友出行和工作。

唐占鑫回忆道："在乘坐地铁的过程中，我还发现地铁站中存在着部分站标识不清、信息错误等情况，我们把这些问题通过照片和视频的形式记录下来，并反馈给了地铁公司。"这一行动同时得到了地铁公司的关注，北京市地铁无障碍设施很快得到了修缮和改造。

后来在北京市残联维权部的支持下，唐占鑫团队又体验了北京12家市级公园，编写了《无障碍出行手册——市级公园篇》。这两本手册不仅让更多残疾人消除担忧、走出家门，也为老年人、孕妇等出行不便的人群提供了出行参考，让大家看到了政府与社会组织的合力所产生的意想不到的效果。

带着对现实的感恩，唐占鑫讲述了她对中国未来残疾人事业的憧憬。她希望，未来"无障碍设施"的设计理念能够是"通用无障碍"，也就是不只单纯为残疾人服务，而是为所有人服务。例如，推婴儿车的妈妈、怀孕的妇女、体弱的老人、受伤的成年人……把原本冷冰冰的设备变成充满爱的音符，我们的社会将变得更加有温度。

整个访谈过程中，中国残疾人联合会和中国肢残人协会是唐占鑫口中提到最多的两个词。残联和肢协深深扎根在了唐占鑫的心里。唐占鑫说，身边还有不少像她这样的人，在政府和社会的帮助下积极回馈社会，帮助更多的残疾人重建生活、重塑生命。

郑丹怡：社会大爱带给小我明亮的双眼

王瑜

热爱生活的郑丹怡

【郑丹怡，女，视力残疾一级，1992年11月出生于江西南昌。2015年毕业于北京联合大学音乐学专业，本科学历，艺术学学士学位，国家高级钢琴调律师，现为江西省中山舞蹈中等专业学校钢琴教师。兼任中国盲人协会盲人钢琴调律师委员会会员，南昌市盲人协会委员，南昌市残疾人文学艺术联合会副主席，南昌市东湖区盲人协会副主席。2012年她被团中央、教育部、中国残疾人联合会和交通银行联合授予“交通银行残疾大学生励志奖”；2015年被评为“北京市高校优秀毕业生”；2016年获“江西省中国钢琴作品大赛专业组二等奖”；2017年在第四届江西钢琴艺术节钢琴比赛中以本组第五名成绩获得“专业教师组优秀奖”；2018年被南昌市残联授予“南昌市十大最美残疾人”荣誉称号。】

1992年出生于江西南昌的郑丹怡，命运似乎对她特别残酷，刚出生她便患有先天性角膜白斑等一系列难以逆转的眼疾。她来到这个五彩斑斓的世界，却只能与黑暗相伴。在懵懂无知的幼年生活中，她并没有强烈地感觉到视力不好是多么痛苦的事情。或许是因为视力不好，她听力就格外活跃。她说，她是个“听世界”的孩子。万事万物以声音的形式进入她的世界，她也和别的孩子一样有很多快乐！

此后，她开始上学、学习音乐，大学毕业后，音乐成为了她的职业。幸运的是，她的人生与社会、与我国的残疾人事业同步成长。在不断拼搏中，她不仅得到父母无私的爱，更得到来自社会、各级残联组织、学校等机构和爱心人士的大爱。“小我”的经历，印证了这个大时代的发展。

求学路上的拼搏与感恩

1999年，当同龄人进入小学的时候，郑丹怡被父母带进了南昌盲校，她明白了自己和同龄健全的孩子们是不同的，这种不同可能是终身制的。大抵人力无可改变的残疾就是命运吧。

但是她并没有气馁。她的童年是在父母无微不至的呵护下快乐成长的。父母带大像她这样视力残疾的孩子，要多付出很多心力，现在该是她给父母慰藉的时候了。郑丹怡认为：“既然我可以学习盲文，使用电脑获取知识，也能参加高考接受高等教育，我还苛求什么呢？”

父母把丹怡送进盲校后并没有停止对她的关爱和照顾。2000 年丹怡又被送去学电子琴。2003 年她通过电子琴八级考试，随即又转学钢琴。与其说父母是为了培养她的业余爱好，不如说是为了让她掌握一技之长，让丹怡增加对人生的信心。的确如此，一次次考试取得的好成绩，一次次演奏的如潮掌声，让丹怡已经忘记自己是个视力残疾孩子。母亲告诉丹怡，有许多事不是一定要靠眼睛的帮助做，而是用心去做的。钢琴老师对丹怡像对其他健全学生一样严格，还特别根据丹怡的特点训练她的听辨能力。丹怡说，多年之后，这种经过严格训练的听辨能力，成为她工作上的一种优势。2007 年，她通过了钢琴十级考试，而老师告诉她，十级只是入门，离登堂入室尚远。丹怡听从老师的忠告，继续更专业地学习钢琴。后来当这种学习让她的职业打开另一片天地时，丹怡明白了，这就像是老师提前为她准备的一双翅膀。

丹怡感慨到："在这样的成长过程中，我不断遇到好老师、好学校。他们总是给予我无私的帮助与爱。因此，父母教育我最多的就是'感恩'二字。身有残疾的人，心灵不能萎靡不振；眼睛看不见的人，心灵不能'盲'。要懂得人间的爱，要感谢那些给予爱的人。我可以回报的，就是发奋学习。"

2007 年，丹怡再次与命运正面遭遇。这一年她初中毕业，和同学们进入一所按摩中专学习。这似乎决定了丹怡未来的职业，毕业后做个盲人按摩师，做得好还能开一家自己的按摩店。可是丹怡有自己的理想，那理想一直被一位女性盲人前辈所鼓励。"那时候，一位长辈在外地偶然从一本杂志上看到盲人调律师陈燕老师的奋斗事迹，为了鼓励我，他把那本杂志带回南昌。我从陈燕老师身上看到了盲人在按摩师之外的又一条出路，我也想成为像她那样的人。”

不过，现实总是有许多无奈。实现理想并没有那么容易。于是，丹怡先开始安心学习按摩了。至于成为像陈燕那样的人，对于当时的丹怡来说真的是一种奢望。但丹怡的内心深处是个不肯轻言放弃的人。参加高考，接受高等教育是学生时代的目标。然而困难重重，所学的按摩课程与普通高中课程有着巨大的差距。要想参加高考，她就必须同时自学普通高中的课程。丹怡说，真的感谢父母的支持和自己以往的努力，让她高考可以在针灸推拿和音乐学两个专业之间作选择。由于在钢琴十级考试后进行了更专业的学习，所以她选择报考音乐学专业。2010 年，丹怡以优异成绩考入北京联合大学特殊教育学院音乐学专业，成为南昌盲校第一个，也是目前唯一一个考入北京联合大学的学生。

北京联合大学是全国知名的残健融合大学，无论办学理念、学科建设还是对于个人的培养都处于全国领先水平，也是全国唯一一所音乐学专业招收视力残疾生的大学。大学成为真正改变丹怡命运的地方，在这里丹怡结识了更多的良师益友，看到了更广阔的世界，学习着自己喜爱的专业，继续提高钢琴演奏水平，也通过更多的课程学习音乐；同时，丹怡也会去国家大剧院、中央音乐学院等地听演出和讲座。更幸运的是，丹怡在这里还师从全国第一位盲人钢琴调律师李任炜老师，李老师正是丹怡心中的偶像——陈燕的恩师。了解到师兄师姐们通过努力受到许多钢琴家的好评时，丹怡对调律工作的信心更加坚定了。她的课余时间都在琴房度过，花大量时间练习专业。大学期间，丹怡的综合测评成绩每年都排名第一。2012 年，丹怡被中国残疾人联合会、教育部和团中央等联合授予“交通银行残疾大学生励志奖”，是当年全国十名获奖者中唯一的盲人。2015 年，她被评为“北京市高校优秀毕业生”。

在音乐的天空越飞越高

2015 年夏，丹怡大学毕业回到南昌。虽然专业技术过硬，但许多用人单位由于对残疾尚不了解而心存疑虑，最终都礼貌地拒绝了她。于是，丹怡决定自己干。江西省内几位了解丹怡的知名音乐家请丹怡给他们调律，他们不仅认可丹怡的专业水平，还积极为她宣传。丹怡真诚地对待每一位客户，无论是钢琴专家还是初学琴的小孩，她都以音乐的圣洁和温暖之心对待。丹怡说：“调律就是调心，达到心与音律的和谐。”

与此同时，丹怡的钢琴教学工作也在逐步展开。她注重因材施教，发挥每一位学生的长处，同时以自己的专业知识让学生从不同角度理解音乐。经过努力，她的学生也开始在省内举办的钢琴比赛中获奖，她也被授予“优秀指导教师奖”。同时，丹怡还利用自己的专业影响帮助更多的残疾人朋友，她也成为南昌市东湖区残疾人合唱团指导老师，指导团员们参加了省市各类演出和比赛。

工作之余，丹怡积极提高业务水平并参加各类考试和比赛。

2016 年获“江西省中国钢琴作品大赛专业组二等奖”；2017 年在江西省文化厅举办的第四届江西钢琴艺术节钢琴比赛中以本组第五名成绩获“专业教师组优秀奖”；2017 年考取国家高级钢琴调律师资格证书。

2017 年 9 月，丹怡开始在江西省中山舞蹈中等专业学校担任钢琴教师。尽管学校此前并没有接收视力残疾教工的先例，但领导同事都很快地接纳、并认可了她。这让丹怡很快适应了工作环境并与其他健全人一样愉快工作。此时，丹怡开始涉足一个全新的工作领域——芭蕾舞基训钢琴伴奏。舞蹈是视觉艺术，钢琴伴奏和以前接触的声乐器乐伴奏很不一样，加上无法看清学生们的动作，这些对丹怡而言都是挑战。她必须找到一套适合自己的工作方法。她面临的第一个问题就是曲目量巨大，健全老师可以看谱伴奏，她则要以最快的速度把这些谱子都背下来。因此，课余时间她都用来不停背谱。第二步是解决无法看清动作的问题，她的办法是尽快熟悉大量的法语芭蕾舞术语。丹怡说，她很感谢学校的信任以及同事们的帮助，使她以最快速度适应了工作内容，并在来到学校的第二学期就开始接手毕业班的基训钢琴伴奏工作。她的工作也受到领导和同事的认可以及学生的欢迎。

见证时代与社会的进步

回顾自己的成长，丹怡感触很多，“我出生时，中国残疾人联合会刚成立 4 周年。我成长的路上，不管是求学还是求职都颇多受益于我国各项残疾人政策的实施。”无论到哪个地方，丹怡都受到各级残联组织、各团体与单位的关心与帮助。“我见证了中国残疾人事业的发展，见证了残疾人地位的提高与命运的改变。我的生活道路也真实地折射出社会的进步。我看到人们对残疾的态度，从歧视不了解，到理解包容与接纳；我看到国家政策在保障盲人从事更多的职业，比如，我可以通过盲文答卷参加调律师职业资格考试，社工考试也给盲人提供合理便利等；我看到盲人的文化水平在逐步提高，更多盲人通过自己的努力能接受大学教育甚至研究生教育；现在的盲孩子更可以随班就读，参加普通高考，有了更多的选择；我周围有很多盲人朋友开始尝试按摩以外的工作，且有很多成功案例。”

受惠于社会，受惠于残联组织，所以丹怡没有忘记回报社会。这几年，丹怡担任了南昌市盲人协会委员，南昌市残疾人文联副主席，南昌市东湖区盲人协会副主席等社会职务。她利用和健全人群接触的机会向他们介绍有关残疾的知识，回答他们关于盲人的各类问题，告诉他们盲人在工作和生活中的真正需要。丹怡的学生和周围的朋友也都明白这样一个道理：盲人由于视力缺陷会有一些障碍，但这并不影响他们的生活和工作，只要有合适的方法以及合理的便利，他们就能做的很好。

一路走来，丹怡说：“我能有今天，得益于父母、师长、社会的爱，更得益于残疾人在这个时代选择的多元化。没有国家对残疾人政策的不断完善，没有残疾人工作者的默默工作与奉献，没有像我所在的学校等社会环境对残疾人的‘零歧视’，我不可能‘飞’

得这么高。这些都让我的眼睛‘明亮’了起来，我用这双‘爱’的眼睛看到了这个时代的美好。尽管今后仍然会有许多困难要面对，但我坚信，命运对我和像我一样的人将不再冷酷。我对未来充满信心，相信生活会越来越好，我们的后辈也一定会比我们生活得更好，就像我们的生活是许多前辈无法想象的那样。”

何跃林：
“无手车王”回报社会助力美丽中国

叶欣

何跃林在传递2008北京残奥会火炬

【何跃林，男，肢体残疾二级，1961年出生于云南省丽江市玉龙纳西族自治县巨甸镇老寿村，是闻名全国的“无手车王”。9岁那年，他因遭遇意外被截去双手。20多年来，他参加多项越野挑战赛并获得诸多奖项：2002年，参加中国电视吉尼斯大赛，创造无手驾驶多种类型车辆、无手驾驶8吨大货车穿行崎岖山路30公里的纪录；2004年，参加昆明东川泥石流汽车场地越野赛，成为国内首位与健全车手同场竞技的残疾车手；同年，参加“中国十大残疾杰出青年挑战世界屋脊活动”，胜利抵达珠峰大本营，获得“杰出勇士”称号；参加全国汽车场地赛，获得国家体育总局颁发的“挑战自我、自强自立”证书；2006年，获得“湖北省汽车越野挑战赛第六名”；2008年，担任北京奥运会云南火炬手。】

在彩云之南，玉龙雪山下，有个纳西族汉子用无手的双臂撑起自己绚烂的人生，他就是以"断臂黑鹰"称号驰骋在世界顶级赛事中，被车界称为"无手车王"的何跃林。

多年来，何跃林凭借着坚强的意志，练就了过硬的驾车技术，参加了多项越野挑战赛并获得诸多奖项。他用无手的双臂，托起全家人的生活；用"铁马"贯通了滇藏旅游之线，令古老的茶马古道增添了新的生机。他自信地称自己是"东方的男维纳斯"，笑称："维纳斯因为没有手臂而成为世界上最具美感的珍品，而他有手臂却没有双手，可能比维纳斯还要美。"他说他最大的心愿就是通过自身的努力，与大家一起共享美丽中国之荣光。

无惧残缺，无手双臂力撑全家生活

1961 年，何跃林出生在云南丽江玉龙县巨甸镇老寿村——玉龙雪山下一个美丽的村庄。9 岁那年，他和同村 5 个小男孩一起玩耍时捡到了一枚废弃的炸弹，正当他们好奇地琢磨着这个奇怪的东西时，"砰"地一声巨响，不幸的事情发生了——何跃林被当场炸昏，一双手掌被炸飞，血肉模糊。他当即被送往巨甸镇医院抢救。10 天后，何跃林从昏迷中醒来，在剧烈的疼痛中，发现自己的手掌竟然不见了！他的小手臂的臂端变成了两根半椭圆形的"肉棒"。没有了手，他连摸摸自己的头都成了一种奢望，无助的他哭喊着四处寻找自己的双手。40 多天后，伤口渐渐愈合了。这时候，别说再像以前那样快快乐乐地用双手玩玩具，就连最起码的穿衣吃饭等日常生活起居他都没法自理。吃饭要靠家人喂，上厕所要靠家人帮忙，想到从此可能一辈子要依赖别人而生活，看着自己的残肢，年少的何跃林伤心地嚎啕大哭。

哭过后，要强的何跃林并没有放弃自己，飞来的横祸反而让他开始正视自我。小小年纪的他就已下定决心，不能成为社会的累赘，要做一个生活自理、自力更生的人。于是，他从最基本的用筷子练起。为了能使用筷子，他用双臂练习夹花生米，这么简单的一个动作，一练就是两年时间。期间他经历过无数次失败，但他始终坚信自己能行。通过锲而不舍地重复练习，他的双臂终于能熟练地使用筷子。渐渐地，他不再需要家人照顾，不仅生活能自理了，各种家务活也难不倒他。后来，他又琢磨着开起了家中的农用手扶拖拉机。尽管驾驶笨重的手扶拖拉机比夹花生米要困难百倍，让他吃尽了苦头，但他并没有丝毫气馁，苦练半年后，他竟然能熟练地驾驶拖拉机了。从此，他迷上了驾驶，一发不可收拾。

1984 年，23 岁的何跃林贷款买了一辆东风牌大货车，打算到大山林区帮人运木材。起初，人们不放心把木材交给他，他就一家一家地去说服那些木材老板，并当众表演自己的驾驶技能，直到有人肯把木材交给他运输。何跃林非常珍惜这来之不易的机会，小心谨慎地驾驶自己的大货车，日复一日地在路况很差的林区来回穿梭。正是在这种复杂的道路环境中，他练就了过硬的驾驶技术，也正是靠着拉货赚的钱，让他仅凭一己之力养活了全家人。

“残疾不要紧，反而可能使身体得到另一些功能的开发和转化。”何跃林乐观地说。

四处奔走，为残疾人争取驾驶权

更令周围人难以置信的是，何跃林的驾驶范围不仅局限于家乡。他竟跑起了长途运输，足迹从云南的丽江、大理、昆明延伸到了省外，遍及全国20多个省、市、自治区。他先后开坏了4辆车，行程累计数十万公里。无论在林区陡峭的山路，还是在笔直的柏油马路；无论是在偏远的乡村，还是在繁华的现代都市，他都能驾驭自如，从来没有发生过一次交通事故。然而，根据当时国家法律法规，作为残疾人，他的驾驶技术即使再好，也无法获得正式的驾照。由于没有驾照，他也经常受到交警的处罚，多年来累计缴纳的罚款至少上万元。最严厉的一次，他接到交警开出拘留10天的处罚单，虽然碍于他是残疾人，最终没有对他进行拘留处理，但在这之后，他再也不敢开车上路了。

早在1989年，为了得到一张合法驾照，能够名正言顺地开车，何跃林就曾到车管所要求考驾照，但工作人员告诉他"不可能"。10年后，何跃林干脆一纸诉状将云南省丽江市公安局交警支队告上法庭，当庭讨要驾驶权。这一官司曾引起社会各界的广泛热议："残疾人是否需要驾驶权""剥夺残疾人的驾驶权是否违宪""现行残疾人驾车法律是否已经严重与实际脱节"等观点不仅在法庭上引起双方争辩，在法庭外更是引发各界人士的关注和热烈讨论，为国家真正从法律层面解决残疾人合法驾驶的问题做了预热。

何跃林坦言，取得驾照是他一生的梦想，但他状告云南省丽江市交警支队，不只是为自己，更是帮助大多数残疾人实现驾驶梦，“无论输赢，只要能引起有关部门的重视，我的目的就达到了。”何跃林说。让他感到欣慰的是，就在同一年，新修订的《机动车驾照申领和使用规定》(以下简称《规定》)出台，首次允许右下肢残疾、双下肢残疾以及听力残疾、右手拇指缺失或手指末节残缺的五类残疾人员驾驶汽车。

2010 年 4 月 1 日，是何跃林永远难忘的日子，这一天新修订的《规定》正式实施。很多人开玩笑地说，规定能这么快出台，何跃林那一“告”起到了重要的推动作用。对此，何跃林只是笑笑：“起重要作用我没想过，这是大家共同努力的结果。”不过令他失望的是，他的身体状况并不在上述符合条件的五类残疾人员之列，他一身的驾驶技术还是没有施展的空间。

在过去，不少相关法律法规都是按健全人的标准制定的，对残疾人进行了种种不符合现实情况的限制。而国家放宽了对残疾人驾车的限制，这表明法律在残疾人驾驶权方面向前迈进了一大步，我国正在逐步与国际接轨。何跃林看到了社会的进步，他仍满怀期待：“在我看来，能否取得机动车驾照，技能属于实质要件，而身体条件属于形式要件。也就是说，有娴熟的驾驶技能，能够保障自身和他人的交通安全是最重要的。驾照的办理标准和身体条件不要完全割裂，但也不能完全拿身体条件来说事。希望国家在制定有关驾驶方面的法律法规及政策时能够‘量体裁衣’，尽快制定符合所有残疾人实际情况的驾驶规定。”

回报社会，共享美丽中国之荣光

为了证明自己的实力，何跃林很早就把车开上了赛车道，开始参加各项赛事，并取得了骄人的成绩。2002年，他参加了中国电视吉尼斯大赛的"无手驾驶奇人"项目，创造无手驾驶8吨大货车穿行崎岖山路30公里的纪录。2004年，他参加"昆明东川泥石流汽车场地越野赛"，成为国内首位与健全选手同场竞技的残疾车手。之后，他参加"中国十大残疾杰出青年挑战世界屋脊活动"，胜利抵达珠峰大本营，获得"杰出勇士"的称号。

爱车如命的他，其实参加每一场赛事都颇费周折。由于没有双手，又没有驾照，每次比赛他都必须经过主办方组委会的特批才能获得比赛资格。2007年，何跃林参加马来西亚国际越野赛，第一次把车开上了国际赛场。比赛前，他还特地被邀请上了主席台，组委会对他做了专门介绍。比赛中，他凭着自己顽强的意志，获得了不俗的表现。在其中一个赛段，他甚至取得了第二名的好成绩。鉴于此，当地媒体在头版头条用较大篇幅对他进行了报道。

正是在那次驾车穿越世界屋脊的活动中，何跃林驾车行驶在滇藏公路上，领略着沿途绝美风光的同时，萌生了在这条路上搞自驾游的想法。于是，活动结束后，他便搞起了旅游，开了一个租车行，自己当起了老板，专门为喜爱自驾游的旅客和探险者提供车辆及服务保障。他经营的线路就是比赛中穿越的茶马古道。这条线路从丽江到拉萨，总行程1980公里，就像一条美丽的金丝带串起了旅游景点；又像一面多棱镜，折射出了多元民族文化融合的魅力光芒。以前，由于交通不便，很少有旅客去那一带游玩，何跃林的车队第一次帮人们踏上了古老的茶马古道，把当地的少数民族文化和风土人情完整地呈现在游客面前，当地的旅游收入也因此有了突破。丽江的旅游业开始慢慢由终点站向集散地发展。

2008 年，何跃林因对当地旅游作出的杰出贡献，被选为“北京奥运会云南火炬手”。2010 年，经拉萨市和丽江市旅游局共同授权，何跃林的旅游公司在两地同时设立办事处。面对着这些荣誉与支持，何跃林满心感激。国家、地方政府和社会对残疾人的支持大大超出了他的预期，也更加坚定了他回报社会的想法。如今，何跃林更加积极地拓宽自驾游公司的业务，使得丽江的旅游在深度和广度上获得更大拓展，带动了当地经济的发展，提高了沿线民众的生活水平。

2017 年 11 月 3 日，何跃林收到了党的十九大代表、国家超级计算天津中心应用研发部部长孟祥飞寄来的明信片。明信片上，孟祥飞对何跃林说：“十九大里的美丽中国是每个人的美丽中国，我们不管身处何处，不管能力大小，只要在祖国大地上，只要是中华民族的一员，都要为之努力，也同样共享这份荣光！”这份寄语让何跃林备受鼓舞。他深知，个人价值的实现永远离不开国家和社会的支持，无论是自己赛车事业受到的肯定和鼓励，还是从事自驾游工作获得的特许，都饱含着政府、残联、社会各界对残疾人深切的关爱与扶持，为他这样的残疾人士打开了一扇改变命运的门。因此，他要继续用无手的双臂“紧握”人生的方向盘，用感恩之心回馈社会，为建设美丽中国助力。

张江：携手聋友建立互助康复社群

戴正　温倩倩

张江正在给学生们授课

【张江，女，听力残疾一级，43岁。她毕业于四川大学中文系本科，历任四川省音像资料馆副研究馆员、成都市聋协副主席、锦江区聋协主席。两岁半失聪，以看口型和同桌笔记的方式在普通学校读书，后通过佩戴助听器并坚持听力训练，达到顺畅沟通水平。在做残疾人工作过程中，她还与同样佩戴助听器的重度听力残疾（口语组）朋友，利用互联网搭建了重听（口语）社群。7年时间从最初10人左右发展到上百人，年龄覆盖“60后”至“90后”，其中既有佩戴助听器者也有佩戴人工耳蜗者，还有突发致聋者。】

未见其人，先闻其声。仅从通话中，张江给人的感觉是思维敏捷、语言流利，可以毫无障碍地进行听说交流。如果不曾了解她的事迹，可能永远都不会想到，电话那头热情饱满地回答问题女性是一位听力残疾人士。她用自信阳光的语气谈起自己过去的经历。在她的成长过程中，处处可见梦想的珍贵，也折射出中国残疾人联合会成立 30 年来，时代和社会对普通个体尤其残疾个体的温暖关怀。

逐渐接受自身缺陷

自强自立和永不服输是张江的人生座右铭。“从两岁半失聪到今天，无论是学习还是工作，我一直都以健全人的标准要求自己。”张江说，“从小学到高中，我一直通过看口型和依靠同桌笔记本学习的方式，与健全人一起在普通学校读书，始终保持成绩名列前茅。”

张江考入四川大学中文系后，实习的时候，学校考虑到她的听力问题，建议她去四川省图书馆实习。这次的实习让她有了更为理性的职业规划，最终成长为四川省音像资料馆副研究员馆员。特殊的经历带给张江很强的自尊心和与他人平等相处的渴望，“佩戴助听器之初的一段时间，我一度以留长发来刻意遮掩，以免他人发现自己的残疾。”那时，就算偶尔被发现说话不够流利，张江也会称自己是外地人，说当地话不太标准，所以是“大舌头”。

改革开放以来，党和国家一直高度重视残疾人事业的发展，中国残疾人联合会等机构大力宣传普及残疾人与健全人平等的观念。普通民众对残疾人也逐渐理解和认同。无论是在生活中还是在工作中，张江都感受到了这样的变化，开始学会放开自己坦然面对世界，“现在，我与他人交流和做各种社会工作时，会大方地露出自己的助听器。在他人好奇或询问时，我也会认真地向他们解释自己佩戴助听器以及发音不清楚的原因。而大家也都会与我平等合作、友善沟通。”在张江看来，社会对残疾人最大的尊重就是不介意残疾人缺陷的存在，消除歧视，彼此平等相待。

随着社会对残疾人的理解和尊重程度不断增加，“残疾人仅是在生理上与健全人有所不同”这一理念渐成共识。无数像张江这样的残疾人正在享受着社会进步和经济发展带来的巨大福祉。他们可以与健全人一样，追求精彩的人生与美好的生活，整个社会也正在向着对残疾人更为公平的方向迈进。

用社会给予的力量回报社会

在张江看来，正是来自父母、他人和社会的帮助才让她不断成长，也正是这股力量最终使她有更多的能量回报社会、帮助他人。

张江从内心深处最为感恩父母，她说：“失聪后，父母对我不离不弃，坚持每日对我进行辅导。在我上小学时，父母每天都陪着我复习当天作业，预习第二天的课程。在陪我学习的过程中，父母不停地对我进行语言矫正，努力扫清我在听说理解上的障碍。”

父母的教育理念也令张江获益匪浅。她说：“父母很注重培养我的独立性，引导我自己主动解决问题，支持我的各种兴趣爱好，并鼓励我积极参与各种社会活动。他们教导我要尊重个体差异的存在，要学会与不同的人友好相处。”

除了父母，良师益友在张江成长道路上的帮助也很关键。初中时，她的语文老师每天都要督导她大声朗读，同时请其他同学理解和宽容她的不标准发音。为了锻炼张江的社交能力，老师特意安排她担任了班干部。在这个过程中，张江保持了口腔运动的良好状态，更重要的是学会了如何与老师和同学合作互助。她说：“从小学到大学，我的每位同桌都无私地把课堂笔记借给我看，让我在课后能完整地理解课堂上没有听清的内容。”在老师和同学们的帮助下，加上张江自己的勤奋，她的成绩总能保持在班级前列。最终，张江以优异的成绩被四川大学中文系录取。

自身听力的残疾，让张江对同样有听力残疾的朋友们充满同理心。在成长过程中她不断得到社会的帮助，这让她更加坚定地认为，自己有责任去帮助更多的残疾人朋友走向康复，追求幸福美好的生活。为此，张江积极参与基层残联和聋协的工作。在担任所在地区聋协主席时，与她搭档的副主席年龄比她大两岁，与她一样佩戴助听器并用口语交流。他们住得很近，因此会经常沟通交流各种工作事宜。那时这位副主席已经做了 4 年的基层工作，从他身上，张江真切体会到了基层残疾人工作者的平凡与伟大。面对街道所辖区域里上百位不同类别的残疾人，那位副主席在 4 年的时间里兢兢业业、毫无怨言地做好各项服务工作。他告诉张江，自己作为一个残疾人，更能深刻地理解残疾人的想法，所以更愿意全力以赴为残疾人争取合理合法的权益。这深深打动了张江，同时也给了她更多激励。在张江看来，正是千万个基层残疾人工作者的默默付出，才使得国家各项政策能真正落地，才能打通残疾人保障政策实施的“最后一公里”。

通过这位副主席牵线，张江认识了区里所有街道办的残联专干并向他们虚心请教，并将从他们那里学到的工作经验运用到聋协的工作中。她说，自己的任务就是努力做好听力残疾群众和残联的沟通桥梁，让残联和广大基层工作者更能深刻理解听力残疾群体因听说障碍造成的信息滞后问题。同时，张江还积极组织听力残疾朋友们学习党和国家与残疾人有关的各项方针政策。

自强自立走科学康复之路

为了帮助聋人朋友们走出孤独和无助，张江在征求当地残联领导的意见后，发起成立了一个以聋人朋友为会员的社群。群友们大都佩戴助听器或人工耳蜗，采用口语进行交流，彼此之间都是平等互助关系。张江表示，社群成立旨在以听说训练和康复为共同目标，进而团结各行各业的朋友，省、市、区三级残联和街道办残联专职干部都为社群的发展提供了很多帮助。7 年间，这个社群组织发展很快，活跃会员的数量已有上百人。

张江用亲身经历讲述了成立这一社群的初衷：“高考前，我一直以为全世界只有自己是听不见的。而且在那个年代，没有像现在这样便携的移动通信方式，孤独寂寞是我最深刻的感受。直到在高考后的一次治疗中，我遇见两个命运相似的同龄朋友，我们三人经常联系、相互加油鼓劲、给予力量。”就这样，她相继认识了更多的病友，彼此间就像发现新大陆一样充盈着惊奇与感动。相似的感受、经历和命运将这群小伙伴们联系在了一起。

与健全人一样，听力残疾的朋友们也有着追求美好生活的强烈愿望。他们也有通过课堂讲座进行学习、通过开会与同事交流的需求，同时还有通过就业创业自食其力和回报社会的愿望。然而，听力残疾往往会让聋人朋友们害怕社交，在人际交往方面心存畏惧。为了帮助大家实现梦想，张江组织的社群对聋人朋友们进行了有计划的听说训练，帮助他们主动适应环境，管理并改善环境。张江坚信：“康复和社交必须同步开展，聋人朋友们只有在工作中完成康复，在康复中提升社交能力，才能实现个人康复的良性循环。”

国家主席习近平在中国残疾人福利基金会成立 30 周年之际强调：残疾人是一个特殊困难的群体，需要格外关心、格外关注。让广大残疾人安居乐业、衣食无忧，过上幸福美好的生活，是我们党全心全意为人民服务宗旨的重要体现，是我国社会主义制度的必然要求。现如今，一批又一批的残疾人走上康复和就业的道路。

在中国残疾人联合会的支持下，一系列聋儿康复机构在各省市建立，助听设备展览也不断在各地举办。这让包括张江在内的聋人朋友们获得了难得的康复机遇。在四川省聋儿康复中心负责人的引荐下，张江从中国聋儿康复中心购买到性价比很高的助听器，学习了正确的入门康复步骤，开启了不懈的听力训练。那时，20 岁的张江和几个聋人朋友一起怀着激动的心情参观了中国残疾人联合会。残联工作者的和蔼可亲、平易近人，让张江心中感到温暖。也正是中国残疾人联合会科学的康复体系，帮助张江走上康复之路。

习近平主席指出：中国梦是民族梦、国家梦，是每一个中国人的梦，也是每一个残疾朋友的梦。我们都要凝心聚力，在实现人生梦想的同时，共同推动中华民族的美好梦想早日实现。在这个伟大的时代，每个人的梦想都有实现的可能，而共同的合作成长更是至关重要。张江坚信：一个人的力量是很渺小微弱的，一个人的进步也是微不足道的。但是，与相同命运的听力残疾人朋友们携手而行，互助合作、共同成长，才是最大的进步，也是她最大的心愿！

徐琴：
呵护智力障碍孩子成长的“最美妈妈”

熊晓晓　钟晨宁

“最美妈妈”徐琴

【徐琴，女，汉族，1964年9月出生，杭州市智力亲友协会副主席、江干区智力亲友协会主席，杭州市江干区弯湾托管中心创办人。2003年，她被授予杭州市首届“爱心妈妈”；2006年，入围“中国十佳母亲”提名；2007年，被授予“浙江省十佳爱心父母”；2009年，个人出资为特教学校毕业的孩子创建浙江省首家公益民非培育机构；2014年，被授予杭州市“最美妈妈”；2014年，被授予“最美浙江人”；2014年，被授予杭州市首届“最美助残人”；2015年，被授予“浙江省最美助残人”；2015年，被评为“最美杭州人”；2017年，荣获“CCTV年度慈善人物”。】

2009年9月，徐琴个人出资为特教学校毕业的孩子们创建了浙江省首家学费、托管费、餐费等全免的民办非政府培育机构——弯湾托管中心。在她的倡导下，这个平台坚持“帮助他们，减少帮助”的培育理念，针对孩子们的特点和就业需求，设立了适合智力残疾青少年就业的系列培训项目，使得这些孩子拥有了一技之长和适应社会的能力，帮他们真正实现回归社会的愿望。徐琴坦言，正是政府、各级残联和社会各界爱心人士的关心和支持，才使他们能够坚持下来。

要让孩子拥有“老师和同学”

26年前，徐琴不满两岁的儿子弘毅突发意外，造成了非常严重的外伤。弘毅整整昏迷了30天，从植物人边缘抢救回来后，却成了一个患有多重障碍的孩子。祸不单行，弘毅4岁时，有一天眼睛忽然看不见了，当医生诊断他双目失明的那一刻，徐琴脑子里一片空白，甚至动过轻生的念头。然而，孩子的哭声将徐琴惊醒，她清晰地感受到弘毅的体温和心跳。

徐琴知道，命运将人击倒的事比比皆是，但决不能因此放弃。好好活着，有时候本身就是一件艰难却必须坚持的事情。几天后，人如其名的弘毅，奇迹般向上苍“要”回了属于他的一双清澈眼睛。几天来的起伏和悲喜，让这位坚强的母亲下定了决心：“无论弘毅未来会遭遇什么挫折，我都不会放弃，我会永远牵着他的手不放开。”

生活需要继续，但重重困难却不因此减少。不知不觉弘毅到了上学的年龄，杭州的杨绫子特殊教育学校成为他接受九年制义务教育的地方。与其他健全孩子的家长早日盼望儿女学业有成、闯荡社会不同，这所学校里学生的家长都有个特别的想法：能不能让孩子在学校多待几年。他们担心一旦法律规定的教育期限结束，而社会中没有适合心智残疾孩子们的去处的话，他们就只能回家。孩子们在学校学到的知识和掌握的能力，若无用武之地，只能随时间的流逝而逐渐退化。因此，留级成了家长们的权宜之策，可这能推迟一年、两年，却逃不过最后的毕业。像弘毅这般年龄的孩子们很可能成为最特殊的一批“失学者”和“失业者”。

有一天，弘毅照常在家中无所事事，他一副闷闷不乐的样子引发了徐琴的担忧。她问道：“儿子，你在想些什么呢？”弘毅轻声说道：“老师和同学。”简简单单五个字，却在徐琴心中引发了强烈的震动。徐琴看着目光炯炯的儿子，从那一刻起，儿子这看似单纯而又简单的愿望，成为她一辈子为之奋斗的方向。

2009 年 9 月 1 日，在一间临时租赁来的小教室里，只有 7 个孩子的“弯湾”学校开班了。因为没有任何教育经验，徐琴只能去模仿特教学校，但不到 3 个月时间就失败了。徐琴后来回忆这次尝试时反思道：“一是 7 个孩子营造不了大学校的氛围，孩子们像是生活在一个我特意建造的孤岛上，缺乏跟外界接触的机会；二是师资力量达不到特教学校的水平。”

失败并没有阻碍徐琴探索的步伐，她想，与其通过教育延缓孩子们踏入社会的时间，不如带领大家提前面对这场迟早要来的考验。小学校、小课堂只能使孩子们更加畏首畏尾，不敢与社会接触，只有勇敢地迈入社会，将社会变成他们的大学校、大课堂，才可能带来希望。徐琴开始用一种首创的勇气和决心，带孩子们走近社区的公共生活。“弯湾托管中心”由此孕育而生。

残联就是弯湾的“娘家人”

“弯湾托管中心”的成立，一开始就得到了当地残联大力支持。硬件设施方面，杭州市江干区残联为“弯湾”提供了宽敞的活动场地，并帮助他们承担了水电费用。400 多平方米的活动场地，也全部依照徐琴设想的方式装修妥当。不仅如此，由于弯湾托管中心位于区残联的办公和公共活动区附近，优越的地理位置使得区残联为残疾人士免费开放的图书馆、音乐室、舞蹈练功房、大小会议室也成为“弯湾”学生们学习的好去处。软件方面，逢年过节符合相关政策的慰问补助和奖金，也按时向这个心智残疾孩子们的“家园”发放。徐琴笑称：“我们早已把残联当作自己的‘娘家人’。不管在任何时候，残联都是‘弯湾’最为坚实的后盾，也是最为亲切温暖的港湾。”

得到“娘家人”关照支持的弯湾托管中心成立之后，徐琴决定采用一种新的培育方式。她和孩子们每天都去菜场、去超市、去银行，去乘公交车、去坐地铁。在这些最为日常的衣食住行活动之中，徐琴希望能教会孩子们如何真正面对生活、学会生活。她欣喜地回忆着这 5 年社区生活的教育尝试取得的显著效果，孩子们在一天天成长，一点点进步。他们学会了主动热情地跟保安叔叔打招呼，下水管堵住懂得找物业帮助解决问题，甚至有几个孩子已经学会自己坐公交车上下学了。这些日常生活的礼貌行为和常识也许在健全人看来微不足道，但对于徐琴和这些心智残疾的孩子们而言，却是很大的进步。这些进步也给了孩子们鼓舞，使他们能够更加自信地面对社会。

2014 年，徐琴和她的学生们又一次遇到了人生的转折点。20 多岁的年纪意味着学生们已不再是单纯的受照顾者，他们身上需要承担更多的责任，摆在面前最为现实的问题便是就业。为了让孩子们和健全人一样去上班，徐琴尝试着开办了“弯湾的书屋”。2015 年，经过筹备的“弯湾小超市”也亮相了。而在 2016 年，更具挑战性的“弯湾洗车行”也成功落地。书屋、超市、车行，这些生活中随处可见的店面，成为“弯湾”学生们可以多元选择的就业平台。当学生们对爸爸妈妈、爷爷奶奶、街坊邻居兴奋地喊出“我上班了”时，那种发自内心的骄傲和自信，对徐琴来说才是最有成就感的。“弯湾”的学生们不再是柔弱的受助者形象，崭新独立和成熟的社会人格正在他们身上逐步形成。这种人格也正是徐琴对孩子们最高的期盼：“我们所有的目的都是让孩子们感受健全人的生活，让孩子们接触到社会。”

为孩子搭建融入社会的桥梁

为孩子们搭建融入社会的桥梁，这听起来再简单不过，但对很多心智残疾孩子的家庭而言却是一件十分艰难的事情。许多父母在生活中受尽旁人的冷嘲热讽，一直不愿面对这个现实，他们能想到的办法，只是无奈地把孩子藏在家里，减少他们与社会接触的机会。惧怕接触社会，往往成为这些家长和孩子们心中的通病。

多年来，徐琴一直在引导家长正视孩子们的问题，营造普通家庭的生活氛围。家长们产生惧怕心理的原因尽管复杂，但如果连父母都把孩子“特殊对待”，又如何指望他人能平等视之呢？徐琴鼓励孩子们走出封闭单一的环境，走向社会。这不仅是他们必须面对的路径，也是最好的选择。如果孩子一直只是与家人生活在一起，单纯逃避与外界的接触，只会让孩子更加不善于交流。

在弯湾托管中心日常教育活动中，徐琴不仅鼓励孩子们走出去，也欢迎政府和社会各界爱心人士走进来。“弯湾”的教育工作之所以效果显著，全然离不开政府和相关机构的支持。如今的弯湾托管中心经常会迎来一批特殊的志愿者团队，她们是由杭州市厅局级以上女干部组成。不论来自政府何种岗位，这些女干部都有一个新的身份——“阳光妈妈”。她们在繁忙的工作之余，热心公益，悉心照料“弯湾”的每一个孩子。

社会各界的关爱也在为“弯湾”孩子们的成长保驾护航。浙江中医药大学的学生志愿者们，为“弯湾”的每位学生定制了专属健康档案，定期为孩子们提供免费医疗检查和健康知识科普。浙江传媒大学的同学们经常利用假期时间来跟孩子们唱歌跳舞。不少原本患有轻微自闭症的孩子，通过音乐这种特殊的“调理手段”，逐渐变得活泼开朗。再例如，杭州市举办大型的城市马拉松活动，相关赛事举办方也会邀请“弯湾”的学生和参赛市民们一起站在起跑线上。

徐琴时常感慨，“弯湾”不仅是她一个人的孩子，也是政府、残联和社会各界爱心人士的孩子。正是有政府、残联和社会各界的共同支持和帮助，才有了“弯湾托管中心”这一美丽的结晶。

各界合力助残疾孩子成长

杭州市在扶助残疾人士的工作上可谓不遗余力，探索实施了很多保障措施和福利政策。比如徐琴的儿子弘毅就有一张专属的“福利工资卡”。每年杭州市政府都会提供 2 万元资金保障他们的基础生活，社会保险也由政府出资购买。这为很多特殊家庭减轻了生活压力。而对于徐琴这样的特殊家长群体，政府为了解除他们晚年养老的后顾之忧，还设置了一笔特殊的“退休补助”。家长们退休后每年都可获得 6000 元的生活保障费。灵活的发放机制也最大限度地照顾到了每位特殊家长的需求。

在徐琴看来，近些年来我国不断加大对残疾人士的扶助工作，政策与福利措施频频出台，相关部门也积极的贯彻落实。这让他们这些残疾孩子的家长们感到欢欣鼓舞。她说：“我现在不是以‘弯湾’机构负责人的身份，而是以一位母亲的身份来表达对国家和社会的真挚感谢！我时常为生活在当下的中国而感到幸运和骄傲！”

当前特殊教育领域的民非机构，也正是在政府政策的大力支持下茁壮成长。徐琴认为，民非机构和政府之间是一种互补互动的关系。她说，十九大报告中，习近平总书记多次提到“弱有所扶”，在奔向全面建成小康社会的征途上，不能落下一个残疾人。近些年来，政府制定了许多积极的法律政策，相关部门和中国残疾人联合会也从资金投入、政策支持等多方面入手，推动民办非营利机构的发展。现在的民非机构已迎来最为重要的发展契机。

徐琴解释道：“对于民非机构的未来前景我非常看好。政府从宏观角度，铺展整体的面；我们民非机构，就是面上的一个个点。政府和民非机构点面结合，共同推动我国残疾人事业的发展。”有如此好的政策红利，徐琴认为残疾人士应做的事不是单纯依赖政府和残联、被动地等待社会援助，而应主动去参加社会实践，向社会证明自身价值，促进社会的尊重与认同。

弯湾托管中心在各级政府和残联的帮助支持下正在不断丰富和创新培育模式。2017年创办的茶歇店，使孩子们的就业更加多元化。如今，徐琴也开始思考和规划心智残疾者的养老问题，旨在摸索出一条特殊群体的陪伴之路。徐琴称，“弯湾”不奢求宏图大业和声名远扬，而是愿从小事做起，一点一滴帮助心智残疾儿童成长。

采访最后，徐琴幸福地说道：“上帝关闭了这些孩子们的部分能力，但也给了他们丰富而细腻的情感和淳朴真实善良的内心。这正是很多健全人没有的。我常觉得，是这些孩子们在帮我们一点一点捡回生命中最宝贵的东西，我愿和他们心连心、手牵手，笑着走一生。”

吴喆：与改革开放同龄的轮椅创业者

孙湘懿

吴喆参加2017年新领军者年会

【吴喆，男，肢体残疾二级，1978年10月出生于辽宁省，东北财经大学工商管理学士，大连市政协委员，辽宁省残疾人自强模范。现任大连爱卡科技发展有限公司总经理，大连市爱卡职业培训学校校长，兼任中国肢残人协会青年工作委员会秘书长，大连市肢残人协会会长等社会职务。2008年至2018年，他的公司安置带动残疾人就业百余人次。2013年，他创办大连市爱卡职业培训学校，免费为近700名残疾人提供计算机、电子商务技能培训，参训学员入职IBM等国际知名企业。2017年，爱卡公司被评为“大连市残疾人之家”。】

因为一次误诊和失败的手术，吴喆只能永远依靠轮椅前行，他的求学之路崎岖坎坷。因为内心的渴望和梦想的悸动，他毅然背负着质疑的眼光投身创业；因为责任感和使命感，吴喆在成为大连第一个 C5 驾驶员和驾驶改装车的残疾人之后，开始与残联携手推广相关便利政策，为和他一样的残疾人朋友构建更便利的生活环境。

良师益友令他忘却身体的残疾

吴喆出生时正值国家刚刚改革开放。他的母亲感慨，他出生时，正赶上家里人不再吃粗粮了。吴喆出生时后背有个小包，是先天性脊柱裂、脊髓脊膜膨出，但被大夫误诊为肉瘤，在他出生第 66 天时就做了一次手术，结果手术失败，他的神经大都被切断，导致下肢完全瘫痪。

随着年龄的增长，吴喆逐渐到了上学年纪。家里起初联系了很多学校，但无一例外都被拒绝。几经辗转，他幸运地遇到孙淑英老师，孙老师接受了吴喆，像妈妈一样无微不至地照顾着他的学习和生活，她的言传身教令吴喆受益匪浅。刚入学时，孙老师就和所有同学说："吴喆和咱们大家是一样的，只是身体上有点不方便，大家要一起互帮互助、共同进步！"因此，同学们并没有把吴喆当成残疾人，而是跟大家一样。三年级时，吴喆学习成绩不错，不过因入学晚导致年龄比班上其他同学都大。有的老师希望吴喆跳级，但孙老师坚决不同意。她说，因为吴喆已经有了一个很好的学习环境，也有熟悉友爱的同学，这种氛围很难得。如果跳级，可能很多事情都要重新来。他的家人听取了孙老师的意见。于是，吴喆幸运地与同学们从小学一年级一起走到了初中三年级。这最重要的 9 年都是和很友好善良的同学们在一起，这一段时间帮助吴喆建立了平和的心态，使他能自然地与健全伙伴交流，也为他以后融入社会打下了很好的基础。

每个人都有个大学梦，进入高中的吴喆对此也满心期待。分科时吴喆选择了理科，但那时高校的理科专业招收残疾人学生非常少。最终他在高二时不得不把专业从比较擅长的理科转向了文科。报考大学时也只能报文科院校，且只能是本地院校。1998 年，高考招录政策尚不完善，吴喆的成绩虽超过了分数线，但不少高校仍没有录取他。只有东北财经大学当时的校领导说了一句话："只要你成绩够，我们一定招收！"实际上吴喆并非个例，东北财经大学确实有招收残疾学生的先例，在吴喆入校之前已经招收了五六个残疾学生。

勇敢投身创业大潮

大学期间，老师同学们无微不至地帮助、关心吴喆，他的大学生活充实而快乐。临近大学毕业，在当地残联的推荐之下，吴喆进入大连香格里拉酒店从事财务工作。当时残疾人能进入外企，并且做管理类工作，是很大的关照。在其他同学还在投简历找工作的时候，吴喆已经收到用人单位的录取通知，开始工作。他欣喜的同时特别感恩国家残疾人事业的发展。

后来，吴喆参加了中国残疾人联合会与李嘉诚基金合作发起的“长江新里程计划”。通过参加这个培训，他不仅提高了专业能力，更感受到计算机、电子商务对于残疾人就业和创业的巨大力量。也是从那时开始，他决定要在计算机领域创业。

当吴喆表达创业的想法时，几乎所有人都问他为什么离开稳定的工作，选择前途未卜的生活。他说：“我深知酒店财务工作体面安稳，在旁人眼里，即便健全人也该知足，更不用说像我这样身体不便的人。我却常和他们说，这种一成不变的日子，现在就能看到十年后的样子。每天面对的都是一些数字，没有太多变化。而我一直有一颗不太‘安分’的心，希望能创造属于自己的生活。于是，在一片反对和惋惜声中，我在合同到期时向酒店提出辞职，开始创业生涯。”

对吴喆来说，很重要的契机是进入大连市公共创业孵化中心。刚进入时，吴喆只是有个创业项目，但孵化中心领导非常重视，认为残疾人创业代表着社会的进步，作为市级中心应该为残疾人提供一个空间。那时吴喆很幸运成为大连市市级创业孵化中心唯一的残疾人创业者。现在看来，他感觉这一切能体现出社会的进步，还有大家对残疾人价值的认可和接受。

2008 年公司成立时，适逢国家加大了对于创业的支持力度。大连沙河口区为各类创业者提供资金和场地支持，大连市中山区残联出台了一系列创业扶持政策，可以为残疾人提供创业资金和设备支持。吴喆有幸得到这些支持，在创业初期减轻了很多压力。

创业之初因吴喆是残疾人，拄着拐杖，行动不便，很多人都会担心，他能不能服务好客户。他下定决心，要用自己的专业和毅力打动客户。在吴喆看来，要想做成事就一定要面对质疑和挑战。不管残疾人还是健全人，只要把专业态度和职业精神表现出来，就一定会有好的结果。至今令吴喆记忆犹新的是，他为一个企业做数据恢复，做了四天三夜，最后数据恢复出来时客户对他的技术能力非常认可。

2017 年，大连夏季达沃斯论坛，吴喆高票当选为市民代表。现场大家对他的表现报以热烈的掌声和欢呼，给了他很高的分数。大家对吴喆的自信、综合素质和专业技能，表示出高度的认可和赞同。

爱和责任让他走得更远

创业的同时，吴喆作为大连市残疾青年协会主席，积极推动残疾人融入社会。他先后组织残疾青年参加素质培训、创办演讲俱乐部、成立轮椅舞蹈队和轮椅太极拳队、发起轮椅舞蹈快闪活动、还推动大连国际马拉松赛事向残疾人选手开放。2016 年，吴喆发起成立了大连市残疾人创业联合会，举办了残疾人青年创业培训，为创业残疾青年提供创业指导服务。他还为脊髓损伤者设立了希望之家项目，35 天培训了 15 名伤友，帮助他们在个人生活上实现自理。

吴喆的企业在招聘方面也时时不忘残疾朋友。他通过残联招聘会、社会招聘和培训挖掘等多种渠道雇佣残疾人。在用人选择上，吴喆坚信一个人的核心价值在“德”，才能可以通过后天培养形成；在日常管理上，他坚持因才定岗，尽可能根据员工特长，安排合适的工作内容，有效调动残疾员工的积极性，使他们全身心投入，实现自己的价值。

对残疾求职者，吴喆曾用十字象限进行类比：大学生就业起点在横轴之上，残疾人就业起点在横轴之下，需要用很长时间去弥补这部分距离。如果企业或残疾人自己没有足够耐心，就很难实现跨越。而当他真的跨越了，成长速度和能力给企业创造的价值甚至会超越那些职业忠诚度不高的健全人。

如今，公司已步入正轨。现在回想起来，吴喆说："相比一般残疾伙伴，我幸运地得到很多机会，拥有更多力量和资源。正是因为我得到了大家的支持和关爱，才能有今天的成绩。因此，如果我只是去索取，不去奉献，不去为更多人创造价值，那么我只是个'小我'，不能成为真正对群体对社会有帮助的'大我'。对于回馈社会，我觉得这件事情永远没有终点，正如在创业路上，时刻不能松懈。"

除了职场，令吴喆感触更多的是身边环境的变化。吴喆亲身经历了两件感触颇深的事情。第一件是关于交通工具的。从 2010 年 4 月 1 日起，新修订的《机动车驾照申领和使用规定》施行。对不少残疾人而言，这是一个大喜讯，他们将可以申请驾照，安全、合法地驾车出行。同年 12 月 17 日，公安部正式对外公布了新修订的《机动车驾照申领和使用规定》。新规中，放宽了对残疾人驾驶汽车的身体条件限制，五类残疾人可驾驶机动车。

作为最新的驾照代号，"C5"正式露面。新规中，"C5"的准驾车型是"残疾人专用小型自动挡载客汽车"，准驾的车辆是残疾人专用小型、微型自动挡载客汽车（只允许右下肢或双下肢残疾人驾驶）。吴喆是大连市第一个“C5”驾驶员，2002 年时就开上了残疾三轮摩托车。2010 年，公安部正式对外公布新修订的《机动车驾照申领和使用规定》，放宽对残疾人驾驶汽车身体条件的限制，这使吴喆真正合法地获得了驾照。当时他与当地残联一起联合推动这一项政策在大连的实施。在这件事情上，吴喆看到国家对于残疾人事业的积极推动，社会各界都发挥了作用，大连媒体也做了很多宣传工作。

第二件事是关于无障碍设施的。吴喆居住的楼房前是台阶式设计，没有无障碍设施。因他要坐轮椅出行，有一次吴喆跟他们物业提出来需要无障碍设施。他们就很快开会，决定进行无障碍设施改造，效率很高。事情很小，但能看出来社会对残疾人群体越来越重视。

这两年，大连建成了全国最大的残疾人托养康复服务中心，投资 3 亿元，面积 3.75 万平方米，有 538 张床位，可对残疾人提供多种托养康复服务，甚至包括无障碍洗浴。未来，这里将使更多残疾人受益。这让吴喆充分感受到了残疾人事业的蓬勃发展。另外，医疗水平也有了翻天覆地的变化。很多优秀的医务工作者在为残疾人提供全面和先进的治疗，康复手段也更加科学。吴喆想到自身的医疗事故将不会再重演，感到非常欣慰。

关于残疾人事业，吴喆也有些个人体会。首先，他认为这是系统工程。从最开始优生优育到残疾筛查，再到早期干预，一直到后期康复及融合教育、高等教育及职业教育等，几乎贯穿残疾人一生。任何一个节点都要做精做细，只有把每个点都串联起来，才有助于整体事业的发展和残疾人个人的成长。其次，吴喆思考过自己坚守到现在的力量来源。答案很简单：爱、使命感与责任感。因为他从出生到现在，这么多年始终在各种关爱中成长，包括家人、领导、老师、同学还有其他爱心伙伴。至于使命感与责任感，是因为在他的人生中，经历或感受到的东西可能要比健全人多一点，这些经历衍生出责任感和使命感，促使他将得到的这些关爱向更广范围传播。

2016 年时吴喆组织大连残疾创业者进行创业培训。他在培训资料里有过一段致辞："和普通创业者相比，我们有更多的困难与艰辛，进步也就更加弥足珍贵。我们期待更多政策扶持、期待有更多业务拓展、期待有更多社会认同。在这个过程中我们有很多地方需要完善，有很多挑战需要应对，有很多时刻需要团结。相信自己、相信他人，放下成见、拒绝抱怨，寻求合作、实现共赢。也许我们无法预测心中那个成功的梦想何时能实现，但是我们从未放弃，心怀感恩、勇于承担、坚持不懈。创业路上请为不忘初心努力前行的自己点赞，也请为默默支持辛勤付出的家人点赞！"

马丽：用艺术跨越残疾的卓越舞蹈家

高莹

最美舞者马丽

【马丽，女，肢体残疾三级，青年舞蹈家、书画家、演员。她先后荣获“第四届CCTV电视舞蹈大赛表演二等奖”“最佳人气奖”“十佳选送单位奖”“十佳创作奖”等荣誉。她个人被评为中央电视台“2007年度十大新闻人物”，担任2008年北京奥运会火炬手，主演的纪录片《牵手》获“国际金熊猫一等奖”。】

打开马丽的博客，映入眼帘的是这样一段自白，“当你说欣赏我、爱我的时候，我知道你把我当成了一个健全人；当你说我是你的榜样或者你要学习我的精神的时候，我知道你把我当成了残疾人。这就是你和我之间的距离。”

未满20岁的花样年华，本该无忧无虑，命运却在马丽面前残酷地划下了一道伤痕。从那时起，她致力于填平这道伤痕，把生活的酸柠檬变成甘甜的柠檬汁。

舞蹈公主遭遇飞来横祸

1977年，马丽出生在河南省驻马店市的一个普通工薪家庭。担任居委会主任的母亲见多识广，把年仅6岁的她送到少年宫学习武术、书法、绘画、舞蹈等才艺。天资聪颖的马丽不负众望，获得了诸多荣誉。骨子里爱蹦爱跳的性格促使她最终选择用肢体展示自我，梦想着成为一名专业的舞蹈演员。后来她顺利考入山东省青岛艺术团，并担任了舞蹈队队长。这成为18岁的马丽难忘的成人礼物。出众的外形、热爱的专业、不菲的工资，那时青春洋溢的马丽像一个“骄傲的公主”，已然准备好在人生的大舞台上翩翩起舞。

然而，1996年在回家休假途中，司机因超速导致严重的交通事故，坐在副驾驶座位上的马丽胳膊被卷入车窗，失去了知觉。在医院醒来时，马丽茫然地支撑着坐起来，洁白的被子滑落，一低头，却看到右臂缠着纱布，一片空荡荡。看了好久马丽才反应过来自己被截肢了，马丽“哇——”地一声哭了，整个人彻底崩溃。听着病房里其他病人的惋惜“小姑娘挺可惜的，年纪轻轻就没有了胳膊”，马丽的心一点点地化为碎片。她歇斯底里大哭，全然听不到亲朋好友的安慰，眼睛也一点点失去光泽。马丽明白，她不但成为了别人眼中的“残疾人”，而且刚刚开启的舞蹈生涯也走到了尽头。她失去的是一条胳膊，带来的却是事业与生活的双重打击。面对未来，她感到了绝望，没有职业理想、没有生活方向，什么都没有了。

出院后，细心的母亲遮住了马丽屋里的练功镜，收起了家里的各种刀具，避开了电视上的音乐节目，尽量清除每一个可能刺激到女儿的事物，生怕女儿一时想不开。每天早上做好饭，母亲第一时间就喊：“妞妞，起来吃饭了”。马丽的一声“知道了”，就让她很开心，知道这一天会没事。直到一天早上，母亲的呼唤没有得到往常一样的回答，于是她焦急地去敲马丽卧室的门，还是没有任何声音，慌张地搬来凳子，哆哆嗦嗦地用手撕开门上面的窗纱，看见女儿在床上静静地望着她。母亲没有一丝责备，只是说：“孩子快下来吃饭，妈妈做好饭了。”原来彻夜未眠的马丽，真的一直纠结于自杀与父母恩情，猛然间感到人活着是一种责任，活着不仅为了自己，更是要让身边的人开心。无微不至的母爱被马丽看在眼里，默默记在心中，督促自己做一个让母亲骄傲的孩子。

在过去“残疾就是残废，什么都做不了”的观念下，马丽最痛苦的不是重新开始学习生活技能，也不是要习惯用左手完成所有的事情，而是如何面对社会上的有色眼光。健全的她，从不怕吃苦；残疾的她，却怕被瞧不起。如何才能在“有色眼光”中拥有“和健全人一样”的自尊？从小就爱美的马丽选择了去职业技术学校学习服装设计。她首先要改变自己的形象，给自己设计的所有上衣都有口袋，这样可以把毛巾做成的假肢放在里面。当其他人注意不到自己的残疾时，假装右手揣兜的“酷女孩”马丽就可以毫无顾虑地去工作。卖衣服时手上被勒出了血印，开书店时一页页晾晒被雨淋湿的书籍，重新捡起书法和绘画……马丽实现了心底对母亲的承诺——靠自己养活自己，并且学会了包容与爱。

舞蹈之路重燃希望之光

从健全到残疾，马丽一边应对生活的压力，一边从未放弃舞蹈梦想。在自己经营的向阳书屋里，她曾经看到过一篇报道，讲述一名执行公务受伤的警察成功移植了一只手。她反复给自己信心，发达的医学也可以在不久的将来移植手臂，那时候自己又可以翩翩起舞。就在马丽为这个目标拼命赚钱的时候，2001 年河南省残联的一个电话打破了她平静的生活，对方极力邀请马丽代表省残联参加第五届全国残疾人文艺汇演。车祸以来就不愿意让人看到自己缺失右臂的马丽，毫不犹豫地拒绝了。她内心不愿意自己被纳入残疾人群体，更加不能理解残缺的身体如何展现完美的舞蹈。

在当时省残联领导反复劝说下，马丽同意去省残联观看排练。看着那些不同于健全人的舞蹈表演，马丽被深深触动了。她清晰地认识到，舞蹈最重要的是舞者的思想与灵魂，肢体只不过是一种表达方式，艺术和残疾没有关系。她突然明白，原来完美的含义那么广阔。她愿意留下来参与创作，和这些执着坚韧的人们一起追求艺术的完美。

距离比赛只剩下不到一个月的时间，马丽每天在排练厅练习十多个小时，不仅要恢复以前的舞蹈水准，更要去摸索残疾人舞蹈的特殊之处，尤其是平衡点，因为残疾人的平衡点不像健全人那么容易掌握。无数次摔倒之后，马丽带着她的作品《黄河的女儿》，为河南省赢得了金奖。

用残缺的肢体去展现完美的舞蹈，难在要重新去挖掘、创造、创新很多舞蹈语汇，把个人理解和专业知识融合在一起去体现完美的思想和意境。但也需要找到自己的特点，激发创作灵感。作为健全人舞蹈和残疾人舞蹈的佼佼者，马丽深有体会："艺术不分残疾健全，艺术本质都是一样的，只是外在表达方式不同。残疾人舞蹈有着独特的生命力和精神价值，是健全人无法替代的。"

舞蹈把曾经的马丽找回来了，浴火重生的马丽想起了以前在艺术团时就很重视的中央电视台的舞蹈比赛。她斗志昂扬，认为残疾人舞蹈不应局限于特殊群体中，要和健全人平等地表演、竞争、切磋、提高。于是，她把自己的舞蹈作品刻录成光盘送去报名。取得决赛权的时候，马丽异常高兴："作为一名专业的舞蹈演员，能到央视的舞台进行展示，本身就是对我们艺术作品的一个承认和肯定。"2007 年 4 月 20 日，马丽表演的以自身经历为题材的舞蹈《牵手》，获得"第四届 CCTV 电视舞蹈大赛表演二等奖""最佳人气奖""十佳创作奖"，成为舞蹈大赛有史以来第一个由残疾人表演的舞蹈作品。马丽的心结终于彻彻底底地被打开了："这次不同以往，大家对残疾人艺术文化的好奇感和感情分在下降，残疾人的专业水准真正得到认可，大家彼此平等、相互尊重。”

搭建残健互融的交流平台

马丽现在担任北京市昌平区舞蹈家协会副主席。每次教其他人学习舞蹈的时候，她都会想起自己的启蒙老师——李茜。12 岁时，马丽在少年宫表演的舞蹈《秋日诗语》获得了一等奖，受邀观看比赛的李茜非常喜欢这个有天赋、不怯场的小姑娘，主动找到马丽表示可以免费教她芭蕾舞。而当时驻马店市还没有教跳芭蕾舞的人。这位恩师不仅培养了马丽扎实的舞蹈基本功，更是让她领悟到艺术的纯粹和舞蹈演员的敬业。

一个大雪纷飞的冬夜，马丽放学后特意提前来到当地戏曲学院的排练厅，没想到李老师已经在等候了。破旧的房子四处透风，冰冷的水泥地面让马丽更加难以忍受，她决定穿着厚重的棉服练习上次授课内容。刚跳了一会儿，李茜便让她停下来看自己示范。年近五十岁、患有风湿病和白血病的李茜，毫不迟疑地脱下自己的棉衣棉裤，穿着单薄的练功服完整地演示了一遍舞蹈，许多接触地面的动作也是一丝不苟地完成。看着老师如此全身心地投入，马丽既惭愧又感动，唯一能做的就是脱掉棉衣像老师一样认真对待艺术。“李老师不用言语，而是让你看到她所做的一切，你就会知道自己应该怎么做。”回忆起李茜老师，马丽希望自己可以把老师以身作则的精神传递给自己的学生：“爱是要相互传递，一代代传承，就像老师和学生、母亲和孩子。”后来，她自己也免费教授一些残疾孩子学习舞蹈，免费提供食宿，希望可以使残疾人艺术更加专业化。

荧幕之外，马丽参加了各个舞种的社区培训，不断宣传残疾人艺术的魅力。她始终相信一些人对残疾人的不友好源于不了解，所以我们应该提供更多的交流和沟通平台，让双方更好地互相融合，真正成为“一家人”。此外，她还有一个更加长远的计划，那就是在残联的支持下，打造具有独特理念的艺术品牌。目前，她和她的团队正在筹划让残疾人和健全人共同参演舞台剧，去全国各地巡演实现真正的融合。

在马丽看来，残疾与健全，只是身体形态的不同，不是艺术的鸿沟，更不是生命意义的不同。风雨过去，繁华之后，剩下的只是她最初爱上的舞蹈和追逐的梦想。

邱拥华：
投身残疾人职业教育的“双拐”校长

吴梦甜

邱拥华（后）指导的3名残疾学员获得广西残疾人技能比赛一等奖

【邱拥华，男，肢体残疾二级，广西壮族自治区自强模范，共产党员，桂林新华电脑职业技术学校校长兼书记。1992年高中毕业后，从事10年个体裁缝工作；2005年创办桂林新华电脑职业技术学校；2009年学校开始残疾人职业培训工作，截至2018年底，该校共培训各类残疾人6648人次。他热衷于社会公益和教育事业，多年来致力于残疾人职业教育工作，积极参与组织各类社会活动，宣传残疾人事业，促进社会各界“理解、尊重、关心”残疾人。近年来，他创办的学校获得多项荣誉：2010年，被广西壮族自治区民政厅评为“全区先进社会组织”；2014年5月，被国务院残工委评为“全国助残先进集体”；2015年12月，被民政部评为“全国先进社会组织”；2017年1月，被广西壮族自治区残工委评为“残疾人之家”等。】

邱拥华，1972 年出生于河南省上蔡县一个普通工人家庭。一岁半那年，一场突如其来的疾病——小儿麻痹后遗症，降临在他的身上。后来，虽然侥幸保住了生命，他却失去了独立行走的能力。因此，从 3 岁起他就开始进入了漫长的“双拐”人生。

邱拥华坚信，虽然身体不如健全人，但这并不代表能力不如健全人。从开裁缝店到创办电脑职业技术学校，再到成为桂林市残疾人职业培训基地负责人。他一步一个脚印，在各级残联和家人的帮助下，不断发现和发挥自己的优势，排除万难，尽自己最大的努力帮助一批又一批残疾人学生找到了工作。

痛苦中重拾信心

因为疾病，与他终日相伴的不是童年的欢乐，而是四处求医、吃药和打针的经历。病痛的折磨让年幼的他学会了坚强，倔强地与病魔作斗争，全力配合医生的治疗，再苦的中药都会大口大口地喝下去。懂事后他的心里只有一个念头：一定要像健全人一样行走！

然而，随着年龄的不断增长，残酷的现实和一些人的歧视，令他不得不时常面对自己的身体缺陷。自卑的念头渐渐萌生，原本活泼开朗的他变得沉默寡言。

1992 年，邱拥华在桂林市兴安县一所中学读高三，积极为高考做准备，想要实现自己的大学梦，但现实的残酷再次让他陷入绝望中。当时国家统招体检十分严格，他咨询了多所大学负责招生的老师，都说就算考上了也很难会被录取。无奈之下他最终选择放弃高考、放弃了大学梦。完成高中学业后，他不得不踏上就业之路。当时的就业环境不容乐观，健全大学生的就业竞争已十分激烈，更何况刚毕业的身有残疾的高中生。看到同学们都陆续升学或者参加工作，邱拥华也非常渴望自己能像他们一样拥有属于自己的天地，然而身体的残疾却让他屡遭挫折。这些挫折给他带来了致命的打击，他也一度埋怨老天不公，埋怨命运为什么这样捉弄他，为此曾悲观失望了很长时间。在家人朋友的开导下，他阅读了许多关于残疾人自立自强的书籍，了解到张海迪、海伦·凯勒、保尔·柯察金等残疾人自强不息、顽强拼搏的感人事迹，从他们身上看到了自己的未来。他开始正视自己的缺陷，重新认识和评价自己，并且不断地告诫自己：不能只看到自己的短处，而看不到自己的长处，身体不如健全人，并不代表能力就不如健全人，一定要发挥优势，要让自己的人生绽放光彩。

真诚奉献爱心办学

为了有份适合自己又比较稳定的工作，也为了今后生计着想，邱拥华依据自己的实际情况，决定独自一人去上海学习服装制作。经过半年刻苦学习后，他回到家乡开了一个裁缝店，凭借着周到的服务、精良的做工、新颖的款式和优惠的价格，他的衣服深受当地年轻人的青睐。几年经营下来，裁缝店已在当地小有名气，收入也相当可观，日子也很惬意。可每每在闲暇之时，他的内心总有些许不安，一些不太清晰的念头时不时在脑海浮现。一段时间后，原来那些模糊的念头终于清晰地浮现了出来：这种蜗居裁缝店的日子不是他真正想要的生活，他期望继续求学，扩大视野，寻找更广阔的天地。经过多年的打拼，他更深切体会到残疾人这一弱势群体是多么需要社会和他人的帮助，他也应该用自己的能力和积累去帮助更多需要帮助的残疾人。确定了这一人生的奋斗目标之后，邱拥华果断行动起来。

2005 年，他与人合伙创办了桂林新华电脑职业技术学校。由于学校经营不善，合伙人于 2007 年底全部退出。面对如此困境，他不想近两年的辛苦付诸东流，于是独自挑起经营和管理学校的重担，义无反顾地投身到残疾人职业教育培训之中。

在他看来，无论残疾人还是健全人要想创业，首先要弄清楚自己能做什么，要脚踏实地寻找适合自己的位置。要想创业成功，首先必须要有一个良好的心态。心态是一个人成功的关键，生活中每一个成功者无不是拥有良好心态的人。对于生活中的困难和问题，要积极面对，而不是自怨自艾。

在不断地探索和实践中，邱拥华逐渐感到，教育工作才是他热爱的事业，学校正是他可以实现人生价值的地方。他最终决定要在这个平台上充分地学习积累、展现自我及发挥才能。通过一系列的改革和开展教学质量与诚信服务建设活动，他的学校树立了“以人为本、为民办学、真诚奉献、服务社会”的办学理念，坚持依法合规办事，为培养创新实用型计算机技术人才做了大量工作，为当地经济发展作出了贡献。

因为自己是残疾人，所以特别能体会残疾人在生活和学习等方面的艰辛。邱拥华对有求学愿望的残疾人总是来者不拒，尽力为他们创造良好的学习和生活条件。截至 2018 年底，学校已培训残疾人 6648 人次，多数人都掌握了一技之长。每一次残疾人学员开班，第一堂课都是邱拥华讲。他期望在第一节课上，将多年经历中积累起来的“自信秘诀”传授给每位彷徨无助的残疾人学员，给他们心理上的安抚与鼓励。希望每位残疾人都明白，残疾人求学和创业虽然比健全人更艰难，但只要意志不消沉、自强不息，一样能实现自身价值并为社会作出贡献。

扶残助学回报社会

由于自己从小残疾，得到周围人和社会太多关爱，也深知残疾人群体的不易，邱拥华便积极参加社会慈善和公益活动，以尽自己的微薄之力。他还希望能够通过他的实际行动去影响和带动身边的残疾人学会感恩，更重要的是能以一种更积极的态度去回报帮助过他们的人，更好地回馈社会。

他常说，虽道大恩不言谢，但感恩不仅要存之于心，更要付之于行。父母给予我们生命，我们应该懂得感恩并用实际行动来回报他们；老师教授我们知识，我们应该用成绩来回报他们；祖国赋予我们一片和平宁静发展的土壤，我们应该学会用自身的努力回报社会，回报祖国。

四十多年身患残疾的人生经历和近十年的残疾人职业教育工作，使他能更深刻地了解和体会残疾兄弟姐妹们的难处和需求。因为他们之间有着同样的经历、感受和痛苦，因此他下定决心要帮助他们更好地就业、融入社会。

残疾人要想融入社会，决不能等待、抱怨，首先要学会自食其力，给自己供氧和充电。他开始逐渐加强与各级残疾人就业服务机构的交流与合作，并结合残疾人实际情况开设培训班，让处在就业年龄段有就业需求的残疾人获得适合自身的职业培训，为他们就业提供服务。同时，他期望每个残疾人都发挥各自的潜能，使自己从单纯依赖国家、社会和亲属救济供养等的被救助者变为自食其力的劳动者和社会财富的创造者，从而实现自我的人生价值。

他说："从自学到创业这条路是异常艰难的，但这一路有很多人扶持我，这期间有家人的支持、有关部门的帮助、朋友的关心和鼓励，特别是学校师生的支持。我从内心里感谢党的领导，感谢社会主义制度的优越，感谢残联组织这个坚强的后盾，也感谢学校给了我一个能彰显价值的温暖的家！"

穆孟杰：
一位盲人农民的“百年特教名校”之梦

李朝全

用心灵点燃盲童的心

【穆孟杰，男，汉族，视力残疾一级，1965年生于河北省邢台平乡县，现任河北省平乡县特教学校校长，免费培训和帮助盲人就业累计人数超过300人。他先后被评为2006年“感动河北”年度人物，入围2007年“感动中国十大人物候选人”，2008年被评为“感动中国十大新闻人物”，2009年被评为“全国自强模范”，2012年被河北省文明委授予“河北省时代楷模”荣誉称号。】

1965 年出生的穆孟杰是一位普通农民，自 7 岁起双目就完全失明。虽然从小饱受歧视，但也培养了他自尊、自强、吃苦耐劳的品质。穆孟杰没有上过一天学，小时候，他的梦想是成为一个不被人轻视、不被人瞧不起的有用之人。13 岁开始，他用一根竹竿做拐杖，独自外出闯荡，体验到了人间种种炎凉和辛酸。在闯荡过程中，他渐渐认识到，只有靠真本事才能在社会上立足，所以必须学到真本领、真能耐。他想进入盲人学校读书，却因家境贫寒无力支付学费而作罢。因此，他发誓：将来有了经济能力，一定要为盲人办一所学校，免费教他们学知识学本领。

寻找盲童学生实现儿时梦想

穆孟杰没有放弃任何拜师学艺的机会。他通过拜师当学徒的方式，相继掌握拉弦说书、针灸按摩、心理咨询等技能。由于刻苦用功、执着努力，他成为了石家庄、保定等地远近闻名的说书艺人。运用自己掌握的技能，他成功挖到了人生第一桶金。后来，他为父母翻盖了新房，娶了漂亮的妻子，生儿育女，又为自己的小家建起平乡县第一间砖瓦房。人们敬重他、钦佩他，他为自己、也为盲人赢得了尊严。

1995 年，在外闯荡 18 年的穆孟杰手里已积攒了近百万元，这在当时算是东辛寨村“首富”了。这一年，他回到家乡。因为，在他心中，那个小时侯的梦想始终在召唤——为盲人创办一所属于他们的特殊教育学校。

东辛寨村有一千多口人，村里人听说穆孟杰要办学，招收盲童，都觉得不可理喻：“自己成了盲人还不嫌麻烦，还要招更多的盲人到家里去，那些盲人又能给他们家带去什么好处呢？”

穆孟杰没有理会，说干就干。他开始着手了解谁家有盲童，到附近几个村子里一家一户去打听。他动员这些家庭，请他们把孩子交给自己去学本事。有的人家担心自家的孩子从未离开过家门，连吃饭穿衣都不会，怕到他那里会很不适应；有的人家则担心穆孟杰要收很贵的学费，自己家里没钱交不起学费。穆孟杰一个劲儿地给他们做工作，说自己也是个盲人，办学纯粹就是为了教会和他有相似遭遇的盲童一技之长，将来长大了可以自立，不至于成为家庭的负担。他只酌情收取很少一点儿伙食费，不收学费和住宿费。

经过几天深入细致地走访和苦口婆心地劝说，穆孟杰在临近村子里总算招收到了 3 个盲童：史国忠、史朋强和史宗召。一个 11 岁、一个 13 岁，还有一个 15 岁，都是智力正常的孩子。1997 年春，这 3 个与穆孟杰非亲非故的盲童走进了他的家。穆孟杰一家人住在北屋，3 个盲童住在东屋，大家同吃同住，生活在一起。

开始时，3 个盲孩子生活不能自理，吃饭不会用筷子，都是用手去抓，结果弄得乱七八糟，饭粒、菜汤撒得到处都是。穆孟杰一个人教盲童们学习生活自理技能，学习说书拉弦、盲文和其他文化课。为了让孩子们学得更快，他把盲人该怎样走路、如何穿衣、如何辨别方向、怎样吃饭等都编成朗朗上口、易于背诵的顺口溜，一件件教会他们。

妻子曹清香则帮着照料大家的生活，有时也帮着教教孩子们生活技能。平时她帮孩子们洗衣、做饭，帮他们穿衣、洗漱、吃饭。当孩子们病了，她就要去买药，还专门给孩子们做容易消化的面条吃，一直守护在身旁。

1997 年夏天，穆孟杰又招收了 5 名盲生，原本宽敞的家里，一下子变得拥挤了。这时，穆孟杰又动起了新的念头，他打算从村里租块地，盖一座教学楼，正式把盲人学校办起来。

多方支持筹建特教学校

1997 年夏天，穆孟杰开始跑办学的各种手续。首先是跑县教育局，取得办学资质。其次要跑县里的土地管理部门，批准一块用于办学的土地。这些事，哪一件都不简单。村里人听说穆孟杰要办学校，都议论纷纷："一个健全人想办点事都不容易，他一个盲人能行？"穆孟杰是一个个性顽强的人。十几年独自外出闯荡学艺，他早已磨练成了刚硬的性格，凡事不达目的绝不言弃！

在当地县残联、县教育局、县土地管理局和村委会等有关部门的支持下，穆孟杰终于获准动工兴建这所自己梦寐以求的特教学校。这一举动感动了很多盲人朋友和社会爱心人士。在建校资金遇到困难时，临近几个县的盲人朋友向他伸出援手。当地政府相关部门和不少企业家也纷纷为他慷慨解囊。

2000 年 8 月 25 日，这是穆孟杰人生中最开心的一天。经历了数不清的苦口婆心地劝说，经历了无数个备受煎熬的不眠之夜，由他投资125万元、占地约1万平方米的平乡县特教学校终于正式竣工。当天，学校举行了隆重的开学典礼。这是邢台地区第一所民办特教学校，可能也是我国农村第一所由农民创办的特教学校。

穆孟杰给自己的学校立了个规矩，叫“四不三要一包”：不面试、不考试、不限年龄、不收学费；智力残疾的要、生活不能自理的要，陪读的也要；管教包会，什么时候学会什么时候毕业，一包到底。这些学生中，初入学时年纪最大的五十多岁，最小的有七八岁。有的学两年就毕业了，有的在学校待了五六年还没学会。穆孟杰说：“我们特教学校就是盲人的家，家长不能往外撵孩子，啥时候学会啥时候算。学不会，可以待到老，要不咱学校咋成为盲人的家。”

助逾300名盲人自立就业

这些学生的生活在家里基本上都由父母包办，大多不能自理，来到学校后，吃饭不会用筷子、衣服经常穿反、大便不会用卫生纸……几乎什么都不会。穆孟杰就从最基础的生活技能开始教。从穿衣服到穿鞋，他都手把手教。教会了学生们生活的技能之后，穆孟杰开始教他们盲文、拉弦说书、推拿按摩、中医针灸等各种生存本领。

为帮助残疾人就业，2009年他又投资了100万元筹建残疾人就业技能培训班，专门为残疾人进行免费职业技术培训，不同年龄段的残疾人都到他的特教学校学习。

10 多年来，穆孟杰始终坚定地走在实现宏大愿景的道路上。他的学校向全国所有的盲人开放，不设入学门槛、不收任何费用，一直到学会本领后才让盲生毕业。他的心意和善行，惠及了许许多多的盲人及家庭，一批又一批的盲人从这所学校学成毕业。迄今为止，已有 300 多名学生从这所学校毕业，这些学生大多走上了自强自立的道路，不仅养活自己，不少还成了家庭的顶梁柱。

所有这一切，都是穆孟杰希望看到的，也正是他为之奋斗了半生的理想和抱负。

追求建立“百年名校”的梦想

办学这么多年来，穆孟杰付出了很多。四十岁出头，他的头发就斑白了，身体也出现了一些状况。原先的百万富翁变成了举债 80 多万元的“百万负翁”。然而，穆孟杰觉得，这一切都值得！因为，他也是盲人。他说：“盲人就该帮盲人，如果盲人自己都不自尊自强，自己都不帮自己，那别人也很难尊重他们。”

在穆孟杰的感召下，他的妻子、儿女、亲人们都齐心协力，共同帮助穆孟杰实现梦想。盲人教师、健全教师、志愿者们也都纷纷加入穆孟杰的教育团队。政府部门、残联组织、社会各界也竞相伸出援手。众人拾柴火焰高，他的特教学校走上了中央电视台《焦点访谈》栏目，穆孟杰也被评为“全国自强模范”……种种荣誉和援助也如潮水般涌来。

2009 年 7 月 3 日，“第四次全国自强模范暨扶残助残先进集体、个人表彰大会”在北京人民大会堂举行，穆孟杰作为自强模范受到时任党和国家领导人的接见。这个从小被瞧不起的盲人，依靠自己的努力，走进人民大会堂，受到国家领导人的亲切接见。面对荣誉和成绩，穆孟杰没有晕头转向、更没有陶醉自满。他的心中又有了一个更大的梦想：要把学校办成全国盲人特教中心或培训基地，办成中国的“百年特教名校”。这是一位普通中国农民的梦想，也是一位平凡盲人的梦想。正是因为中国拥有千千万万同他一样爱做梦、敢追梦、肯拼搏、能奋斗、埋头苦干、甘于奉献牺牲的普通人，中华民族伟大复兴的中国梦才能美梦成真！

范宜涛：助力残疾人共享改革发展成果

胡雅坤　年雪琦

范宜涛近照

【范宜涛，听力残疾一级，1966年2月出生于上海，1988年从武汉大学毕业后分配到广州白云山制药总厂，现任药研所高级工程师。由于具备扎实的药物分析基础理论知识和丰富的实际操作经验，他曾主持参加多项新药的科研工作。2002年，获"广州市第二届杰出残疾员工"荣誉称号；2004年，担任广州中医药大学、广东药学院兼职副教授；2008年，在广东省残联第五次代表大会上当选为主席团副主席。2013年，在广东省残联支持下，广东省聋人协会在广东省民政厅登记注册为省级社会团体，范宜涛担任第一届协会主席；同年，在中国残疾人联合会第六次全国代表大会上他当选为中国聋人协会副主席。2017年，国务院残疾人工作委员会授予他"全国残疾人工作先进个人"称号。】

5 岁之前的范宜涛与其他同龄孩子一样，尽情享受着童年的快乐。但一场高烧使他意外耳聋，他从此走进了一个无声的世界。范宜涛从未停止努力，如今的他，在单位和同事的帮助下，已成长为一名高级工程师，从事药物研发工作。在实现自我价值的同时，他也一直不遗余力帮助像他一样的残疾人士，使他们能更好地融入社会。

在范宜涛看来，当下日益进步的社会，最幸福的事莫过于：交一帮能带给你帮助的朋友，不因你的残疾而歧视你；找一个好的伴侣，同舟共济；有一份适合自己的工作。他感恩这个时代，给残疾人士创造了更多无障碍工作生活的机会。“虽然我们的世界是无声的，但除了听，我们什么都可以做。”范宜涛说。

与健全人一起学习成长

在范宜涛小的时候，专门的聋人学校还很少。他的父母也奔忙于工作，无法给他提供特殊的照顾，于是抱着试试看的心态，让他和正常孩子一样在普通学校读书。这对于范宜涛来说既是锻炼又是挑战。为了赶上同学们的进度，他坚持提前自学各门功课。课堂之外，他常常跑去找老师借与教材相配套的教师参考书，通过教师参考书了解学习的重点。初中的时候，他让父母给自己买了一套数理化自学丛书，花了两年多时间学完。为了检查自学效果，在完成规定的作业后，他还会挤出时间做一些配套试卷。就这样，范宜涛靠着加倍的付出，一路以优异的成绩读完了小学和初中，升入重点高中。

高考时，范宜涛虽考出了优异成绩，却遇到了一个难题。那时还是改革开放之初，普通高校基本不接收残疾人，招生简章里的体检要求对范宜涛来说，简直就是一个无法跨越的“门槛”。为了进入向往的武汉大学读书，他只好“混”过了体检关。“当时的听力检查还不太严格，医生只看耳膜是否完整，没看出我是聋人。”范宜涛笑着说，“进了武汉大学两年，没有老师发现我听不见。等他们发现后，因为我的成绩好，又舍不得开除我了。”

而 30 多年后的今天，高校招生政策已经可以让残疾学生和健全学生一样，公平地进入大学读书了。其实早在 1985 年，中国残疾人福利基金会就曾与原国家教委协商，要求各地教委、高校招生办在招生工作中对生活能够自理、不影响所报专业学习及毕业后所从事工作的残疾考生，在德、智条件相同情况下，不应仅因残疾而不予录取。残疾人高等教育的日益完善伴随着中国改革开放 40 年来残疾人事业的发展壮大，现在提起自己当年“混”进武汉大学的事情，范宜涛感慨时代的进步。这种始终坚持在普通学校上学的经历，让范宜涛受益终身。

2016 年 8 月，国务院印发《“十三五”加快残疾人小康进程规划纲要》，特别指出，要大力推行融合教育，提高普通学校接受残疾人学生的能力，不断扩大融合教育规模。对此，范宜涛非常认同：“我能够顺利完成小学、中学和大学的课程，就得益于在普通学校就读时建立起了一个非常好的朋友圈。中小学时，每当有口头通知，老师就让和我关系比较好的同学告诉我，久而久之我们之间就形成了默契。到了大学时也一样，大家一起做笔记，结成学习小组讨论课堂内容。”

这些健全朋友的支持让范宜涛觉得自己和他们没有什么不同，让他在童年、少年和青年时期一直都是自信满满。范宜涛说：“如果有机会，还是希望聋人进入普通学校学习，现在国家提倡残健共融，就应该从学校开始锻炼自己。”

残健合作发挥自我价值

考虑到自己听力残疾，范宜涛大学时选择了分析化学专业，毕业后直接分配到了广州白云山制药厂。“我就业时还没有流行面试，所以人事部门很长一段时间都不知道我听力有问题，只有身边同事知道。”范宜涛说，“凡事都有得有失，耳朵不好，分心的事就少，反而让我比一般人工作得更专心。”

他主动请求负责技术难度大、脑力强度大、耗时长的工作，外联等受听力影响大的工作则主要由同事负责。这样一来，优势互补，课题进度反而更快了，越来越多的同事愿意和他一起做课题。

2014 年，范宜涛参与研发的一个新产品（金戈）获得国家药监总局批文，他负责项目中非常重要的质量部分。产品上市当年销售额达 7 亿元，销售额以每年 50% 的速度增长，2017 年已经达到 15 亿元。

20 多年来，范宜涛用自己的努力和成果赢得了别人的信任。但凡所里有重大课题，总会选择交给他来攻关。他先后主持了多项新药的科研工作，例如头孢克洛片、螺旋藻软胶囊、盐酸地尔硫草控释微丸、尼美舒利控释微丸等药品的质量研究；白云山药厂的拳头产品“活心丸”的中药含量测定难题，也是他带领团队攻克的。他还特别注重将知识转化为理论成果，先后在国家级、省级杂志及国内学术年会上发表多篇论文。

关于残疾人就业问题,《中华人民共和国残疾人保障法》中明确规定，要推动各单位按比例安排残疾人就业的政策。不过一些公司在实际招聘时还存在一些误区：企业要么只看到聋人的优点，要么只看到聋人的缺点。范宜涛说：“这两种观念都不对，只有充分了解聋人的特点，才能让他们发挥最大价值。我的工作经历证明残疾人也可以找到适合自己的工作，比如药品分析工作，这项工作主要是操作仪器，因为是与物打交道，所以只要做好相应的培训，聋人也可以操作，甚至可能要比健全人更有优势。”

凭着突出的工作表现，范宜涛入选“广州市十佳优秀残疾人”。当时广东省残联的负责人希望他能到省聋人协会兼职工作，于是从那时起，范宜涛慢慢走上了为聋人群体服务的道路。

平等共享发展成果

“若要实现自己的价值，就得先创造价值。”范宜涛一直践行着这句话。

在广东省聋人协会任职期间，范宜涛既负责全局性工作，也坚守在帮助聋人群体的一线。范宜涛说：“因为我也是听力残疾人，最能了解他们的需求，我希望利用自己有限的时间为全国听力残疾朋友搭建一些文化交流的平台。”

在中国残疾人联合会和中国残疾人福利基金会的支持下，范宜涛先后推动举办了国际聋人摄影大赛、全国听障演讲比赛、全国聋人读书征文大赛和全国听障朗读大赛等，这些活动极大地丰富了聋人群体的文化生活。另外，为残疾人搭建就业平台、开展听力残疾人的语言康复训练、组建聋健朗诵艺术团等工作也纳入广东聋人协会的工作计划中。此外，范宜涛还积极维护聋人群体的权利，帮聋人朋友们及时发声。

随着汽车的普及，越来越多的残疾人士有了驾驶汽车的需求。聋人之前一直不被允许考取驾照，直到 2010 年公安部对驾驶人身体要求作出新的规定：对两耳有听力障碍但佩戴助听设备分别距音差 50 厘米能够辨别声音来源方向的，可以申请小型手动或自动挡汽车准驾车型。然而，由于身体残疾的原因，许多聋人朋友在申领机动车驾照过程中仍然会遇到许多不便。“现在真正拿到驾照的聋人朋友还是非常少，一是学车时没办法和教练直接用语言沟通，交流会有障碍；二是科目三考试指令都是通过语音发出的，很多人听不到；三是许多医院拒绝给聋人做体检。”范宜涛说。

为了方便教练和学员交流，广东省聋协给各个驾校都配备了手写板，并设法联系相关医院，请他们按规定给聋人进行体检。另外，广东省聋协还与车管所沟通，由协会提供证明，经过推荐的聋人朋友可以享受车管所的绿色通道服务。比如，聋人听不到语音指令，就可以把指令全都做成卡片，通过卡片给予提示。“这种卡片指令方式在全国范围来讲都是首创，可以说非常人性化。”范宜涛说，“我们和车管所多次进行座谈，深入讨论设置残疾人专用停车位、给予停车费优惠、加强残疾人机动轮椅车管理等问题，希望符合驾驶条件的残疾人能切切实实感受到政府的关爱。”经过广东省聋协的不断努力，据不完全统计，目前已有 80 余名听力残疾人士通过考试获得驾照。

改革开放以来，不管是科技发展还是政策落实，都给残疾人的生活带来了极大的便利。“在今天这样一个‘互联网 +’的时代，智能手机的普及、助听器等技术的进步成为了撬动信息无障碍的支点，许多新技术、新知识通过互联网就能了解。网上购物、预定酒店机票、理财缴费等服务也十分方便。”范宜涛说出了自己的心声，“五六年前，残疾证对于一些地方的残疾人来说作用可能还不明显。最近几年，随着中国残疾人事业的发展，残疾证带来的福利越来越多：免费乘车卡、助听器补贴、免费发放闪光门铃……在深圳就业的残疾人每月还有固定的岗位补贴。李克强总理还签发了关于困难残疾人生活补贴和重度残疾人护理补贴等等。我们由衷地感谢国家对残疾人及其事业的关怀。”

“如今，我们残疾人也能和健全人一样，共享社会发展成果。”范宜涛说，“这对残疾人更好更自信地融入社会非常关键。”

陈宁：
从蓝领工人变身“科研达人”

温倩倩

“科研达人”陈宁

【陈宁，男，多重残疾，工程师，1959年生于哈尔滨，国防科技大学计算机学院职工。他先后任全国肢残人协会副主席、湖南省肢残人协会主席、长沙市人大代表、湖南省青年联合会常委。两岁半患小儿麻痹后遗症致残，利用在国防科大实验室当义务工人的机会，刻苦自学电子技术和电子计算机两门大学本科专业课程，逐步走上科研道路。他先后发明革新10项高新技术，分别获部委级科技进步二等奖、国家新产品证书和国家专利等，其中多项填补国内空白；发表多篇学术文章，两次荣获湖南省残疾人运动会乒乓球男子单打冠军；先后荣获“湖南青年科技先锋”“新长征突击手”和“全国自强模范”等称号。】

时代的进步是伟大的力量，催促着人们前进的脚步，也深刻改变着国家和社会的面貌。改革开放 40 年，中国残疾人联合会成立 30 年来，中国残疾人事业蓬勃发展，不仅给残疾人的生活带来巨大改变，更让残疾人能够平等融入社会。

在陈宁看来，“不被特殊对待”正是残疾人平等融入社会的重要表现，也是我国残疾人事业发展日渐成熟的标志。而残疾人事业的发展与我国社会的进步相依相伴，密不可分。

国防科大助力梦想启航

两岁半的陈宁患上小儿麻痹后遗症，双腿落下残疾。1976年夏，陈宁高中毕业，1977 年国家恢复高考，但身体的残疾让陈宁无法达到当时大学的入学要求。那时既没有像残联这样的专业组织，也缺少专门针对残疾人的政策。

“我父亲为了我上大学的事情东奔西跑，但都被告知无法达到标准，最终我还是没能参加高考。”陈宁回忆起改革开放之前，“那是个生产力不高的年代，物质富裕程度低、精神文明匮乏、制度不完善，而这种匮乏反映在社会的方方面面，整个社会对弱者的关照都不多。”

错过了上大学，陈宁心情十分低落。不过他想到自己是家里的独生子，整个家庭的责任让他重新振作了起来，并开始思考今后的路。父亲通过当地民政局了解到有专门为残疾人提供就业岗位的福利工厂，理论上能解决上班的问题，但名额很少，无法满足当地残疾人的就业需求。加之受当时计划经济体制下的发展模式所限，开展个体经营的想法也一时无法实现。

面对高考无望、就业无门的窘境，陈宁凭着对生存和求知的渴望“敲”开了国防科技大学的门。他说：“我当时的想法是不要报酬，只求能让我有一份工作能够学到东西，为将来找工作打好基础就行。”国防科技大学的领导和老师给他开了“绿灯”。于是他重新燃起对生活的希望，开始全身心投入到工作中。因为特别勤奋刻苦，陈宁很快就具备了一些科研和技术能力。他的努力感动了身边的人，4 年后校领导专门为他争取到了一个岗位，暂时解决了陈宁的就业问题。回忆至此，陈宁有诸多感慨：“当年残疾人的发展还缺乏社会大环境的支持，残疾人想要融入社会多数只能依靠小环境下他人的同情和帮扶。”为此，他特别感谢给他提供机会的国防科技大学。

“我有一个梦想，成为中国一流的工程师，有了远大的目标，面前的困难就不算什么。从那以后，我努力工作生活，每天都过得不一样，今天比昨天更有进步！”陈宁如是说。

公平高考和就业保障打开希望之门

高考是选拔和培养人才的重要途径。20 世纪 80 年代以来，我国相继出台了多项法律法规，保障残疾人高考的公平性，残疾人高考越来越规范化。

高考为残疾人打开了一扇门，拥有更好的教育一定程度上为残疾人就业增加了机会。而在就业方面，政府也在不断完善相关政策法规。改革开放以后，随着社会主义市场经济体制的建立和完善，残疾人也逐渐进入了劳动力市场。多年来，多种就业形式促进了残疾人更广泛的就业。以《中华人民共和国残疾人保障法》为依据，国家先后出台了《分散按比例安排残疾人就业办法》等多个政策条例，中国残疾人联合会和各级残联积极推动开展残疾人康复、培训等工作，使相当数量的残疾人具备了相应的职业技能，能够更自主和自由地选择就业。

“这些年来咱们国家的制度越来越完善，尤其是中国残疾人联合会成立以后，对残疾人的帮扶越来越多，越来越适合残疾人的发展。”陈宁说。谈到改革开放以来针对残疾人高考和就业的政策变化时，陈宁不禁感叹：“要是早一点就更好了！如果当初也有这样的政策，残疾人朋友们就能有更多的期盼，就能抓住更多的机会。”他说：“残联为残疾孩子们能上学奔走呼吁，解决了很多问题。现在残疾人的教育、就业和生活状况的改善，与残联的努力是分不开的。同时我们也应看到背后深层次的原因，教育资源扩大、社会观念进步是这一切得以实现的基础。”

残联推动社会和谐进程

随着改革开放深入，国家文明程度提高，社会也变得越来越有温度，有更多的人为了残疾人奔走呼吁。陈宁的梦想是让残疾人拥有归属感，不被区别对待，真正融入社会，成为社会的一份子。

中国残疾人联合会和各级残联的成立在新中国残疾人事业发展进程中具有重要意义。残疾人不再是一叶孤舟，他们有了为自己发声的组织。曾在全国肢残人协会和湖南省肢残人协会从事过10余年残疾人工作的陈宁，对残联组织有着深厚的感情。他将残联成立以来所做的努力分成两个阶段：一是宣传推广阶段，通过一系列体育文艺活动让社会关注到残疾人群体；二是权益保障阶段，从上学、就业、康复、扶贫等多个方面维护和保障残疾人的合法权益。

在陈宁看来，我国残疾人工作在宣传推广阶段的举措，极大地丰富了残疾人的精神生活。对于热爱乒乓球运动的陈宁来说，各种残疾人运动会给了他展示自我的舞台。20世纪80年代，陈宁在湖南省残疾人运动会上获得过两块金牌。后来他不断提高自己的技术，也能胜过很多打乒乓球的健全人。那个时候在湖南省的乒乓球圈里提到陈宁，很少有人不知道。陈宁说：“这些活动向社会展现了残疾人的风采，让大家看到残疾人并不是无所作为，我们也是热爱生活的人。”

残疾人的权益维护和保障，不仅仅是在残疾人权益受到侵害后开展的工作，还包括主动发现残疾人的需求，提出合理方案，为残疾人争取同健全人一样的合法权益。例如，现在很多社区都有了残疾人专职干部，负责把相关政策落实到基层和实处。陈宁感觉，这些都是残疾人事业一点一滴进步的体现。

令陈宁深受鼓舞的另一件大事，便是他曾参与向公安部建议“对残疾人开放驾照考试”的工作。相比健全人，残疾人更加需要汽车等代步工具。“我们多做一点工作，残疾人就能多‘两条腿’，就可以扩展生活空间。”陈宁说。他记得 1999 年在北京市人民代表大会上，一份《关于准许残疾人驾驶汽车》的提案曾引起全社会关注，之后这个提案在全国两会上提出，受到更广泛关注。后来，公安部很快研究出台了准许左下肢残疾者申请考取驾照的措施。近些年来，针对残疾人考取驾照的相关规定也日益完善，制度设计更平等、也更人性化。

此外，陈宁还积极利用自己的专业技术做了不少发明，回馈和服务社会。早期的陈宁注重技术学习和钻研，专注于本职工作。慢慢地，他开始做一些与生活密切相关的发明，逐渐向为人们生活提供服务的方向发展，包括“关灯延时熄灭器”“吊扇仿自然风控制器”“少儿学习机条形汉字卡”等都是他业余的发明创造，不少都已投入市场。

在从事残疾人工作的 10 余年间，陈宁接触了很多残疾人士，他认为残疾人既脆弱又坚强。他们大多害怕失败，渴望得到周围人的认同，希望融入社会。陈宁回忆起一件陈年往事，20 世纪 80 年代到上海出差时，他第一次看到了公交车上有“老弱病残孕专座”，乘务员也主动协调他人为自己让座。那时老家长沙还没有这种待遇，他第一次感觉到公民素质与经济和文化教育建设的发展密切相关。相比健全人，残疾人获得的机会很少，甚至常常有被边缘化的感觉，导致他们心态上跟普通人很不一样。用陈宁的话来说：“残疾人很善良，就是心里有点‘虚’”。

在陈宁看来，“不被特殊对待”是残疾人融入社会的一种重要且成熟的表现。他回忆起去一家公司做技术顾问时的情景，那家企业中有不少负责研发的残疾人员工，他们阳光、健谈，在工作生活中都没有被特殊照顾，而是和健全同事一起，在自己的岗位上发挥着能量。“不刻意帮可能就是一种帮”，陈宁认为残疾人被正常看待是一种更平等的表现。

过去生产力水平低，资源短缺，客观上造成了社会对弱势群体的冷漠，缺少包容。“以前人们多把残疾人叫‘残废人’——这是带有歧视的称呼。随着改革开放进程的不断深化，生产力的发展，国家经济建设和文明建设都取得了巨大进步，社会对弱势群体越来越包容，残疾人也在努力融入社会。”陈宁说。

回忆起曾经艰苦的岁月，陈宁坦言：“眼前没有出路的时候，内心仍有支撑自己的力量，那就是梦想。这个梦想不仅是希望自己有好的生活，也希望我们的国家能变得越来越好。在我心中，个人利益与国家利益是一体的，国家发展了，个人就有了希望。”

吴佳佳：
带残友创业的90后“双创”女孩

叶欣

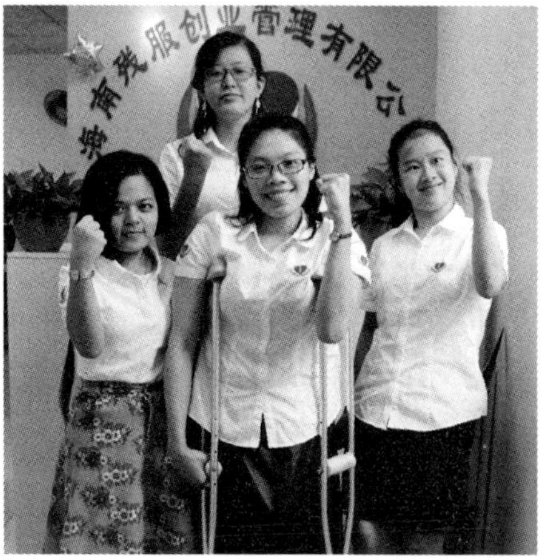

吴佳佳（前排中）和她的公司团队成员在一起

【吴佳佳，女，肢体残疾一级，1990年出生于海南省儋州市，毕业于海口经济学院2012级财务会计学院，现任海南残服爱心创业管理有限公司董事长、总经理。2013年，她被评为海口经济学院“自强之星”，2014年荣获全国“交通银行残疾大学生励志提名奖”；同年12月入围2014年“感动海南十大人物”；2015年荣获“新东方中国大学生自强之星提名奖”；2016年3月荣获“中国大学自强之星”；2016年5月荣获“海南‘五四’青年提名奖”；2016年荣获“团中央第十一届中国青年志愿者优秀个人奖”；2016年荣获“海南省第二届‘科创杯’创新创业大赛二等奖”；2017年荣获“海口市‘双创’工作先进个人”。】

在海南省海口市海府一横路的残疾人网络就业示范中心，戴着眼镜穿着连衣裙的吴佳佳，拄着双拐，面带微笑。她虽然身材娇小，但一脸的阳光和自信。常人很难想象，这位身患残疾的“90后”女孩，这些年来用坚强和爱心带出了海南残疾人大学生创业团队，带领近200名残友成功就业，获得令人瞩目的成绩。她不仅被评为“中国大学生自强之星”，还是海口市“双创”工作先进个人。对此，吴佳佳感叹，正是有了父母和当地残联给予的无私支持，才让她和她的创业团队能迈过一道道坎，坚持走到现在。未来，她要带领更多的残友找到工作，实现自我价值。

家人鼓励养成坚强独立性格

1990年，吴佳佳出生在儋州市一个幸福的家庭。她从出生就被视为家里的掌上明珠。然而，上天似乎跟她和家人开了一个玩笑：一次高烧过后，她患上了小儿麻痹后遗症，此后双脚就无法正常行走，最终发展成肢体一级残疾。人生突遭变故，吴佳佳的父母也曾彷徨失落，却始终没有放弃对女儿的鼓励和无微不至的照顾。在家里，只要父母认为她能够干的家务，都会让她自己去完成。“别人能做到的，你也一定可以做到”，这是妈妈曾经对吴佳佳说过的一句话。无论走到哪里，吴佳佳只要想起妈妈这句话就会充满力量。从小学到中学，吴佳佳的成绩一直名列前茅，她坚持要通过读书改变自己的命运。2012年，她从儋州市第二中学毕业，考上了海口经济学院，学习财务管理会计专业。

上大学是吴佳佳第一次独自一人在外面生活。上课之余，吴佳佳都选择在图书馆自习。“有一次看书太投入了，忘记了时间，差点被锁在馆内。”吴佳佳说，“坚持到图书馆学习已经成为了习惯，如果哪天有事去不成，反倒觉得少了点什么。”然而，每天来回奔波于学校各点之间，吴佳佳开始感觉到身体有些吃不消，不过她总是不断勉励自己：“我可以，我不累，我可以做得更好。”

海口经济学院赵忠宝老师是吴佳佳的辅导员。在赵老师看来，吴佳佳骨子里始终有股倔强的劲儿，总要求自己比别人做得更好。“吴佳佳身体不太方便，做健全人看来很轻松的事情，她却需要比别人付出更多。她不但克服了困难，还主动帮助别人。”赵老师说，“生活上吴佳佳总是主动帮助同学，在学习上很努力，把时间都放在做有意义的事情上。”

众人助力荣获自强之星

在舍友眼里，吴佳佳除了坚强外，就是乐于帮助同学。舍友苏木桃说：“吴佳佳的电脑知识很丰富，如果有同学对电脑知识不懂，她很乐意给大家讲解。一起网购的过程中，好的东西她总是会让同学先挑选。她起得早，身体出行不太方便，还经常主动帮我们带早餐。”在同学的眼中，吴佳佳自己能做的事情，从不麻烦别人，令人敬佩。

大学的课间常常需要换教室上课，这对吴佳佳而言是个不小的挑战。有时候需要从这栋楼换到另一栋楼。因为行走速度慢，她迟到了一次。尽管老师表示了理解，可她心里依然感觉过意不去。之后，只要时间允许，吴佳佳总要第一个到教室上课。常常是她先到，老师再来，紧接着才是其他同学们到。为了让吴佳佳出行方便，父亲给她购买了一辆小型三轮代步车。在校园里，为了方便乘坐教学楼的电梯，她时常需要开着三轮车四处寻找最近的位置，下车后借助双拐继续前行。

雨天是吴佳佳行动最艰难的时候。拄着双拐上下楼梯本身就不方便，加上地上还有雨水，很容易打滑，这又多了一层挑战。尤其是遇到一些没有电梯的楼层，拐杖每跨一个台阶，都需要把握好平衡，一旦把握不好，就会摔倒，非常危险。遇到下雨天，吴佳佳到教室的时候，穿着的雨裤也经常被打湿，双腿被裹在里面，冰凉而刺痛。吴佳佳说：“这十分考验我，我必须与疼痛作斗争，将注意力全部投入到课堂上。”吴佳佳说，“我必须强忍着疼痛，坚持认真听讲，做笔记。”

雨天到食堂打饭对她来说同样是个考验。因为不方便端盘子，她很少在食堂吃饭，大部分时间，都是打饭回到宿舍吃。每一次，食堂阿姨见到吴佳佳拄着拐杖排队打饭时，总会让她排在前面，先帮她打好饭菜，这让吴佳佳感觉到很温暖。

在老师和同学们的帮助下，吴佳佳不仅克服了生活上的困难，还积极参加社团活动，热爱书法的她加入了学校的书法协会。由于各方面表现出色，大学期间，吴佳佳被评为“校园自强之星”和“优秀共青团员”。2014年，吴佳佳参加了“交通银行残疾大学生励志奖”的评选活动，全校师生都给了她很大的支持，最后她成功入选。

这些荣誉和帮助都给了她莫大的鼓励。

残联帮扶走稳创业之路

“妈妈一直把你当作行动自如的孩子。”吴佳佳无论走到哪里，时常会想起妈妈说过的这句话。她说，毕业后她不想再成为父母的负担。不仅希望通过所学的财会知识找到工作养活自己，更希望通过自己的努力创建一个残疾人康复中心，帮助更多的残疾人。

2015 年 6 月，一次机缘巧合，吴佳佳认识了海南省残疾人基金会副理事长蔡甫明。通过蔡甫明，吴佳佳了解到当时省残疾人基金会正在筹办“海南十名女大学生创业团队”活动。于是，她果断抓住了这次机会，动员周围的残疾姐妹们一起加入，勇敢走上创业之路。她们敢想敢做，姐妹们决定开展残疾人手工艺品义卖活动，售卖剪纸、佛珠手链等手工艺品。从最初的胆怯，到主动上前向过往的行人介绍手工艺品，尽管遭遇不理解、冷眼，甚至歧视，但吴佳佳还是咬紧牙关挺了下来。

与在学校不同，工作创业后，很多时候吴佳佳都需要自己一个人独立面对生活，身边再也没有父母和老师同学们的陪伴。她说，有一段时间天气特别阴冷，下了班她独自走在回家的路上，冷风扑面而来，她冻得直打寒颤，感觉自己就像是汪洋中的一条孤独的小船，她的内心充满了无助和恐慌。但她只能强忍着寒冷拄着拐杖慢慢走回家。那一刻，她真得很想哭，但她知道这都是人生的必修课，她必须战胜自己。

幸运的是，海南省残联对吴佳佳创业给予了巨大的帮助，不但提供资金、场地，还无偿提供人力资源培训、无障碍设施建设、住宿等多方面的支持。吴佳佳说：“要感谢残联给了我们全方位最大力度的扶持。此外，还特别感谢国家和残疾人事业的发展给我们残疾人群体带来的福利，从免费康复治疗、降低求学门槛到扶持残疾人就业创业，这些帮扶是残疾人成长过程中的及时雨，对我们太有帮助了！”

2015年9月，因为工作能力突出，吴佳佳担任海南残服创业管理有限公司副总经理，负责员工的监督管理和网络电商运营培训等工作。面对全新的工作，她倍感压力，但她努力的将压力转化为动力，积极主动向身边人学习如何处理人际关系等，努力提升自己的综合能力。2016年，她又被提升为公司总经理，带领近200余名残友成功实现就业。

面对取得的成绩和进步，吴佳佳坦言，自己做的还不够，还需要继续努力。未来，她希望在残联等机构的扶持下，创新商业模式，在不久的将来通过残服公司实现带动万名残疾人就业的目标，帮助更多的残疾人一起成长，向着幸福的生活努力拼搏。

高晓峰：无声世界传递爱心的创业先锋

吴超超　黄叶

高晓峰（中）被评为“第四届感动北大荒人物”

【高晓峰，男，听力残疾二级，1962年2月出生于黑龙江省，高级工程师，哈尔滨工程大学硕士，黑龙江省富坤粮食加工有限公司董事长；兼任中国残疾人联合会聋人协会副主席、中国听障与聋儿家长委员会主任、黑龙江省残联副主席、黑龙江省农垦聋人协会主席等多项社会职务。2000年，他成立黑龙江省富坤粮食加工有限公司，获得了7项国家级发明专利，扶持了7名残疾失学儿童；2007年带领世界儿童基金会代表为建三江分局贫困儿童捐赠价值30万元的营养大米；2010年带领中国聋协工作人员赴西藏边远农村为失学聋童免费装配自筹的16部助听器，使孩子们重返课堂，并给他们捐送衣物、书包等用品共计240件；2010年为850农场听力残疾女婴捐赠30万元人工耳蜗手术费用。】

如今的高晓峰众多头衔加身，是社会的楷模，是企业家中的佼佼者。然而，光鲜亮丽的背后隐藏着的却是不为人知的辛酸。本应健康成长的他，小小年纪就因生病时打链霉素过量而致聋，成为听力残疾人。在无声的世界里，他没有选择隐匿，而是用他独有的方式为自己发声，为更多的残疾朋友发声。

回首改革开放以来中国残疾人事业的发展，高晓峰感慨："我国残疾人的处境正在不断改善，从精神面貌到生活、康复就业、教育等各方面都在显著提高，并朝着好的方向发展。新时代下，我国的残疾人事业也一定能有更好的发展。"

父母之爱弥补听力缺陷

高晓峰出生于军人家庭，父亲原是一名军官，后转业到黑龙江北大荒。文革时，父亲受到牵连被打成右派，原本优渥的家庭生活突然一落千丈。他刚学会爬的妹妹也在一次批斗大会上因被多次掌掴而导致耳聋。"三个孩子里两个耳聋，父亲母亲多伤心呀。我是越到后来才越明白他们的不容易。"高晓峰说，"苦难带给别人的是折磨，带给我父母的却是奋斗的动力。"父母之于高晓峰，是依靠亦是榜样。每每提到母亲，他都会表达出发自内心的感恩和怀念之情。

转眼高晓峰到了上学的年纪，可是当时听力残疾人怎么进教室听课呢？只有靠助听器。为了让孩子能和正常小朋友一样去上学，高晓峰的母亲给自己定了一个目标——攒钱买助听器。可是当时助听器费用昂贵，这对于当时生活条件相当艰难的高晓峰的家庭而言，简直是一个天文数字。但是他的母亲没有丝毫畏惧，她开始每天上山捡山条并编成筐，把筐再拿出去卖，每个筐能卖 2.5 元钱。就靠着这一个一个手工编织的筐，在经历了无数个日日夜夜之后，他母亲终于攒够了钱，为他买了人生中第一个助听器。母亲这种无私的爱对高晓峰影响很大。他说，母亲的言行在他脑子里烙下了深深的印迹，他坚信无论面对多么困难和棘手的问题，只要肯想办法、动脑子，就一定能战胜困难并实现自己的目标。正是这种潜移默化的影响使他养成了坚毅的品格，也塑造了他行胜于言、谋定而后动的做事风格。

听力上的缺陷打乱了高晓峰正常的学习生活节奏。高晓峰说：“生活上虽有很多不便，但更重要的是学习上受到很大的影响。”他因为失聪遭受了很多不公平的待遇，也因为和别人“不一样”曾被一些同学排挤和欺侮。但他没有自怨自艾，而是把所有经历当作一种磨练。

“吃得苦中苦，方为人上人”，这是高晓峰常常用来激励自己的话。从小他就做好了吃苦的准备，并渴望出人头地，力图改变自己的命运，日后报答疼他爱他的父母。

教育改变人生命运

由于听力残疾，高晓峰失去了报考大学的资格。虽然被大学拒之门外，但他从未停止过学习的步伐。他将社会当成大学，从社会实践、辛勤工作中学习，与此同时，他也一直怀揣着大学梦。数年之后他参加了成人高考，并以优异的成绩考上了当时轻工部下属的广州轻工职业学校，在那里学习了两年半。后来他又考上了中国食品函授大学，进入黑龙江省八一农垦大学学习一年。再后来他又进入哈尔滨工程大学，完成了为期两年的硕士研究生函授学习。他感慨：“这么多年的学习，让我真正认识到知识改变命运的道理。”

20 世纪 80 年代，张海迪女士的求学和人生奋斗经历风靡全国。这给高晓峰这样的残疾人带来了极大的鼓励，激励他们用知识武装自己、自学成才。高晓峰认为：“海迪精神不只影响了残疾人，而且影响了健全人，激励人们自强自立、克服困难，为自己学习、为国家学习，从而为国家作出贡献，这个风气非常好。”

现如今，国家采取多种措施保障残疾人平等接受教育的权利，残疾人教育作为国家教育事业的组成部分，被当作重点推进。近年来，残疾青壮年文盲扫盲工作，残疾人职业培训活动，盲文及手语的研究与推广等工作有了积极的进展。谈到目前残疾人教育事业上的完善，高晓峰说：“改革开放，国家日渐富裕之后，慢慢对残疾人打开了一个通道，就是可以去上大学了。经过党和政府以及各级残联的努力，更多的残疾孩子能够进入各大高校学习，这是最大的进步。”他认为教育是改变残疾人命运的根本之路，只有教育才能让残疾人找回自信，找到生存之基、灵魂之根。

社会大学中获得历练

1978 年，高晓峰第一次参加工作。在过去计划经济条件下，国家为照顾残疾人实行统一分配、统一安排他们的工作。随着改革开放逐渐深入，在市场经济的冲击下，原来的福利工厂纷纷倒闭，原本专为残疾人设置的岗位也不复存在，有一段时间，残疾人必须与健全人一起参与市场竞争。由于自身身体条件的限制，高晓峰曾先后 3 次失业。

多年的工作经历帮助高晓峰积累了必要的经验、知识、技术和资本。为了不再下岗，他选择自己创业，高晓峰与其他 5 个人合伙出资买下原来所在的企业——一家农场专用面粉厂，成立了黑龙江省富坤粮食加工有限公司。在他的带领下企业一步步发展壮大，成为集大米、米粉、麦片、杂粮、饲料加工及粮食烘干等多种经营项目为一体的现代化粮食加工企业。产品销往美国、韩国、日本、新西兰以及部分欧盟国家，成为鸡西市农业产业化和牡丹江农垦龙头企业，有力拉动了当地经济的发展。

国家有为残疾人创办的企业免税等一系列福利政策，但高晓峰主动放弃了这样的优惠。他认为给国家交税是自己该做的，也是企业家应当承担的义务。在他看来，靠政策扶持起来的企业是没有办法在激烈的市场竞争中长久走下去的，打铁还需自身硬。他说："残疾人企业只有自己去努力、去创新、去创造，只有产品质量好、价格好、服务好，才能走向市场，否则一样会被淘汰。"

在创业的过程中，高晓峰始终秉持诚实守信的原则。为了维护企业的信誉，还清银行贷款，他曾经低价将自己手上的粮食卖出，以亏损 200 多万元的代价保住了企业的名声，也赢得了与银行之间良好的合作关系。这让许多人对他刮目相看。

“干一行、爱一行、钻一行，做一个永不生锈的螺丝钉！”高晓峰时刻谨记母亲的教诲。他把社会当作一所大学，牢牢把握每一次锻炼自己的机会，在工作中学习技术、学习知识，实现自己的人生价值。

以扶残助残为己任

“上帝为你关上一扇门，同时也打开了另一扇窗。”高晓峰失聪后，有了比健全人更强的专注力。他不会轻易受到外界干扰，可以将精力集中在自己想做的事情上。高晓峰说：“我用别人跳舞、打扑克的时间，来搞发明创造。”目前他已获得7项国家发明专利。在别人看来，他可以依靠专利发明赚取丰厚回报，但是他从未申请过专利保护，而是选择将专利奉献给社会，他的发明都用于服务社会大众。在他看来，搞发明创造不是为了钱，而是为了给社会作贡献，为国家创造财富。

残疾人身体的缺陷使他们在社会生活中处于相对弱势地位。只有残疾人才能更好地为残疾人发声，才更能站在他们的角度上考虑问题。高晓峰把帮助残疾人作为自己的责任和义务，竭尽所能去提高、改善他们的生活水平和环境。

为了让残疾人能用上辅助用具，高晓峰曾在2010年与其他爱心人士以及志愿者一起，筹集了16部助听器，克服高原反应，深入边远农村，挨家挨户亲自为14名西藏失学聋童送上助听器，使孩子们重返校园，并为他们捐送衣物、书包等用品共计240件。他说：“我们给孩子配上助听器，他们就能去上学了，就会高兴；我们救助了一个孩子，同时也温暖了一个家庭，何乐而不为。”

多年来，他的企业先后安置了 48 名下岗工人和 4 名残疾人就业，扶持了 7 名残疾失学儿童重返课堂，为建三江分局 100 多名贫困儿童捐赠了价值 30 万元的营养大米，还帮助 1 名农村贫困聋人盖了新房。

在高晓峰看来，爱心无小事，只要尽到自己的一份力就能为残疾人公益事业添砖加瓦。近年来，社会也涌现出越来越多的爱心人士，他们主动帮助残疾人。对此，高晓峰说：“我们有信心帮助更多的残疾人摆脱贫困，让他们有机会去学习、去就业、去创业，这是我们的责任，也是我们的义务。”

李超洪：
一位民间“外交家”的“炼成”之路

慕容素娟

李超洪（右）与国际友人在一起

【李超洪，男，肢体残疾二级，湖北荆门人，副研究员，中国残疾人联合会第三次、五次、六次全国代表大会代表；现任湖北省政协委员，湖北省肢残人协会副主席，湖北省荆州市残疾人联合会副理事长、荆州市政协常委，被誉为“感动世界的中国人”。30多年来，他主编、编著涉及文史研究、文学艺术、残疾人事业等方面图书16部，发表作品400余篇，共计500万字。其编著的《不残的人生》是国内首部介绍海外残疾名人奋斗的励志书籍，作为献给“联合国残疾人十年（1983—1992）”的图书，发行40多个国家和地区。历时15年，以个人名义先后邀请两任联合国秘书长潘基文、安南和122个国家310位领导人为全球残疾人士题词，出版《世界之约——各国首脑助残宣言》。这是全球第一部各国首脑助残慈善公益书，作为北京残奥会和上海世博会礼品书赠送给各国贵宾。】

近 40 年来，作为一位民间对外文化交流的践行者，李超洪从自己的亲身经历深切感受到，中国的国际影响力随着改革开放日益强大，中国的残疾人事业也随着国家的强大而不断发展，并逐步获得全世界的认可。国家的强盛、残疾人事业的发展，也为残疾人对外交流打开了大门。

架起中外残健沟通之桥

在李超洪一岁半刚刚学会走路的时候，一场小儿麻痹后遗症致使他双腿残疾。当同龄人在学校操场上像小鹿一样飞奔时，李超洪只能坐在教室里，呆呆地望着窗外蔚蓝的天空，但残疾的身体束缚不了他对外面世界的渴望。

李超洪回忆起小学三年级的时候，一次偶然的机会他看到了父亲书桌上的报纸《参考消息》。在那张当时还颇为神秘的报纸上，他第一次了解到世界其他国家的信息。15 岁那年，他结识了来自印度尼西亚、菲律宾、新加坡等地的一批华侨，从他们口中也了解到国外的一些状况。

随着国家改革开放，越来越多的海外信息涌入国内，越来越多的全世界杰出残疾人士的故事激励着李超洪。在平时和残疾朋友接触中，他发现他们最大的心理问题是悲观与绝望。因此，他希望写一本书，帮助残疾朋友们从精神上站立起来。

从 1982 年起，李超洪开始搜集各种可以见到的报纸、期刊、书籍，并向社会各界征集海外残疾名人的资料。当时国内还没有互联网，获取资料十分困难。一次到北京出差，他在宾馆前台看到了一本厚厚的电话簿，上面印有许多国家驻华使馆和国际机构的地址，于是他就开始尝试请这些机构的友好使者帮助提供资料。奥地利驻华大使馆、德意志联邦共和国驻华大使馆、挪威王国驻华大使馆、瑞士驻华大使馆、丹麦王国驻华大使馆、意大利驻华大使馆等都向他提供了资料。甚至美国残疾人通行国际、荷兰王国残疾人组织等机构也从万里之外寄来了资料。

时间一年一年过去了，李超洪收集了数千万字的各国残疾名人事迹资料。他们中有声名显赫的总统、总理、部长；有荣获诺贝尔奖的科学家、文学家；有名扬四海的军事家、企业家、歌唱家、作曲家；有自身饱受伤残折磨，却以助人为使命的社会活动家等。他们用实际行动和经历向世人展示了各民族在生存与发展中传承的那种不向命运妥协的精神。经过12年的努力，李超洪编著的国内第一部介绍海外残疾人奋斗足迹的书籍——《不残的人生》终于出版了，并作为献给“联合国残疾人十年（1983–1992）”“亚太地区残疾人十年（1993–2002）”纪念活动的图书，发行到全球40多个国家和地区。

时任全国人大常委会副委员长的程思远、全国政协副主席洪学智、中国共产党中央顾问委员会副主任李德生特别为此书题词。国际知名外交家、联合国原副秘书长毕季龙先生为该书作序，称赞这本书“为增进我国人民对世界各国残疾人的了解和支持，促进中外残疾人之间的友谊办了一件极好的事。”时任爱沙尼亚总统的梅里先生在给李超洪的信中热情洋溢地写道：“愿你的书、你的乐观精神和你的真挚友谊给那些最需要关怀的人带来光明。”荷兰女王贝亚特丽克斯也来信称赞这部书是“架起了全世界残疾人和健全人之间相互理解、相互尊重的桥梁”。

叩开各国首脑官邸大门

20 世纪 90 年代末，作为一名受惠于改革开放的残疾人士，李超洪又开始深入思考如何为社会做点事。正当他苦思冥想时，老父亲给了他灵感。

李超洪的父亲是新四军五师的一名老战士，曾在李先念同志身边工作过。父亲告诉他家中收藏着一封李先念在 20 世纪 50 年代给自己的回信。于是他萌生了一个大胆的想法，策划“全球首脑助残”行动，出一本各国领导人题词的书。他的这一想法得到了中国残疾人联合会和湖北省残联等有关部门的支持。

“全球首脑助残”行动注定是一项艰巨的工作。全世界有近 200 个国家，而且各国领导人在一定时间内还会发生变更，仅是追踪这些国家领导人的变动，就是庞杂而繁重的工作，而要联系到这些领导人，更是难上加难。1994 年末至 1995 年初，李超洪先后发出的信函共计 16 封。一年多过去了，这 16 封精心起草的信函石沉大海。他向在外交部工作的一位老同学咨询此事。老同学告诉他：“各国首脑每天会收到成千上万封信函，并非每一封信都能得到回复，要想引起各国首脑的重视，首先要打动他们的心！”随后，同学给他寄来了一个厚厚的包裹，打开一看，原来是两份联合国关于残疾人的相关文件。李超洪从文件中了解到世界残疾人事业发展的趋势，对实现梦想更有信心了。有了老同学的帮助，李超洪根据不同对象起草不同内容的邀请函，讲述自己的梦想，附上联合国文件、著作《不残的人生》以及精心挑选的特色小礼品。

1996年10月28日，李超洪收到了时任以色列总统魏茨曼的回信，这点燃了他心中的希望之火。李超洪说：“在接下来给柬埔寨的西哈努克国王写信时，我发现并不容易。那几年，西哈努克国王经常在世界各地停留，如何让他收到我的信呢？我通过新闻了解到国王每年都要到中国检查身体，休养一段时间。于是我想等国王来到中国时，直接把信函寄到国王在北京的住所。可是，国王住在北京什么地方呢？我又开始查阅老一代国家领导人与第三世界国家领导人交往的书籍以及委托北京的朋友打听，终于获悉了详细地址。当从报纸上得知西哈努克国王来到北京时，我赶忙把早已准备好的信和资料寄了出去。十几天内，我就收到了西哈努克国王的亲笔信函。”

西哈努克国王的儿子西哈莫尼继位后，李超洪也给新国王邮寄了信，后来也得到了西哈莫尼国王的题词。而且巧合的是，两位国王的回信都是在北京写的。西哈努克和西哈莫尼父子两代国王的回信，也成为中柬友谊的一个见证。

李超洪说：“在我收到的数百封各国首脑的信函中，圭亚那女总统珍妮特·罗森堡·贾根的回复让我万分感动。当时80岁的圭亚那女总统因身患癌症辞职，这位总统在辞职前一天给我亲笔写了回信。一个如此高龄且身患癌症的总统，离职前有多少重要的国务要事需要处理，但她为了圆一个万里之外普通残疾人的梦想，竟然亲笔写了一封长长的回信。”李超洪感慨到：“我收到的每一封首脑信函，几乎都有一段曲折的经历和故事。”

10 余年间，李超洪向 192 个国家的数千名政要发出邀请，累计寄出国际包裹 5000 余件。为了写这部书，他 3 次累倒住进医院，他的妻子也因此辞去了优越的工作。他们结婚近 30 年，没添置一件像样的家具，甚至卖掉了赖以栖身的房子。

2008 年 9 月，这部由时任联合国秘书长潘基文和前秘书长安南作序题词，122 个国家 310 位国王、总统、首相、议长等领导人提供信函、照片汇编的书籍——《世界之约——各国首脑助残宣言》，终于赶在北京残奥会开幕之前出版了。在北京残奥会上，这部书作为礼品书赠送给各国嘉宾代表。时任国际残奥委会主席克雷文先生主动为本书题词，称赞“这是一部精美而富有意义的书籍”。

打造对外文化交流的“拐杖”

李超洪说：“受家庭熏陶，我们兄弟几人从小都临帖。尤其是我，由于左腿落下残疾无法到处行走，所以从 5 岁时就开始接受书法启蒙。书法，成为我对外交流的另一根特殊拐杖。”

从 20 世纪 80 年代以来，李超洪的书法作品就在“鸭绿江杯”国际青年硬笔书法大奖赛、“米公杯”国际书画篆刻大奖赛、“太极杯”海内外书画大赛等国际国内大赛中获奖 30 余次，并被选送到中国美术馆及日本、韩国、新加坡、中国香港等国家和地区展出。

2010 年 7 月 15 日至 22 日，李超洪参加了上海世博会生命阳光馆的才艺展示活动。该馆是世界博览会开办 159 年以来第一次为全球残疾人设立的主题展馆。作为书法家代表，他与来自美国、英国、法国、巴西、印度、埃及等 30 余国家的友人进行了面对面的艺术交流。在上海世博会短短一周时间里，数万名游人参观了他的作品。他为千余名海内外游客题字签名，为百余名外国友人赠送书法作品和书籍。他说，他希望更多的外国朋友了解中国的书法，以此向全世界传播中华民族的传统文化。

截至目前，李超洪先后收到 3 任联合国秘书长古特雷斯、潘基文、安南以及来自五大洲、150 余个国家的 440 位国家领导人的信函、题词和签名照片，这其中包括 196 位国家元首（国王、主席、总统等），151 位政府首脑（总理、首相等），93 位议长（参众两院、上下两院等）。另外，还收到一些首脑赠送的书籍、光盘、邮票等礼品。李超洪认为，各国首脑的助残行动充分体现了他们对全球残疾人的关爱，而这种大爱还在继续……

李卫：
收获身体与心灵自立的无腿考生

杨宁　吴梦甜

李卫在专注作画

【李卫，男，肢体残疾二级，1990年出生于陕西省汉阴县蒲溪镇。他3岁时因为车祸失去双侧小腿，10岁后尝试用膝盖当脚，开始跪地求学的艰辛历程，一路坚持10余年。2011年6月高考前，“无腿考生”李卫身残志坚、克难奋进的感人事迹引起社会各界的广泛关注。6月10日，中国残疾人联合会主席张海迪特别批示：“无论他是否能考上，都要让他站起来。”6月25日，在张海迪主席及爱心人士的帮助下，李卫来到陕西省残联假肢中心，接受了假肢安装手术并进行康复训练。当年，李卫考入重庆师范大学美术学院。毕业后，担任美术培训老师至今。】

李卫，3岁时因车祸失去了双侧小腿。10岁时，他尝试用膝盖当脚，开始跪地求学的艰辛历程，一路坚持10余年。高考时，一篇“无腿考生”的报道引发各界对李卫的关注。在中国残疾人联合会张海迪主席和各界爱心人士的帮助下，他接受假肢安装手术并走进了大学校园。如今这个曾经的“无腿考生”，已成为一名美术培训老师，走上创业培训之路。

从跪地爬行到站立，再到自立自强，一个“无腿青年”用自信赢得了尊重，用梦想照亮了人生。在李卫看来，残联捐助的假肢让他的身体站了起来；而艺术的滋养，则让他的精神站立了起来。

海迪关注，“无腿考生”站了起来

7岁时，适逢学龄的李卫也希望和同龄人一样去上学，学习知识和了解世界。但他的求学之路面临太多困难，经汉阴县教育局和县残联多次协调，校方才最终同意让李卫入学。然而父母无暇接送，每天上学放学是个很大的难题。一天，李卫的父亲意外看到了一个废旧汽车轮胎，他像发现了宝贝一样把它带回家拆开，让李卫把内胎裹在膝盖上，裹着轮胎，李卫行走时轻松了许多。从小学到中学，他就每天这样跪行着，一步步丈量着求学之路，风雨无阻。

虽然失去双腿，但李卫自信而乐观，并未受到残疾的束缚。李卫说：“我小的时候和正常人一样，干什么都行——爬山比健全人还快，打乒乓球、上楼梯都可以，没有我不能去的地方。”其实，他为了练习跪着走路，两个膝盖上的皮不知磨掉了多少层，无论严寒酷暑，膝盖和小腿都是红肿的。对于这个坚强自信的孩子，社会各界及学校领导、老师和同学们也都非常关心。县残联积极帮他联系助残项目，村镇为李卫家办理了最高标准的低保，学校多次给他免除学费、住宿费，为他争取助学金，同学们常常主动护送他到校和返家。就这样李卫读到了高中，并参加了高考。

2011 年 6 月 7 日上午，在陕西汉阴县中学高考考点，一张考生的照片引起媒体和社会的广泛热议。照片中，千余名考生陆续踏上学校铺设的红地毯，其中一个只有 1.2 米高的考生格外引人注目，那就是“无腿考生”李卫——他正拿着个人资料，稳健地跪行着进入考场。

李卫的高考照片和事迹经媒体报道后，引起中国残疾人联合会主席张海迪的关注。她批示：“这样有志气的年轻人，无论他是否能考上，都要让他站起来。”高考结束后，中国残疾人联合会康复部与李卫取得联系，希望通过省残联帮助他适配一副假肢。这已不是李卫第一次安装假肢了。曾经，父母为了让他站起来，也为他定做过假肢，但由于原来截肢手术不够规范，直接安装的假肢让他承受着小腿被拉伸和挤压的疼痛，难以行走。经各方协调努力，李卫来到陕西省残联假肢中心，再次接受了截肢手术和假肢安装手术。新假肢让他走得更稳、更久，感觉也更舒适。

装上假肢后，为了早日像正常人一样走路，李卫每天早晨 8 点开始，就装上 10 斤重的假肢，拄着拐杖进行康复训练。一天要走 6 个小时，尽管很累，但他还是难掩心中的喜悦。

这副帮助李卫站起来的假肢，至今已经伴随着他走过了7年的风风雨雨。这期间，假肢也经历过修修补补，假肢的接受腔换过一次，踝关节换过一次，脚板换了两三次，并且还会定期回西安维修。如今，李卫跟这个陪他走南闯北的“老朋友”建立了深厚的情感，假肢已成为他生活中不可缺少的一部分。“曾经对我而言，穿上假肢可能只是形象发生改变；现在不同了，很难想象假肢突然坏掉该怎么办——穿上它以后就真觉得离不开它了。”李卫开心地说。

让李卫生活变得方便的，不只是安装上了假肢。在采访中，李卫也谈到，随着社会的进步，我国残疾人的社会福利和待遇都有显著提高，社会环境也越来越友善。李卫说：“上次回老家的时候，在西安过斑马线，司机还主动停车让我先走。残疾人的生活环境，包括公共环境、残疾人服务设施和社会风气等，虽然有些方面还有待提高，但整体还是在进步。”

酷爱美术，家人师长全力支持逐梦

从初中开始李卫就对艺术产生了兴趣。当时上美术课的时候，老师带着画砖块、土坯，李卫觉得自己画得还挺像，就开始慢慢跟着老师学，越画越有意思。到了高一，学校的美术班选拔学生，他就报了名。

学美术对于贫困学生而言是个奢侈的梦想。当时，李卫一家4口住在20多平方米的土坯房里，生活拮据。李卫连续两年在西安参加培训的费用，对他的家庭而言更是不小的负担。但李卫的父母仍然倾其所有，支持李卫读书、学画。母亲说："只要他考上大学，能自食其力养活自己，我们即使借钱也觉得值得！"

李卫对美术的兴趣和执着也得到学校老师的支持，老师当场收下这个徒弟，还勉励他说："学好画画，即使你不上大学，在工地上打工，搬不动砖头还可以写个标语、画个版画。"但李卫给自己定下的目标远高于养家糊口。艺术，是他的梦想和追求。他开始更刻苦地学画，冬天在没有窗户的礼堂里画，夏天就坐在草地上画。没有石膏像，就临时借用朋友的来临摹，颜料、画笔也都是低价批发来的。在高考补习班上完最后一节课后，学生们在教室里安排了一场晚会，李卫站在舞台中间，忘我地大声唱着："我知道我的未来不是梦，我认真地过每一分钟；我的未来不是梦，我的心跟着希望在动……"

2011 年 6 月 25 日，普通高考成绩揭晓，李卫考出了 374 分的好成绩，超出艺术类文化课本科分数线 52 分，在提前录取批次被重庆师范大学录取，他终于圆了自己的大学梦。入学报到那天，他的同学们打出了欢迎他的横幅：李卫，重庆师范大学 2011 绘画班全体师生欢迎你！

大学期间，李卫系统学习了各类美术技能，国画、油画、版画他都会。李卫说他最喜欢的是油画，以风景画为主。不久前，他还去爬了太行山，到山中写真。走进大自然、探访名川大山，对他而言是一种心灵的享受。

每每谈及绘画，李卫的眼中都闪着光彩。如果说是假肢支撑了他的身体，让他站了起来；那么学习绘画的理想则支撑了他的人生，让他的精神站了起来。用他的话说："绘画是我的爱好，做自己喜欢的事，为自己的理想生活，心情是愉快的，这就是自身价值的体现。"

感恩社会，坚强自立教画育人

大学毕业后，李卫只身一人来到北京，成为一名"北漂"。他曾尝试过应聘保险销售等职位，虽然屡次被拒绝，但他的心态依然很豁达："自己身上有缺陷，但都可以弥补。我主要是想多去尝试，用学习的心态面对这个世界。"

最终，李卫的理想成为他的职业。他在北京良乡的一所艺术培训机构得到了代课教师这个职位。薪水一个月仅有 800 块钱，只管住宿。李卫说："钱是少了点，但我的出发点是要学习。有人说，刚毕业的大学生就是一个泥巴罐子——刚捏好，什么都没有，也不值钱，必须要烧制、上釉、花时间磨练。我知道，等我学完东西之后就可以做更多事情，所以我完全没奔着工资去。"那段时间，他辛勤工作并利用机构的培训机会四处学习、提升自我，渐渐他褪去青涩的学生气，融入了社会。从培训机构离职后，李卫和一位合伙人一起创业，终于在北京房山拥有了自己的培训学校，成为一名真正的创业老师。

刚开始办班的时候非常辛苦，自己经常顶着夏天中午的大太阳到学校门口发宣传单，向家长介绍。两年来，从一个学生到四十几个学生，也算小有规模了。在培训学校，李卫主要负责少儿美术教学，包括素描、蜡笔画、油画、手工艺教学等。谈及教学工作，他兴奋地带着笔者参观了少儿书画教室。两间宽敞明亮的教室里，整齐地摆放着一张张桌椅、画架和画板，画具也有序地排列在墙角桌子上。教室的墙壁上挂满了绘画作品，既有李卫自己画的素描和油画范例，也有孩子们天马行空、五彩缤纷的画作。李卫说："以前这里什么都没有，墙都是空白的，我用三四天时间赶紧画了几十幅画，把墙面基本挂满了。现在画多了，又感觉墙太小了，都挂不下了。有些事情，今天干一点儿，明天干一点儿，慢慢就有结果了。"李卫眼里充满神采。

李卫虽然话不多，但对待教学，没有半点马虎。无论是一对一、一对二还是一对多课程，他对待所有孩子都一样细心负责。他喜欢整洁，每次课前都会亲自把桌椅摆放整齐、摆好形状，把自己的画具提前准备妥当。虽然穿着假肢并不方便，但他从来都站着上课，周末经常从早上八点一直忙到傍晚，无暇休息。

谈及当美术老师的体会，李卫直言并没有感到太多身份的变化："我觉得我就是一个普通人，能把自己学到的东西传授给大家，看到孩子们能学到东西，就是我最高兴的事。"他希望把培训班一直办下去，办成人人皆知的教育品牌，让更多孩子能像他一样实现艺术的梦想，并回馈社会。

当年装上假肢后，李卫曾给张海迪主席去信表达感激。年少的他写道："海迪阿姨，能站起来走路，不但使我告别跪地行走，也让我告别了和别人说话仰视的情形……我会像正常人一样，努力去学习、热爱生命、帮助他人。”

采访最后，当笔者提出拍点李卫绘画的工作照时，他欣然应允。他迈着并不顺畅的步伐，搬来画架和椅子，认真削了铅笔，把一张白纸夹在画板上，安静地对着模型画起了曾画过不知多少次的静物素描。画室里，只剩下铅笔窸窸窣窣摩擦画板的声响。那一刻的李卫，好像回到高中时的教室——这么多年一直不变的是他认真的态度，还有那个叫做作“艺术”的梦想。

张苏荣：
改革开放吹散生活与心中的阴霾

叶欣　吕成敏

张苏荣（右）近照

【张苏荣，男，汉族，肢体残疾一级，中共党员，1962年3月生于贵州省贵阳市，祖籍浙江慈溪。贵阳爱馨残疾人工艺美术社创始人，贵阳云岩爱馨工艺美术店法人。他小时候患上小儿麻痹后遗症，高位截瘫，失去行走能力，靠轮椅代步。1992年创立贵阳爱馨残疾人工艺美术社，由6名残疾员工的小作坊发展成拥有几十人的企业，产品包括贵州苗族民间工艺品、苗银、苗绣饰品、国画、油画、各种礼品等，盛销省内外；被评为“贵阳市自强模范”。】

从失业在家的待业青年到带动多名残疾人脱贫致富创业的模范，从内心封闭自卑的“特殊”孩子到社会发展的主动参与者和奉献者，张苏荣在改革开放的大潮中真正脱胎换骨。尤其伴随中国残疾人事业的发展壮大，他和残疾人伙伴们在自主创业中实现了社会价值，更找到了平等融入社会的信心和尊严。

张苏荣坦言，他们的成长离不开政府和残联对残疾人创业就业的大力扶持，离不开社会各界对残疾人生活的关心帮助，更离不开改革开放尤其是进入新时代以来，中国经济社会发展成果带给每位普通百姓的实惠，以及全社会关于健全人与残疾人平等理念的日益普及和无障碍环境的日益完善。

厄运降临，不言放弃

1962 年，张苏荣呱呱坠地给家人带来了欢笑，仅 11 个月后，厄运便降临了。因病毒性感染，尚在襁褓中的他患上了小儿麻痹后遗症，胸部以下再也不能动弹。当地的医生告诉他的父母，这种小儿麻痹后遗症将终生不愈。失去行走能力的张苏荣成为高位截瘫的重度残疾人，这让他从小就感受到自己与他人的“不一样”。

父母都是普通工人，家里除了张苏荣还有两个姐姐一个哥哥，生活并不宽裕。但为了能让张苏荣站起来正常行走，父母背着他四处求医问药，凡有一线希望，都会去试一试。他们不仅跑遍全国各大知名医院，就连各种乡野偏方也试了个遍。张苏荣在父母背上睡睡醒醒，从一家医院到另一家医院。手术留下的伤口，像一个个小小的脚印，爬满了张苏荣的双腿。最后，父母意识到希望越来越渺茫，决定带他回家。张苏荣记得，最后一次从医院出来，父亲给他买了一包冰糖，背着他回家了。

儿时的张苏荣并不理解什么是无法正常行走，只能看到父母含着眼泪的双眼。真正对“残疾”的理解，则是从意识到与别人“不一样”开始的。随着年龄的增长，继续趴在父母背上的张苏荣在旁人眼里变得很特别。不管到哪，别人都会多看一眼，父母总是不厌其烦地解释。这时的他从旁人复杂的目光中，渐渐感受到自己的“不一样”。

张苏荣比正常孩子上学晚，因为学校不愿接收这样特殊的学生。每天父母去上班，哥哥姐姐去上学时，他就一个人在家幻想着学校的一切，好奇又恐惧。记得第一天上学时，父亲骑着自行车载他去学校。到了学校，他第一次独自面对那么多人，小心打量着周围的一切，抚摸着桌面的木纹，感觉一切都不真实。随着课程进行，似乎没人注意到他，提着的心慢慢放下了。放学了，同学们鱼贯而出，他在坐了一天的椅子上等父亲。这时第一个和他说话的人出现了，是个女同学，要锁教室门。张苏荣不想麻烦她，又走不了，只好让她把门锁了先走。“啪”教室门锁上了，剩下张苏荣继续等父亲。他越等越焦急，决定先从窗户爬出去再说，结果重心不稳，结结实实摔了下去，幸好教室在一楼，没大碍。父亲把灰头土脸的他接回了家。

但这一跤把他拉回了现实，学生时代就这样开始了。后来哥哥姐姐也参与到每天接送他的任务中。再后来，同学们也参与其中。

这种“不一样”在他心中才逐渐淡化。

改革春风吹散心中的阴霾

1979年，17岁的张苏荣高中毕业。对于没有机会前往高等学府求学的他而言，那张薄薄的高中毕业证如沉重的石块压在心口。“毕业等于失业”，这用在当时的张苏荣身上一点不为过。生活再次被“不一样”打回原形。看着昔日同窗有的上大学、有的参军、有的工作了，而自己又被接回了家。这种挫败感像是从高楼窗户上摔下来一样，几乎击垮他所有的信心。那个时候，“残疾”成为了他心中不可逾越的鸿沟。

张苏荣感叹：“当时还是靠体力吃饭的年代，周围不少人都认为我是‘残废人’，是社会的负担、家人的包袱。”体力工作对身体素质的要求，社会缺乏对残疾人的正面认识，使他之后5年都处于待业的状态，更给他和家人的生活和心灵上带来阴霾。

在他绝望的时候，父母和哥哥姐姐们并没有放弃他，一直想办法帮助他。母亲要求他每天撑着双拐去外面走走。刚开始他需要人搀扶，走50米就累得不行，回到家双手连碗都拿不稳。无数次想放弃，都在母亲坚定的眼神鼓励下坚持了下来。渐渐地，50米、100米、500米……家人不分寒暑搀扶着他。到最后，他可以不需要搀扶，独自一人撑着双拐走两公里。

就在张苏荣认为只能靠父母家人勉强度过一生时，改革开放的春风吹遍了中国，吹进了他的生活，更吹散了他和家人心中的阴霾。

“翻天覆地”是他对改革开放带来巨变的形容。随着这一股东风，许多个体经营户出现。1984 年 6 月的一天，他和往常一样“散步”回来，试着用吹塑纸做了一个挂历版。本是想着在家做些力所能及的事，也为了打发时间。不曾想做出来发现挺好看，于是他尝试着做了些有花卉图案的挂历版。父亲拿着送到商店代销，没想到很快就卖完了。这让全家人喜出望外，他也不敢相信这是真的。第一次结账时，商店给了父亲 1500 元“巨款”，要知道当时万元户就在当地算富豪了。这是他第一次挣钱，拿着这 1500 元钱，他们买了一台彩电、一台洗衣机和一台电扇。而他终于找到了自己的价值，可以自食其力了。这一刻他在家等了 5 年。

后来工艺不断翻新，由单色改为彩色，品种也增加到四五个，供不应求，哥哥姐姐们下班后都来帮忙。家变成了工厂。他在成功做出一张张堆画、水晶雕塑和木刻的同时，也走出了自卑封闭，获得了社会的认同，体现了自身的价值。心中关于“不一样”的疙瘩逐渐被抹平。

受残联鼓舞决定创业

转眼到了 1990 年，这一年对张苏荣来说意义非凡。他不仅遇到了爱人，有了自己的家庭，日子越过越好，更遇到令他刻骨铭心改变人生的一件大事。那就是时任中国残疾人联合会主席的邓朴方到他家中参观，称赞他勤劳自主，并为他写下“有心者事竟成”几个大字，鼓励他走出家门，走向社会，带领其他残疾人走共同富裕之路。他回忆说："朴方主席当时跟我说，靠哥哥姐姐们在家里帮助也不是长久之计，你想不想融入这个社会？我说想呀，从小都依靠父母和哥哥姐姐们，不想以后再依靠他们，我也想独立。当时他就跟身边陪同的残联工作人员说，有机会让他们帮我融入社会。"张苏荣回想起这段对他生活具有转折意义的交流，至今仍感幸运。这深深影响了他，使他萌发了创办残疾人企业的想法。他要超越健全人，做他们不敢做的事。

1992 年，在各级政府、残联的关心帮助下，贵阳爱馨残疾人工艺美术社成立。张苏荣带领当地残疾人，开始自主创业，走向社会。虽然公司成立了，可是困难是显而易见的。他们一共有 6 名成员，都是残疾人，很多人都很自卑，从没主动和陌生人说过话，更别说经商和待客。张苏荣也没管过人，不知道该怎么分派任务，一切都是未知的。一个月下来，除去各种开支只挣了 400 元钱。为了鼓励大家，张苏荣放弃自己的收入，给每人发了 80 元钱。那时他儿子才刚两岁，回到家，妻子并没有抱怨，而是给了他更多理解，这给了张苏荣很大的安慰。他告诉自己一定要咬着牙挺过去，就像是当初"学走路"一样。他们没日没夜地干，不懂就向别人请教，每位顾客的要求都尽量满足。

一个月、两个月，情况逐渐好转，半年后每个人都能拿到 300 元工资。渐渐地，店里很多精美的产品被顾客喜爱，大家的自信心也在不断增强。

从最初的小作坊，到如今拥有几十人的企业，爱馨残疾人工艺美术社给这批残疾人带来的不只是衣食住行的改善，更使他们重新认识了自我价值，坚定了生活的信念，这也是张苏荣创办企业的初衷。看到企业一天天变大变强，残疾人职工快乐而幸福，他觉得自己的辛苦与付出没有白费。他说："一直坚持干下来，既让我找到了人生方向，也带动了更多的残疾人走向共同富裕的道路。"

1999 年，邓朴方再次来看望张苏荣时，听完了张苏荣的创业历程，感到很惊喜和欣慰。10 多年的创业之路艰辛坎坷，张苏荣一路走来，越走越自信。基于他的突出表现，他被贵阳市评为"自强模范"。

感恩充满希望的新时代

如今，改革开放 40 年和中国残疾人联合会成立 30 年来，历经前后变化的张苏荣感触更为深刻："真的是翻天覆地的变化，不管是就业还是就医，现在残疾人的生活都有了很大改善。比如按比例就业政策就要求每个单位都需要安置残疾人。"

政府和残联这么多年一直致力于推动残疾人事业的发展和促进残疾人平等融入社会，并取得了良好的效果。张苏荣感慨道："现在政府对残疾人创业就业和生活都有很多补助、扶持政策，从免费乘坐公交、准许驾驶汽车，到无障碍设施的普及等，都给残疾人带来极大的便利。各类残疾人文体活动的开展，也使得残疾人的精神生活更加丰富多彩，加速了残疾人融入社会的进程。"

提起残联多年来为残疾人办的实事，张苏荣更有切身体会。"在自主创业的道路上，残联提供的无息贷款、政策允许下的补贴等，支持我们的工艺美术社度过一个又一个难关。各级残联对我们都很照顾，他们需要手工制作的展板时，都拿到这里做。”张苏荣说。在贵阳市举办的全国残疾人羽毛球锦标赛中，赛事颁奖的背景板、参赛队员的胸牌等都由他们制作。

从用吹塑纸做挂历版到做展板、海报、设计奖牌，从由家人支持的个体户到自主创业并发展壮大的工艺美术社，张苏荣的事业逐渐步入正轨，他和残疾人小伙伴们也更加自信。

在张苏荣和残疾伙伴们看来，进入新时代，随着经济社会的发展，平等理念也从外在的政策和实惠逐渐深入人心。“改革开放之前，我们残疾人好像没有什么事情可做。改革开放尤其是进入新时代，健全人和残疾人的活力都被激发出来。现在健全人能做的，我们残疾人也能做。我有驾照，也有汽车，还买了房……别人有的，我都有了，这在过去根本不敢想象。”张苏荣很自豪，“如今，社会方方面面都为残疾人敞开大门。”他相信，未来在党和政府以及各级残联等相关机构的倡导和推动下，个人身体的残疾将不再意味着生活和身心的残缺与障碍，残健互融与平等尊重将成为时代和社会的主流。

唐建海：带动视障残疾人平等融入社会

王瑜

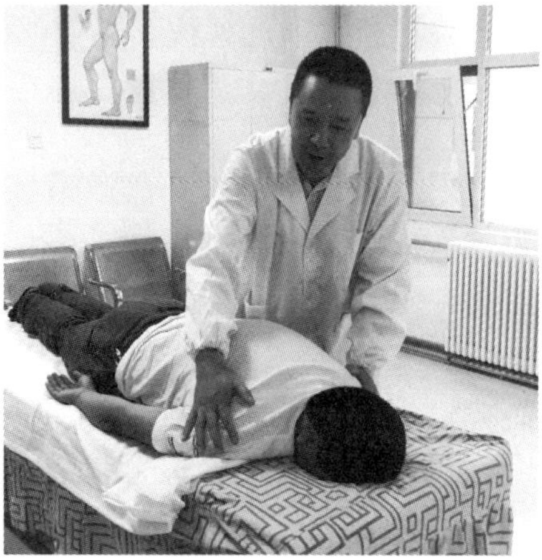
唐建海在做按摩工作

【唐建海，男，汉族，视力残疾一级，青海省残联第六届主席团委员、海东市盲人协会主席。1983年至1991年在甘肃省盲校学习，1991年至今从事盲人按摩工作。2012年6月，在他的努力下，海东市盲人按摩实习基地正式成立，帮助5名特困盲人实现就业。多年来，他组织盲人协会积极参加残联举办的残疾人运动会和残疾人技能比赛，向社会充分展示盲人的精神风貌和精湛技艺。2014年，他组织近20名贫困残疾人开展“寻长征足迹”的活动，引发社会各界良好反响。2003年，荣获“青海省自强模范”称号；2008年，荣获“全国第二届残疾人技能大赛顽强拼搏奖”；2011年，荣获“海东市自强模范”；2016年，被评为“青海省残疾人工作先进个人”。】

唐建海在青藏高原带领8名残疾人从事按摩工作，在属于自己的人生道路上“开垦播种”，收获充实和幸福。对于今天的生活，唐建海心中充满感激与感恩之情。他说：“我要感谢父母，没有放弃对一个残疾孩子的培养；更感谢党和政府，正是改革开放和一系列关照残疾人的措施，才让我有条件学习和掌握技能；还要感谢残联，不仅帮我走上自食其力之路，更创造条件，让我带动更多盲人朋友就业，平等融入社会。”

幸福的求学与成长之路

唐建海的祖籍在重庆，父亲是一名志愿军战士，1958年响应党的号召，父亲支边来到青海循化。唐建海6岁时因高烧引发视网膜病变而逐渐失明。到了上学的年纪，身边的小伙伴们一个个背着书包上学，他却只能在孤独、心酸、委屈中一天天度过，当时心中唯一的喜悦和满足就是站在门前大树下，等小伙伴回来讲校园趣事。

父母含着泪省吃俭用给他买了台“红灯牌”收音机，唐建海满心欢喜如获至宝，《小喇叭》《星星火炬》点燃了他心中的希望，伴他度过了孤单的童年。他说：“保尔·柯察金让我懂得，只要有毅力残疾人也能做事。张海迪姐姐的自强精神唤起我强烈的求知欲望。当时青海没有特教学校，父母几经周折，为我联系到兰州盲校。1983年，我上学的梦想终于实现，今天回想起来我还是心潮澎湃，感到幸福。”

那时的兰州盲校属于民政部门主办，条件简陋，但教学严谨，有一整套特殊教育经验。经过 8 年学习，老师们教会他定向行走，培养了他自食其力的能力，如洗衣、打扫卫生、手工缝补、识别事物等。他还学会了盲文，懂得了平面图和圆周率的计算，早晚苦练按摩专业基本功。

1991 年，唐建海以优异的成绩毕业回到循化，县残联推荐他到县医院工作。这期间在亲友的介绍下，他认识了向梅芳。经过一段时间相处，他们幸福地走在了一起。妻子善良朴实，多年来承担家中的一切事务，帮他分忧。婚后第二年，他们的孩子出生了。孩子的降临，给他的生活增添了希望，带来了光明。在唐建海看来，自己除了身体有点缺陷，其他方面都跟健全人是一样的。他有幸福的家庭，有自己的事业。那时候，他妻子的脸上总是带着笑容，清晨骑着自行车出发，前面带着孩子，后面捎着他。妻子总是先送他去上班，再送孩子去幼儿园，然后回到家种菜喂猪、联系销路，贴补家用。“我们的身影出现在街上时，后面常传来感叹声：‘了不起的一对小夫妻呀！’街坊邻居常以我们为榜样教育孩子要热爱生活。”

多年的经历让唐建海明白，残疾人首先要做到的就是自强自立，身体残疾只不过是生理上的一点缺陷，精神才是最可贵的，要和健全人一样争取自己的幸福。他一直梦想开办自己的诊所。1998 年，在亲人的支持与妻子的鼓励下，他下定决心租了一间 10 平方米的房子，配了一张按摩床和两把椅子，开始创业。

唐建海热情接待每位来诊患者，细心查找病因，耐心讲解按摩原理，并认真实施治疗。白天，他全身心投入工作，晚上在简陋的诊室里翻阅盲文资料，总结当天按摩中遇到的难点。功夫不负有心人，一个个患者对他从怀疑转变为认可，门诊量也一天比一天好。

2006 年，唐建海拥有了 60 平方米的诊所，配备了 7 张床位，1 张三维电控牵引床和 3 名员工。治疗项目从单一的按摩增加到理疗、刮痧、拔火罐、中药热敷等。天蒙蒙亮他便由妻子陪同开始一天的工作，夜深人静才拖着疲惫的身躯回家。随着治疗范围的扩大和疗效不断提高，门诊量逐年递增。10 多年来，他累计诊治患者 7.3 万人次，对颈椎病、腰椎间盘突出症，也摸索出一套自己的治疗方法。

残联就是我们的“娘家”

1988 年，中国残疾人联合会及地方残联相继成立。1991 年暑假前的一天，盲校门口扩音器传来喜讯：“《中华人民共和国残疾人保障法》实施了！”唐建海和同学们认真听讲解，热情高涨。“我们不用在被怜悯同情中生活了，以前担心的去‘公共场所被拒绝’‘购物被歧视’等问题也将得到妥善解决。因为我们以后可以用法律来维护自身合法权益。”唐建海说。

1991 年，唐建海从兰州盲校毕业回到县里后，县残联向县医院协商推荐他。那时县医院负责人对盲人当医生没什么信心。当时的县残联老理事长诚恳地说：“改革开放了，我们不能再用旧眼光看问题了，要培养发挥残疾人的一技之长。试用半年，不行我把人领走。”

刚到医院，唐建海还不太适应。因为这里是全国唯一的撒拉族自治县，他与当地少数民族居民存在语言不通，文化也不同的问题，怎么能让他们相信用手摸（按摩）能治病呢？唐建海开始尝试与患者拉家常，在聊天中介绍按摩治疗原理，采取反复体验的方法，令一个个患者逐渐好转，甚至治愈。于是诊室渐渐热闹起来。试用期间唐建海不负众望，赢得医院和患者的一致认可。之后，他为医院创造的经济效益和社会效益逐年递增。1993 年，他被循化县团委授予“优秀共青团员”“雷锋式的好青年”等荣誉称号；1996 年，被评为“县卫生系统先进工作者”。

1997 年，“庆七一，迎香港回归”庆祝活动中，县残联推荐唐建海参加演讲和文艺比赛。他演讲的《莫忘国耻，开拓进取》一题和演唱的歌曲《三峡情》令全场观众为之振奋，最终获得第一名的好成绩。他说，那是他第一次参加社会活动，获得的奖牌珍藏至今。

2002 年，地区残联选送唐建海到青海省残联参加高级保健按摩师班培训学习。唐建海说：“我当时真切感受到，经过十余年发展，残联已形成一整套专业的工作体系。培训中心、教育就业中心、康复中心、维权部等与残疾人密切相关的部门，彼此间密切合作，工作人员认真投入。我内心振奋，残疾人赶上了好时代。残疾人的明天有希望、有奔头。在这种热情鼓舞下，我以理论、实操第一的成绩完成学习。当年 10 月，我代表青海省参加全国首届残疾人技能大赛，荣获‘西北赛区二等奖’”。

2003 年，唐建海被青海省残工委授予“自强模范”荣誉称号。同年，他当选为省残联第四届主席团委员。从那时起，他更加紧跟全省残疾人事业前进的步伐，每年都积极审阅、讨论残联工作计划并提出合理化意见，每次会议都有新的收获和目标。

海东市残联理事长韩秀兰是位撒拉族干部，她热情执着的性格深深感染着唐建海，她以仁爱之心为残疾人服务。每次活动会议，她都认真听汇报，帮助解决经费等诸多问题。她常说："残疾人朋友的高兴满意，就是我们奋斗的目标"。

改革开放以来，青海残疾人事业中渗透着几代残疾人工作者的汗水。尤其是最近五六年，党中央和国务院对残疾人事业愈加重视，习近平总书记多次强调，实现中国梦，残疾人一个也不能少。相信未来，青海乃至全国的残疾人事业都将迈上新台阶。

带动视力残疾人群融入社会

在自身发展的同时，唐建海开始期望带动那些更困难的视力残疾人就业，使他们也能自食其力，减轻家庭和社会的负担。唐建海说："从个人到集体乃至培养和带动全区盲人按摩工作，我虽感到担子很重，但因有残联和社会各界的支持，我才信心十足。"2004年，唐建海当选为海东地区（2013年海东撤地建市）盲协主席，更加积极推动视力残疾人群融入社会。

2008年汶川地震，同胞安危牵动着海东残疾人的心。唐建海所在的盲协决定组织义诊募捐。12名按摩师在街边义诊宣传6小时，打动了许多过往群众。一元、十元、百元，一点点爱心汇集，合计募捐2450元，这是海东视力残疾人向震后同胞尽到的微薄之力。全体义诊按摩师都很欣慰，心里深感幸福之情。

2009 年，他所在的盲协提出，扶残助残意识应从青少年培养。这一想法得到残联高度重视，唐建海第一时间与青海省平安县第二中学协调举办首届海东残疾人运动会。开幕式当天，“海东盲人协会代表”的旗帜引领 20 余名队员步入会场。当看到队员们右手搭在前面队员的肩膀，迈着铿锵有力的步伐行进时，全场师生起立，给以雷鸣般的掌声，许多同学流下了感动的泪水，他们第一次见到这么多残疾人，用自己特殊的方式在赛场上展现出一种超越自我、向自身缺陷挑战的精神，无不为之震撼。

多年来，青海省残疾人工作稳步推进。教育、康复、培训等各方面工作已见成效。据不完全统计，盲人保健按摩不仅覆盖全省，还辐射到全国各地，约 15 个省市有青海按摩师的身影。他们在解决自身就业和脱贫的同时，也为传播中医按摩，改善民众健康作出贡献。

工作之余，唐建海希望能进一步发挥特长，更好地带动盲人就业。在地区残联和主管领导大力支持下，经过半年多规划，2012 年 6 月，近 200 平方米的海东地区盲人按摩实习基地建成并帮助特困盲人李玉年等 5 人就业。每天早上他和妻子一起到诊所，妻子负责生活，他教大家练习按摩基本功，随后带领大家开始门诊工作。傍晚下班，大家又开始学习盲文基础知识和按摩专业知识。有这样一个能发挥自我的平台，盲人员工们信心十足。

鉴于一些按摩师在规范化操作、常见不适症诊断以及治疗方案等方面还存在问题，海东市残联支持盲协提议，在海东市盲人按摩实习基地举办按摩技能大赛。盲协聘请国家级和省级评审员，以及省培训中心老师指导，海东市所辖 4 县 2 区 30 名按摩师参加比赛。比赛采取患者当模特，裁判找问题，模特谈体会，裁判组综合提问的模式，请指导老师针对问题集中答疑。结果成效显著，大家普遍反映解决了工作中不少容易忽视的问题，对手法有了新的认识，对诊断指导治疗也加深了理解。更重要的是，大家明白了作为按摩医生，主要解决的是患者的不适病症，而非简单的放松身体。

海东市残疾人主要生活在农村，多属贫困家庭，他们生存条件落后，对未来发展没有目标，对改善生活缺乏自信心。2014 年，海东市盲协组织 20 名贫困盲友，开展了“寻红军足迹”活动，实地到红军纪念馆、烈士陵园、红军小学访问。通过参观，盲友们更深入地理解了和平年代是先辈们用鲜血甚至生命缔造出来的，当下党和国家乃至社会都在关爱着残疾人，而且还有残联组织可以信赖。因此，要热爱生活、要勇于拼搏。那次参观令盲友们很开心，特别感谢盲协给他们提供机会，能走出家门感受历史，与同命运的朋友倾诉心扉，体会到团队精神的凝聚力，了解到当前我国残疾人事业发展的进步。

唐建海认为，作为残疾人的“娘家”，30 年来，中国残疾人联合会及各级残联组织从成立、完善到规范化工作，带着党和社会的关爱。30 年来，残联带领残疾人攻坚克难，取得了显著的成绩，残疾人的教育、康复、技能培训、就业等各方面均得到快速发展，生存条件有了根本改善。今天站在新时代的起点上，他坚信残疾人各项事业一定会有更好地发展，残疾人明天的生活会更加美好。

朱双六：为盲人带来"福音"的无障碍推动者

年雪琦

朱双六近照

【朱双六，男，视力残疾一级，1958年6月出生于上海，同济大学高级工程师，大学文化程度。曾在上海铁道大学从事流体传动与控制专业的教学、科研与实验工作，1991年因病双目失明，投身于盲人语音电脑、信息无障碍技术与标准的研发和推广工作。朱双六有着从健全人到盲人的特殊经历，又有着教学和科研的丰富经验，在信息无障碍研发方面能够发挥独特作用，是首批为我国盲人语音电脑的推广、信息无障碍技术的普及和标准化建设等作出卓越贡献的盲人专家，现任中国残疾人联合会、上海市政府部门网站特聘信息无障碍技术专家，上海市残联主席团委员，上海市盲人协会副主席，被评为"全国自强模范"。】

“再大的困难都只是人生的一场考验，我们的光明要靠自己去创造。”这是朱双六的座右铭，更是对他的人生所做的最好注释。从不幸失明到成长为信息无障碍的顶级专家，他不仅克服了由健全到失明带来的无助，更找到了自己人生和事业的方向。他带领团队自主研发的“福音”计算机系统成为国内首个专门为盲人量身打造的电脑操作系统，达到国际先进水平，两度荣获“上海市科技进步奖”，推动了我国盲人电脑系统和信息无障碍体系的整体开发。

他坦言，残联和盲协是他生活和事业的强大支柱，他余生都将致力于信息无障碍的建设和推广。

年富力强遭遇失明厄运

1991 年 8 月底，朱双六的视力急剧下降，往常连近视都没有、一直视力极好的他去医院看眼睛，医生看了看他的眼底，建议他去做脑部检查。最终，他被诊断为脑膜瘤，瘤子压迫了视神经和嗅觉神经，严重影响了他的视觉与嗅觉。9 月，虽经脑外科手术成功摘除了肿瘤，但由于脑部视神经受损，他完全看不见了；10 月，妻子生下了女儿。那年，他 33 岁，正在上海铁道大学液压控制专业任教，同时攻读本专业的在职研究生。那场突如其来的厄运使得他的事业、学业与爱好全部戛然而止。

尔后两年多的时间，他踏上了医治眼睛的漫长之路。中医、西医能尝试的办法都试了，许多治疗方案痛苦难忍像刑罚一样，但他的视力依然毫无起色。徒劳奔波两年后，朱双六不得不接受现实：他真的失明了。

经过一段时间的迷茫和痛苦后，在学校领导、同事、亲朋好友的鼓励下，朱双六决定重新振作起来，一切从头开始。他说，有两件事对他触动很大：一是女儿还那么小，他不忍看爱人如此辛苦；二是有一回他住院治眼睛，医院的水龙头坏了，喷得到处是水，保安拿来了工具，却没人会修，从小动手能力强的他决定试一试。喷溅的水花里，没人看出来他是盲人，他慢慢摸索着把水龙头修好了。这件事让他意识到，凭着触觉，他还能够做些事情。

有一天，同在上海铁道大学电信工程专业当老师的妻子陪着他到公园里看郁金香花展，恰巧遇到残联的同志在公园开展宣传活动，他便去咨询，像自己这样中途失明的情况，残联有些什么政策，社会上其他视力残疾人士是怎样生活的？当即得到了许多充满希望的答案。

他下定决心要学会生活自理、学会盲文，他说："不能因为失明就变成文盲。"白天，妻子要去学校上班，他就在家摸索着做家务，带刚出生不久的女儿；晚上等女儿睡了，他又在妻子的帮助下潜心学习盲文。抽空他还向其他盲人或盲校的老师请教。不久之后，朱双六以满分的成绩从盲文培训班毕业。他还在美国海德里盲校函授学习了英语盲文，并以平均 A 的成绩完成了学业。

但是，原来的工作岗位却很难回去了。他之前从事的液压传动与控制专业需要绘制大量精细的图纸，往往一个项目下来，画出的图纸可以堆到半人高。失明之后，画图对他来说不可能了。那么，接下来要做些什么呢？

多方支援为盲人开发“福音”

1994年的一天，朱双六偶然间听到收音机报道，计算机可以处理音频了，多媒体技术正在崛起。曾在高校工作的朱双六早就有机会接触计算机，但在此之前，他们实验室里的计算机几乎单纯被用于科研计算。这个报道使他受到启发：电脑能不能实现盲文、汉字与语音间的相互转换？这样，盲人就能在电脑上打字了！

200多年前，法国盲人路易·布莱尔发明了盲文，给全世界的盲人学习文化、传递信息带来了革命性的变化。盲文又称点字、凸字，是专为盲人设计、靠触觉感知的文字，透过点字刻写板、盲文打字机、盲文打印机等在纸张上制作出不同组合的凸点而形成，一般每一方盲符有6个突点，左侧从上到下为1、2、3，右侧为4、5、6，通过不同点位的排列组合来表达不同的信息。

但是，盲文是一种触觉文字，书籍体积大，可存储的信息有限，无论书写还是摸读、携带等都不方便。此前不少业内人士指出，盲人受教育程度低，就业出路狭窄的一个重要技术难题在于健全人文字和盲文双向交流存在障碍。朱双六想到，目前盲人普遍使用的盲文符号，完全可以成为一种很有发展前途的计算机点位码，实现“明盲互换”。他设想借助电脑可以对传统的盲文读写模式进行一次革命。

“让电脑成为盲人的第二双眼睛”，这样的构想很快得到学校、院等领导的支持。一个研发团队迅速组建起来了，除了朱双六之外，还有一些年轻教师、研究生也加入其中。他的工作还得到上海市盲协的大力支持，时任上海市盲协主席的王叔培将自己德国生产的盲文机械打字机给他使用，副主席计瑞弟则牵头成立了一个专家咨询委员会，由朱双六担任副主任，这就是后来信息咨询委员会的前身。一些热心的盲人朋友也纷纷献计献策，为盲人计算机系统顺利研发提供帮助。当时，计算机技术还远没有今天先进，盲人计算机鲜少有人涉及。他们几乎是从零做起，摸索前行。

在盲人计算机系统研发过程中，有几点难题是盲文的文字处理和有声阅读，天生就盲的人没有学过汉字，只会盲文。考虑到这样的实际情况，朱双六和他的团队选择键盘上最易触及的 S、D、F、J、K 和 L 六个键，分别代表盲文六个点位。通过词组联想，正反组词等解决方案，打出需要的汉字。如此，即使是不认识汉字的盲人，经过短时间的学习和培训，也能迅速掌握方法，很快就能打出一份正确率较高的汉字文稿。1997 年，一个真正可以使用的盲文文字处理软件诞生了。

由于朱双六有着从明眼人到盲人的特殊经历，所以在研发团队中，他发挥着不可替代的关键作用。明眼人尽管视力有优势，却难以真正考虑到盲人的实际需求。例如，明眼人与盲人一起走路，明眼人往往用搀扶，甚至通过左右架着走的方式来带着盲人走路，而事实上对盲人来说，这种姿势走路极不方便，正确的做法应当是让盲人把手搭在明眼人的手臂上。通过自己的实际体验，朱双六带领团队不断改进和完善电脑操作系统。

研发出文字处理软件后朱双六和他的团队并未满足，他们又研发了“有声浏览器”“有声电子邮件”。那时条件艰苦，所有的语音库都由研发团队自己录音。依靠这些软件，盲人在打字、上网的时候都有语音或音效同步提示。盲人一边用键盘打字，一边用耳朵听，除了速度慢一点外，他们和健全网民并无太大不同。

这套系统被命名为“福音”——盲人的福音。“福音”计算机系统达到国际先进水平，两度荣获“上海市科技进步三等奖”，对推动我国盲人电脑的整体开发进程提供了成功的范例。

“我是个教书人，我从没忘记，教书育人是我神圣的职责。”朱双六带着“福音”系统，到全国众多省、市的盲校和残联培训机构授课。由于学生年龄跨度大、失明时间和程度都有不同，有些人不认识汉字，甚至连电脑和键盘都没有摸过。无论教学有多大困难，朱双六总是认真备课、耐心指导、编写教材，在媒体刊登连载讲座内容。他还时常在学校和家里接待上门求教的学生。在他的指导下，越来越多的盲人打开了与世界沟通的窗口。

此后，随着技术与网络的飞速发展，越来越多的企业与研发团队关注到视力残疾人群使用电脑的需求，更为先进的读屏软件开始如雨后春笋般出现。

“我们在盲人电脑的起步阶段作出了一点贡献，”朱双六说，“现在市场上读屏软件做得这么好，我的感受就是‘待到山花烂漫时，她在丛中笑’。”

盲协普及推广信息无障碍

自计算机走入人们的日常生活，“世界”的含义便拓宽了。当上网已经成为普通人的生活方式，如果你看不见，能否无障碍地穿行于网络世界？

随着信息技术的飞速发展，残疾人若不能越过无形的信息屏障，便会进一步被边缘化。在看得见的世界中，盲道、无障碍通道便利了盲人的出行；在看不见的网络世界中，网站、APP 同样需要进行必要的无障碍建设。尽管读屏软件市场呈现百花齐放的态势，软件技术也已非常先进，但在实际应用中，依然存在着许多尚未解决的问题。读屏软件只读得出文字，对于图片和图形则毫无办法。而目前市面上，大量网站通过图片形式展示内容，这便对盲人朋友们读取信息造成了极大的阻碍。

自 2008 年末，朱双六作为中国残疾人联合会和上海市特聘的信息无障碍技术专家，先后参与迎世博政府部门网站、各级政府网站等门户网的无障碍改造项目。在工作中，他开始深入思考，网页无障碍建设应当遵循怎样的标准？他逐渐意识和总结出信息无障碍设计的四个要点：第一，网页内容必须可感知；第二，界面组件必须可操作；第三，网页内容和控件必须可理解；第四，网页内容应具备足够的兼容性和前瞻性，能与当前及未来的用户代理协同工作。

当前，政府部门网站、残联系统网站等率先垂范，在无障碍改造建设中取得了很好的经验和成果，但对于为数众多的其他服务部门网站和大众传媒网站等，无障碍改造任务还很艰巨。这些与残疾人士息息相关的服务部门的网站还存在着大量的使用障碍。令朱双六欣慰的是，中国残疾人联合会正在拟定相关的政策指导意见，希望各类网站的无障碍改造能继续深入展开。

这些年间，他亲眼见证了盲人生活的巨大变化。曾经盲人生活依赖的“老三样”——盲杖、盲表、盲文书写板，被电脑和智能手机取代。医疗、卫生、通讯等各方面福利也惠及到越来越多的残疾人。

2013年，朱双六开始担任上海市盲协副主席，主要负责信息化方面的工作。身份变化，责任更重了，他有了更多想做的事情。他希望继续推广信息无障碍理念，让无障碍理念深入人心。“现在，我们的改造往往是滞后的，一种产品做出来了，才发现需要改造。我们以后应当‘并肩跑’，设计时就把无障碍标准考虑进去。”朱双六说。

无障碍理念的推广依然在路上。如今，朱双六所在的盲人协会常常举办一些讲座、竞赛与交流研讨会等活动，希望能培养接班人，将这份事业传承下去。

冀鸿旗：
乐善助人成就“山西最美家庭”

叶欣

冀鸿旗（右）在救助孤残老人

【冀鸿旗，男，1968年5月11日出生于山西省平遥县。2007年，他在平遥县城西大街开了家足疗店，十年如一日，累计义务帮助30多名孤残老人。2012年4月，冀鸿旗13岁的儿子患上一种罕见神经系统疾病，双腿无法动弹，半年后，本是治疗无望的儿子奇迹般地康复了。冀鸿旗将之归功于他帮助孤残老弱的善果。后来，他放弃本可以正常经营的生意，收留一大批街头流浪、捡废品、捡剩饭的孤残老弱者，为他们开灶做饭、遮风挡雨、张罗生计。因帮助孤残老人，他和他的家庭先后被授予“山西省十佳优秀志愿者”和“山西省最美家庭”等荣誉称号。】

冀鸿旗，从小家境困难，饱尝世态炎凉。高中毕业后，他从澡堂搓背捏脚干起，直到在老家山西省平遥县城内开了家足疗店。稳定下来的他开始义务帮助和收养街头流浪、捡废品、捡剩饭的孤残老人，为他们开灶做饭、遮风挡雨、张罗生计。在当地政府和残联的支持下，冀鸿旗和他的家庭十年如一日坚持助残，前后收养几十位孤残老人。为了养活这些孤残老人，他甚至无暇顾及自己的生意，全家一度靠吃低保维持生活，虽如此他们仍没有放弃。为此，他和他的家庭分别被授予“山西省十佳优秀志愿者”和“山西省最美家庭”。

面对各界的褒奖，老冀坦言，其实他从内心更感谢那些老弱病残的朋友，是他们让自己的生活充实而有意义，使他懂得如何感恩回报、敢于承担，更加明白了幸福的真谛。他说心中一直有一个愿望，希望能在社会帮助下建一所帮助孤残老人的“爱心院”。这个机构不是简单的救助站，也不是单纯的敬老院，而是希望能给被求助者一个平等有尊严的家。

将心比心，从遭人歧视到乐于助人

冀鸿旗的家庭十分不幸。2 岁时父亲被判入狱 5 年，兄弟 3 人和母亲相依为命。他对童年的记忆就是吃了上顿没下顿，记忆最深刻的就是，每到冬天总要冻烂脚，那时看到别人穿着棉鞋，总是转过脸去，怕别人看到自己羡慕的眼光。冀鸿旗回忆时说，那时候他便立志，长大后要尽力帮助那些和自己一样需要帮助的人。在他

13 岁那年，父亲再次入狱，这次被判 10 年。这 10 年间，冀鸿旗受尽他人歧视，从一个学习优秀，为人和善的好学生变成打架斗殴的问题少年。高中毕业后，他找不到工作，当兵政审又不过关。找对象时，家长们都不愿意让女儿嫁给“牢改犯”的儿子。冀鸿旗受了无数的白眼后，决定发愤图强，自力更生，从澡堂搓背捏脚干起。

随着平遥县旅游业的兴起，冀鸿旗抓住时机，开了一家足疗按摩店，生意也还不错。但看到古城内那些智力残疾人士、孤寡老人每天蓬头垢面地跟在游客身后乞讨，他不禁回想起自己年幼受人欺负和歧视的日子，觉得他们既可怜又有损古城形象，便开始从物质上救助他们。

2012 年 4 月，冀鸿旗 13 岁的儿子突然双腿不能动弹，行走也十分困难。经多家医院确诊，儿子患上了一种罕见的神经系统疾病。为了给儿子看病，他跑遍了北京和省城的各大医院，花光了所有的积蓄。因为忙于为儿子治病，冀鸿旗已无力从财力、物力和精力上帮助其他的老弱孤残。2012 年 7 月，医生告诉冀鸿旗，儿子可能会在 4~7 周内瘫痪甚至死亡。这让他们全家心灰意冷。

然而，两个月后奇迹出现了，儿子竟然一点点站了起来。儿子生病期间，之前受过冀鸿旗帮助的老弱病残人士得知后，有人送来鸡蛋，有人拿来烧饼，有人掏出两块钱，有人提来一箱奶……这些在旁人看来微不足道的东西，其实可能是这些老弱病残者的全部家当。冀鸿旗感动得热泪盈眶。后来孩子的病情逐渐好转直至自愈，他将之归功于自己帮助他人的善果。

“好人有好报，不管出于报恩还是同情，这些人我做不到不管。他们生活艰难、无人照顾，甚至有的还得了重病，我只要不管，他们就会恢复过去流浪、捡垃圾、拴破烂的生活，良心让我痛下决心：哪怕再苦再累，也不会丢下这些老人，只要我能吃上一碗饭，就不能让他们饿着！”冀鸿旗说。

从儿子生病到病危，再到康复，老冀从中感受到了人生无常。老冀说：“我从未忘记帮助过我的人，总希望用帮助别人来回报曾得到的帮助。人生在世，谁都会有遇到困难的时候，当我向别人伸出援手的时候，也想让周围的人看到，其实在我们身边还有许多人需要我们关注和关爱，需要我们献出爱心。”

全家动员，期待唤醒弱者尊严

其实自从收留这些流浪人、残疾人的那天起，老冀就只有一个愿望：希望建一所“爱心院”，不是救助站，也不是敬老院；不问年龄和出处，只为困难者提供一碗热腾腾的饭和一个遮风避雨的家。

起初他在自家院里垒砌了大灶，亲自做饭，让那些无家可归的人免费吃饭、住宿。最多时他收留了60多个智力残疾人。空闲时他还请来专业老师教这些人学习吹拉弹唱、扭秧歌，一方面让他们有事可做，学习一技之长；另外可以让他们自谋生计，将来能自食其力。慢慢地，这些残疾人形成了一支特殊的“古城残疾人社火队”。逢年过节，老冀带他们上街表演、走门串户，既活跃了古城旅游气氛，又增加了一点收入，更多的是帮这些人找回了自信。然而依靠老冀自身的力量毕竟有限，给儿子治病花光了他所有的积蓄，“社火队”也慢慢维持不下去了。起初老冀找来一些商家支持和赞助，可时间久了，他们就觉得这是个无底洞、黑窟窿，便先后退出了。还有的人不理解他，认为他是从残疾人身上“渔利”、图名声。有的残疾人在他那里去世后，甚至有亲属闹上门来讨要说法。

无论外界怎么看，老冀仍然初心不改，十年间倾尽所有。现在他的家中，老母亲靠捡破烂为生，老婆靠足疗按摩给人打工，他为照顾这些老人也无法正常工作。好在冀鸿旗所在的城西街道社区书记闫俊蕊经常发动街道办给冀鸿旗他们捐衣捐物。政府也给了他们家低保，可以勉强维持生计。

无数个深夜，老冀为坚持这份无人理解的事业辗转反侧，难以入眠。身为高血压患者的他需要常年吃药，心脑血管疾病也时常困扰着他的健康。他说自己尽管做好了吃苦的准备，但这十年的艰苦还是超出了他的预料。他总是风尘仆仆，一直奔波：或者寻找失踪的智力残疾人，或者帮助患有重大疾病的家属在街头搞募捐，或者与慈善公益团队一起给流浪者发放棉衣、棉被、电暖气和食品等，又或者给患白血病的孩子送去募捐的款物、给各种公益活动拉赞助，又或者向残联求助帮忙维护残疾人的合法权益。

究竟怎样才能真正帮助到残疾人呢？十年的扶残助残经历让老冀深刻地意识到，“输血”并非可持续的救助方式，必须用“造血”挽回弱势群体的生命尊严。要将残疾人变为自食其力的劳动者，努力通过就业，实现自身的社会价值，这样才能真正达到“以残养残”的目的。毕竟，让受助人有尊严地活着才是慈善的最高境界。而这些光靠一人之力显然不够，必须与残联等组织联合起来，才能把这份助残事业接力下去。

帮助他人成全自己

在帮助残疾人就业方面，平遥县政府给了老冀很大的支持。县长石勇在精准扶贫攻坚调研中得知老冀扶残助残遭遇困境后，对他的“造血”思路非常赞赏，当即批示要求有关部门尽快拿出解决方案。主管副县长闫丰琴从实际出发，提出建立残疾人员应急房以备所需；为残疾人开设洗车房、小型饭店等，帮助他们自食其力；鼓励企业为残疾家庭脱贫就业提供岗位以及免费开设培训班等等。现在老冀正在为项目选址等问题忙前忙后，县政府领导的支持和激励成为他坚持下去的动力。

如今，“爱心按摩生活馆”已经在爱心人士的帮助下正式开业，店名叫“德善聚”，由中国智协原主席张宝林先生亲笔题名。在这里，老冀手把手免费培训智力残疾者的家属，教会他们拥有一技之长，以实现早日脱贫。

2017 年 4 月开始，老冀筹划利用平遥牛肉的品牌，让肢体残疾人教智力残疾人做牛肉大锅面。整个流程很简单，首先在平遥总部做好牛肉和汤，将之真空包装，然后输送到加盟店，在加盟店开袋烹煮。在县政府的帮助下，老冀正在规划先开个样板店，之后打算逐渐向全国推广加盟店。

在别人看来，这么多年来老冀始终坚持弘扬正能量，帮助残疾人，一直在为他人做好事。老冀却认为，帮助他人就是帮助自己，在帮助他人过程中才能发现幸福的真谛。他说："什么是正能量，什么是做好事？其实，人做事就是做给自己的。那些残疾人没我照样活，有我可能稍微活得好一点。然而我没有他们，又算什么呢？每次想到这些，我并不觉得是自己帮了他们，而是他们成就了我。帮别人就是在帮自己。"

在老冀看来，厚德才会载物，乐善好施是个人幸福的源泉，也是社会文明的象征，民族进步的标志。社会的进步是慈善的进步，真正的强者是心灵的强大，是拥有海纳百川的肚量，是具备高山仰止的气势。生命的价值在于被别人需要，就如同金钱的价值在于被使用一样。在力所能及的情况下尽可能地为别人多做事情，哪怕是微不足道的小事，也是生命价值的体现。

习近平主席说过，全民奔小康的路上，"一个人也不能少"，这也包括所有残疾人同胞。所幸现在社会大众对残疾人士普遍有了全新的认识，在努力奔小康的路上力所能及地给残疾人士更多的关怀，同时各地也在积极将残疾群体纳入精准扶贫体系。他相信，在党和政府的关怀引领下，在残联和智协的及时帮扶下，在社会各界的爱心支持下，残疾群体一定可以迎来更加光明的未来。

冯发：
铸就盲友成才就业的“金钥匙”

叶欣

冯发获得“第五届感动内蒙古人物奖”

【冯发，男，视力残疾一级，汉族，1967年11月出生，现任内蒙古自治区政协十二届委员会委员、内蒙古自治区盲人协会副主席、赤峰市盲人协会主席、赤峰市红山区盲人协会主席、赤峰金钥匙按摩职业技术学校校长、内蒙古金钥匙康复按摩院院长。他创办的赤峰金钥匙按摩职业技术学校是赤峰市残疾人联合会保健按摩定点培训机构，同时行使赤峰市残疾人劳动服务中心国家职业技能鉴定所职能。曾荣获“全国自强模范”“内蒙古自治区第二届残疾人职业技能竞赛按摩项目全区第一名”“全区技术能手”“感动内蒙古人物提名人物”等荣誉。】

时间，对于看得见的人来说，是日出日落在眼中的更替。然而，对于双目失明的冯发来说，时间则是钟表的报时声。小学五年级时，冯发因一场急病导致双目失明。在家人的支持下，他顽强地与命运抗争。从自主创业到免费推广盲人按摩培训，十几年来，他培养的学员中，近 800 位盲人通过学习找到工作，其中约 700 位成功自主创业，大大缓解了当地残疾人就业压力。2003 年，他又注册成立集养殖、种植为一体的现代农业公司，带动周边 30 多个残疾人农户，每户年收入增加 1.6 万 ~1.8 万元。他说，党和政府的认可与支持是他最大的力量来源，他愿意为更多的残疾人提供就业平台，为社会贡献自己一份力量。

历经艰辛，自食其力

1967 年，冯发出生于赤峰市翁牛特旗乌敦套海镇三道沟村的一个农民家庭。11 岁患青光眼，但是并没有人发现，就连他自己也并不知道。一天，刮着大风，他出去捡柴火，没看清路，忽然脚下一空，掉进了十几米深的沙坑里，所幸沙土松软，他只是受到了惊吓。家人这才注意到他的眼睛，发现他的视力有问题。那时候家里穷，根本没条件带他去医治，到 13 岁他上小学五年级时，连黑板上的字都看不清了。当他拿到 100 分的毕业成绩单时，因为眼睛的问题，却不得不告别了课堂。他无奈地躺在家里炕上辗转反侧，生命中第一次陷入刻骨铭心的痛苦。那个时候，收音机里几套听过的评书都能背下来了，但精彩的故事也缓解不了他内心的苦闷。常人难以想象，一个十几岁的孩子，幼小的心灵需要承受多大的重创。而当这个农村娃还没想好自己如何面对未来时，更残酷的事情发生了：他彻底失明了。

当时身处偏远落后的农村，冯发常常受到歧视。一些小孩子经常在背后喊他“瞎子”，这让他很自卑。冯发特别羡慕健全的同龄孩子能蹦蹦跳跳，他却只能靠别人搀扶着，做些简单的活动。后来他左思右想，觉得不能一辈子被歧视，一辈子靠别人，所以决定通过养鸡来自立。在一百平方米的鸡舍里，他开始了一个盲人和一群鸡的生活。为了适应看不见的生活，他坚持不用家里人帮忙，从十几只养到一百多只。因为看不见，鸡舍里的鸡粪他只能摸索着往外清理。付出的辛苦却换来了一场瘟疫，一百多只鸡在三天之内全死了。他没有放弃，又开始养兔子。一年之内可爱的小兔子已经繁殖到一百多只。谁知连日秋雨绵绵，兔子窝湿了。他用手摸着把它们一只一只抱到炕上，兔子竟然又莫名其妙地都死了。现在回想起来，他说，如果挖坑掩埋死鸡时他只是痛苦，那么之后掩埋兔子时则仿佛埋葬了他所有的希望。很长时间，他呆坐在屋子里，无助而绝望。

不过这一切还是没能打垮他。养殖的路不通，他就想着开商店。没有本钱，他就往返几十里地一趟趟地跑到镇上找镇长。镇长被这个盲人小伙子感动了，给他争取到500元钱扶贫款。冯发比一般人格外用心地经营起商店。他将成斤卖的货物提前称出来，烟酒糖茶按价钱高低依次排开。桌子上各放一张两角钱和一张两元钱，作为收钱的参照物。不管多大的钱一比量，就知道面值。就这样，一年时间他就挣了3000元，相当于当时全家人3年的收入。他看到了希望，家里人都特别为他高兴。开了一年的小卖铺，收入节节攀升，他享受辛勤劳动果实的同时，也在思考未来。在这三尺柜台后面坚守一生，就是这辈子的归宿吗？内心深处总感觉前面还有更广阔的天地。一天，他在收音机里听到盲人可以学按摩，心里微微震了一下，于是他作了一个改变自己和很多人命运的决定——学习盲人按摩。

自主创业，惠及四方

定下目标，冯发就开始全力以赴想办法，他到赤峰市民政局，一次次打听学习按摩的相关事情。每去一次都要走三十几里土路才能坐上班车。市民政局的人告诉他，当时自治区内只有一所盲人按摩专科学校在呼和浩特市，但不招收农村户口学员。不过他并没有放弃，还是三天两头就到民政局打听消息。有一次他又来到民政局，正好遇上盲人按摩学校的两名招生老师。当他把自己的经历讲给两位老师后，他们被冯发的求学精神所感动："一定争取录取你，回家准备准备。"一个月后录取通知书真的下来了，冯发激动地把通知书拿在手里，来回摸了不知多少遍。

19 岁的他怀揣着梦想和希望来到呼和浩特市。上学时，为了节省开支，他只能自己摸索着乘车。因为少一个人送站，就少一份费用，省下来的车费够他一个月的伙食费，上学获得的奖学金和助学金他也从不乱花，全留做生活费。

在学校里，冯发似乎比任何人都懂得这个机会是多么来之不易，也总是比别人都刻苦上进，同学们也很佩服这个学习班长。他没有钱买衣服，一年四季只穿一件白色衣服。下晚自习加餐，其他小伙子们泡方便面最少两袋，他每次只泡半袋。每顿晚饭他都打3个馒头，留一个学习到深夜时再吃。两年间他没从家里拿一分钱，完全靠奖学金和助学金供自己学习。

毕业实习时，他被分配到一个没有多少患者的疗养院。他没有丝毫抱怨，每逢周六日就到车站或大商场等人多的场所搞义诊，一边按摩一边告诉患者，星期一可以去疗养院找他。后来每天都有三四十人去疗养院找他按摩。他的按摩技术也得到了患者认可，有人送他衣服、有人给他买好吃的……

1989年，冯发从内蒙古盲人按摩专科学校毕业了。他专攻颈、肩、腰、腿痛按摩，并以颈腰间盘突出和骨质增生症按摩见长。他先是被安排到赤峰市乌丹镇医院，给患者按摩一次3元钱。他每天下班之后还要工作五六个小时，上班时间收入归医院，下班后收入归自己。就这样，这个20岁出头双目失明的小伙子，用勤劳的双手改变了整个家庭的命运。毕业第一年他就给家里拿回去4000元，并靠自己的收入相继给两个弟弟娶了媳妇；还清了父亲去世时欠银行的1万多元债务；还教姐夫和妹妹也学会了按摩，让整个大家庭的人都过上了好日子。

1996年，冯发创办了赤峰金钥匙康复按摩院。这期间他特意到长春和上海等地深造，并担任了上海清华专修学院客座教师。2002年，冯发开办赤峰金钥匙按摩职业技术学校，并且承诺：来这里学习的所有残疾人和下岗职工的学费及伙食费全免。十几年来，学校已累计培养学员2000余名，其中六成是残疾人。这些毕业的残疾人学员以集中就业、分散就业等形式基本都找到了工作，自食其力，还有大约 700 名学员自主创业。这大大缓解了当地残疾人就业的压力，为社会稳定作出了很大的贡献。

2012 年，他的学校承办了中央财政支持社会组织示范项目——农村盲人免费按摩及种养殖业培训与安置工程（内蒙古盲人按摩初级培训班），出色完成了对 60 位农村牧区盲人的培训，学员全部获得保健按摩初级职业资格证书。

2013 年，为了拓展残疾人就业渠道，帮助农村残疾人增收，冯发注册了一个集农作物种植和畜牧养殖于一体的公司，并与赤峰市残疾人联合会共同创建了残疾人就业扶贫种养殖业基地。目前，基地共有农作物种植土地约 14 万平方米，温室大棚 70 座，养殖肉羊 150 只、家兔 3000 只。至今已带动周边残疾人农户 30 户，平均每年为当地残疾人农户增收 1.6 万元。

感恩残联，回馈社会

多年来，冯发在他的学校中，始终坚持以“公益、健康、服务社会”为办学宗旨，本着“帮助残疾人自立，扶持下岗职工再就业”的原则，积极响应政府号召，解决下岗人员的再就业及农村剩余劳动力的就业培训问题。长年面向全国各省市自治区免费招收残疾人学员，优惠培训下岗职工推拿按摩技能，集中或分散安排学员就业，鼓励、扶持有能力的学员自主创业，获得学员、家庭和当地民众的好评。

2006 年 11 月，冯发荣获“内蒙古自治区第二届残疾人职业技能竞赛按摩项目全区第一名”。2007 年，他被自治区残联授予“全区技术能手”荣誉称号。2009 年 7 月，他参加全国第四次自强模范暨扶残助残先进集体和个人表彰大会，被评为“全国自强模范”。2014 年国务院残工委授予他创办的赤峰金钥匙按摩职业技术学校“全国助残先进集体”荣誉称号。2015 年 3 月 21 日，他被感动内蒙古人物评选活动组委会评为第五届“感动内蒙古人物提名人物”。同时，他先后被选为内蒙古自治区政协委员、自治区盲人协会副主席、赤峰市盲人协会主席。

冯发说：“这些年获得了很多荣誉，这些荣誉都是我的动力，党和政府的认可是我最大的力量来源。我会戒骄戒躁，继续努力开展好按摩事业，为更多残疾人提供就业平台，为社会服务。”

多年来，党和国家对于残疾人群体日益重视，我国的残疾人事业有了翻天覆地的变化。尤其习近平主席对残疾人特别关怀，让他们感到备受鼓舞。国家也先后出台多项残疾人相关的扶持政策，包括残疾人企业的税收优惠政策、职业教育优惠政策、低保、重度残疾人护理补贴等，大大减轻了残疾人的生活负担。

冯发说，他特别感恩残联，因为残联就是残疾人的“娘家”，帮助残疾人解决了很多实际困难。未来，他将继续把他的盲人按摩事业发扬光大，并计划向全国免费招收残疾人学员，在更多省市推广开办金钥匙康复按摩院，并以协会团体的名义多做公益活动。

冯发说，每个自立的残疾人就如一点星光。每一点星光虽很微弱，比不得月光那么迷人，也没有阳光那般耀眼，但群星闪动的夜空总能散发出让人为之陶醉的魅力。一个人的力量或许微不足道，但当每个人都能知道感恩与回报的时候，这个世界将更加美好。

谢中波：
帮扶上千残疾伙伴脱贫的带头人

张守玉

谢中波（右一）在为来访者介绍厂里残疾人自强岗位设置情况

【谢中波，男，肢体残疾三级，山东省临沂市临沭县人。1987年，他被县残联推荐到县福利羽绒服厂工作，从一名普通机工，逐步成长为班长、车间主任、技术科长，一直到销售经理。2004年5月，他自筹资金招聘8名残疾员工，注册成立服装公司，开始自主创业，并帮助残疾人就业。因在解决当地残疾人就业、提高残疾人社会地位等方面作出突出贡献，他先后被授予“山东省残疾人自强模范”“临沂市十大创业之星”等荣誉称号。】

在陌生人眼中，谢中波是一个小儿麻痹后遗症患者。在同行眼中，他是一个靠谱的合作伙伴；在职工眼中，他是一个身体力行的好老板；在师傅眼中，他是一个踏实好学的好徒弟。在妻子眼中，他是一个值得依靠的好丈夫；在当地老百姓眼中，谢中波是一个自主创业成才的榜样，更是一个将帮助残疾人就业作为企业最大社会责任的表率。

残联牵线找到工作和爱人

谢中波出生在山东省临沭县的一户普通农民家庭，一岁的时候他不幸患上小儿麻痹后遗症，因为家庭贫困而没有得到及时治疗。他的右腿比左腿短了 8 厘米，走路时左右摇摆，从小就要面对一些人异样的眼光，经常被村里的孩子们孤立。这让他深切感受到了当时残疾人受到的不公待遇，也让他变得格外坚强。这也成为他愿意全力帮扶残疾人和其他弱势群体的情感基础。从小学到高中，谢中波的学习成绩一直非常突出，然而原本想高中毕业后考大学的他迫于生存压力不得不选择就业。

1987 年，适逢国家出台残疾人就业保障政策，高中毕业后一直没有找到工作的谢中波被县残联推荐到县福利羽绒服厂工作。从此，他便与服装结下了不解之缘。为了有更多机会学习，他甚至带上家里的缝纫机去羽绒服厂，白天跟着厂里的老师傅学习如何操作电动缝纫机，晚上回到宿舍用家用缝纫机继续练习。他肯吃苦、爱钻研，很快就适应了工作岗位，做出的活也比别人更精细。十几年里，他从来没有叫过苦喊过累，工作成绩得到了大家的一致认可。谢中波从一名普通机工成长为班长、车间主任、技术科长，直到销售经理。在羽绒服厂工作的那段时间里，他过硬的技术和开朗的性格赢得了同厂女职工王振霞的青睐，收获了爱情，后来两人喜结连理。妻子回忆那段经历时说："那时候，我没有觉得他残疾，认为他和正常人一样。"在谢中波看来，多亏了当时残疾人就业保障政策的出台，他才有机会到厂里工作，也才有机会学到技术，有机会与爱人相识。

拉着残疾伙伴一起创业

1998 年，谢中波所在的羽绒服厂破产，他只能下岗。不过意志坚强的他并没有灰心："那时候并没有觉得害怕，因为我有了制作服装的技术，起码可以混口饭吃。"为了养家糊口，他和妻子在县城租下了一间店面，开了一间制衣店，做起了羽绒服翻新换面的生意。不过起初进展并不顺利，开店第一年，除去房租，不仅没挣钱反而赔了不少钱。但两个人并没有气馁，互相鼓劲打气，坚持到第二年年底时，居然挣了 2000 块钱，这对他们来说可不是个小数目。

在一年一年的积累和坚持下，到 2003 年底，谢中波和妻子手里已有了 1 万多元的积蓄。俩人商量了一下，准备增加投入，扩大生产规模。经过多方努力协调，谢中波终于从银行贷到 30 万元的资金。2004 年，他们在县城南边租赁了两层沿街楼，购买了缝纫机、锁边机和定型机等16台服装加工机械，正式注册了自己的公司——临沭县华裕服装有限公司。

厂子一开业，谢中波就拉着之前一起下岗的9个残疾人同事入了伙。他说："自己碰过壁，知道残疾人找工作不易，开了厂子，接纳残疾人到厂里工作，我心里高兴。"消息传出去之后，附近几个村子的残疾人也纷纷前来应聘。谢中波将他们全都招录进服装厂。与当时一些民营企业投机钻营不同，他从一开始就严格遵守国家法律法规，与职工都签订了劳动合同，也给职工缴纳了五险一金。在谢中波的公司里，残疾职工享有与其他职工一样的权益，这些残疾职工的生活开始逐年得到改善。"他们到我这里来工作，就像家人一样。我不能亏待了家人，所以大家都很乐意在我这里干。"谢中波说。

为了让行动不便的残疾人能够居家就业，谢中波还在全县各个乡镇都设立了服装加工点，将设备、技术和需要加工的产品直接送到村里，让不便出行的残疾人不出远门就可以工作，通过自己的劳动赚到钱。

王朋朋是临沭县石门镇陈棠村人，由于腿脚不便，不方便外出就业，过去只能靠她的丈夫一个人养家糊口，家里经济条件很困难。得知她的情况后，谢中波干脆把公司的一个服装加工点就设在了王朋朋家里，以方便她和她家附近的残疾人工作。这大大提高了王朋朋家的收入，家里条件也得到很大改善。截至目前，谢中波已经在全县各镇辐射设立加工点34个，其中规模达到40人以上的就有17个，安置和带动了1000余名残疾人在家门口实现就业，每年人均增收 1 万元以上。

带动当地民众脱贫致富

谢中波称，如果说他的事业算有些成功的话，那首先离不开当地政府和残联多年来的大力支持。2009 年，为了帮助谢中波的公司应对全球性金融危机对服装产业带来的消极影响，临沂市和临沭县两级残联的负责人多次到他们公司和基地进行现场办公和开展调研工作，及时帮助他们公司解决发展中遇到的实际困难和问题。山东省残联原副理事长徐国勤、临沭县原县委书记任庆虎先后 3 次到公司调研，当场拍板解决了公司面临的搬迁征地和用电方面的迫切需求。于是，公司在县城南边获得征地，新建了办公楼、加工车间和包装车间，总占地面积达 8600 平方米，引进高水平服装加工流水线 4 条，并在当年完成了搬迁。

谢中波带领他的团队不断提高产品质量，同时压缩利润，让利给更多客商，使得公司的服装加工和营销网络得以迅速扩张。一直以来他期望在临沂市范围内打造“临沭最大服装航母”的创业梦想也得以实现，同时带动了一大批当地百姓尤其是残疾人走上了致富之路，取得了良好的社会效益。

“这一切的成绩主要得益于临沭县的创业扶持政策，现在公司还享受着政府创业贷款，公司里的职工也经常去参加政府组织的免费创业培训。”谢中波说。

为了回馈社会，也为了帮助更多的弱势群体，2005 年，谢中波的公司在县残联、人社局和民政局等有关部门的支持和帮助下，针对有就业需求的残疾人、大中专毕业生、转退军人和下岗再就业人员等社会群体，成立了临沭县方正职业技术学校，并将残疾人技能培训和安置就业作为工作重点，推行订单式培训方式。培训结束后根据学员意向和自身状况安置就业或扶持创业。课程设置方面，主要开设服装设计、设备维修、电脑排版、公共礼仪等实用技术培训班，年培训就业需求人员1000多人次，其中残疾人占比达30%。

谢中波创办的残疾人就业扶贫基地于2011年被山东省残联表彰为“山东省优秀残疾人就业扶贫基地”。2014年10月9日，中国残疾人联合会将他设立的临沭县方正职业技术学校设为国家级残疾人职业培训基地。

由于谢中波在解决残疾人就业、提高残疾人社会地位上的突出贡献，他先后被授予“山东省残疾人自强模范”、“临沂市‘十大创业之星’”等荣誉称号。

感恩政府和残联多年支持

回顾过去，谢中波由衷感谢各级政府和残联对他的帮助。无论是最开始残联推荐他到县羽绒服厂工作，使他学到一门终身受益的手艺，还是为他的创业公司提供各方面支持，都令他受益匪浅。他说：“是残联为我提供了表现自己的平台，使我找到了施展才华的机会。”

自党的十八大以来，国家对于残疾人就业的帮扶力度越来越大，他所在的残疾人职业培训基地的条件得到了很大改善。2018 年 8 月 4 日，临沭华裕服装有限公司厂房作为全国多层工业建筑无障碍指南结题会现场点，中国残疾人联合会副主席吕世明进行了现场调研，并给予高度评价。谢中波感慨道："现在残疾人比我当年的条件要好很多，只要肯努力，就一定能做出成绩。"

这些年来，谢中波在取得事业成功后，没有忘记残疾人兄弟姐妹们。他深知残疾人生存发展之不易，所以一直积极参与推动当地残疾人事业的发展，持续保持与残联的密切合作。在当地残联的鼓励与支持下，他不断发动自身和公司的力量去关爱残疾人朋友。在他看来，残联就是残疾人兄弟姐妹们的"娘家"。在残联的呵护下，大家都能逐渐找到自己的特长和归宿。当然，既然是家，残联也需要大家共同参与建设。每个残疾人都应该积极投身残联组织的活动中，争当主人翁。因此，他希望残联尤其是地方残联能够发挥更大的作用，支持残疾人创业就业，在带动残疾人康复、创业、辅助性就业等方面出台更多鼓励性和支持性的优惠便利政策。

谢中波说："我自己是残疾人，深知残疾人的不易，能找到一份工作更是困难。我没有太多想法，就是希望让更多像我这样的残疾人能走上就业之路，过上健全人的生活。"谈到未来，谢中波的脸上挂满笑容，眼神充满着期待。他说："我们正在筹建无障碍工作厂房，建成以后，打算吸纳更多的残疾朋友到公司就业，同时扩展业务量。这样可以带动更多的加工点，使这一部分新增的贫困残疾人员有活干、有钱赚。"

宋颂：
发挥“比较优势”服务心智障碍人士

王瑜 熊晓晓

宋颂近照

【宋颂，男，肢体残疾三级，安徽滁州人，中国人民大学管理学学士、法学硕士，中级社会工作师、二级企业人力资源管理师，中日韩东亚残疾研究论坛中方协调人。现任杭州小善科技有限公司资深研究员，亦能亦行身心障碍研究所研究员，中国心智障碍服务创新联会执行理事、秘书长。曾担任中国残疾人联合会“社会保障体系和服务体系建设”办公室工作人员，残疾人就业促进网研究员、主编等。近年来，他专注于支持性就业及企业人力资源解决方案，在《残疾人研究》《中国社会报》等杂志发表多篇文章；荣获“2015年全国心智障碍者家长组织联会感谢奖”“第四届全国残疾人职业技能竞赛志愿服务奖”“第一届中国残疾人研究优秀成果三等奖”等。】

一个从小面部烧伤 90% 以上的人，是如何历经风雨考上重点大学研究生的？又是如何在社会和残联的帮助下找到自己独有的“比较优势”，选择从事服务全国的心智障碍者及其家庭这份工作，并获得国内外业内人士广泛认可的？宋颂用自己的经历和行动证明，在当下的中国，从上到下正在努力营造的无障碍环境，使得残疾人身体遭遇的磨难和障碍完全有可能被跨越。

成长之痕

1989 年，7 岁的宋颂在村里小学上一年级。一个秋收的夜晚，家人都在地里忙活，屋里的蜡烛倒在桌子上烧着了，迅速燃起了熊熊烈火，当时的小宋颂还在睡梦中。等家人发现时，已经晚了。宋颂被辗转送到南京儿童医院，在医院 ICU 病房里躺了足足 59 天，才从噩梦中醒来。然而他的世界已经大不相同。他被大火烧得面目全非，身体 90% 以上的面积被烧伤。尽管后来又去上海交通大学医学院附属第三人民医院做过下颌和右手恢复的手术，不过专家对于面部的毁灭性烧伤却无能为力。

至今，宋颂对于 7 岁之前健全时的记忆多是碎片化的，他记忆清晰的多是面目全非之后的种种深刻而痛楚的经历。他说，某种程度要感谢应试教育，因为成绩好是有光环加持的，所以大部分时候他并未受到歧视。但作为一个面部有创伤的孩子，许多事情一开始就注定不那么公平。

高考后的一天，大雨滂沱，三叔骑车来家里说省招生办要他去一趟合肥，招生老师要见一下面，确定他是不是生活能够自理。宋颂永远记得三叔消瘦的身形，浑身湿透，那雨水仿佛滴进他的心里，泛起涟漪。他不禁想起初中英语老师，那也是个大雨天，他因不好好听课在操场罚站，老师陪他站在雨中并告诉他：“宋颂，你记着，如果可以选择好的，谁会要差的呢？你只有比别人考的好才有机会！”当时学校已经放学，空旷的操场只有这一句话在回荡，荡进少年的心里。

大三入党的时候，书记找宋颂谈话，说觉得他很阳光。他微微一笑，只有他自己知道，他也想该上学上学，该就业就业，该结婚结婚，到点上下班，这看起来多轻松。可是不行，因为自己的“特殊”，他不得不为生存挣扎，而生存对一个残疾人来说是一个多么复杂而艰难的课题。

面部烧伤90%以上，这是宋颂心里的第一关口，也是一辈子都很难走出的阴影。一开始，他以为自己会就此跟家人、跟自我、跟一切较劲到老。但后来他慢慢发现，这其实是任何一个身心障碍者都不可避免的问题，更是重新认识、认同自己的过程，一个难得的定位自己人生的机会。

走在大街上，别人指指点点，宋颂总是有意无意的往边上挪两步；小朋友异样的眼光，悄悄与妈妈耳语。碰到这样的事情他最先想到的是躲避、低下头，找个地缝，可惜生活没有地缝随时留给他。接着是逃避，能宅着就宅着，拒绝外面的世界；偶尔不得不外出，面对难堪、尴尬，心里还是愤恨的。后来，他就习惯了，开始面对现实。有时候，他还会故意瞪着小朋友看，吓唬他们。大多数时候，孩子们只是好奇，与他对视时，眼睛里只有纯洁、没有歧视。瞪着瞪着，他觉得自己太幼稚了，就笑了。也有很多妈妈会抱着宝贝小声告诉他这样看别人是不礼貌的。遇到熊孩子，追着围着，他就告诉小朋友们，如果不听话，小心早上起来就变成自己这样。熊孩子们瞪大眼睛，一脸不可思议的表情。最夸张的是，有一次在电梯里，门一开，进来一位女士，抬头一见他，就尖叫着跑出去了。

对宋颂来说，这场毁灭性的烧伤，让他明白生活中总是有很多不如意，很多莫名其妙，最后就看你如何应对，乐观应对，也许就能云开雾散。

找到特殊比较优势

在中国人民大学读研究生期间，导师希望他更多地关注人的权益。宋颂将研究领域锁定在农民工的就业歧视方面，开始关注弱势群体的权益保护。硕士论文研究的是农民工就业权利保护问题。多年过去，宋颂不禁感叹："现在看来，导师的安排极具战略眼光和深远意义。"

毕业后，宋颂辗转于政府部门和公司之间，遇到各种各样的问题，频繁的工作调动让他感到很焦虑。法律专业出身的他，每年都会遇到各种各样的违约事件、侵权案等，这些案件见多了他甚至产生了消极的情绪。而当他有幸参与到一些制度性层面的设计研讨时，才感到真正有了希望。比如他曾有机会参与研究《"十三五"

加快残疾人小康进程规划纲要》中关于支持性就业这一规定的草案时，令他很受鼓舞。

2007 年 5 月 18 日，他在北京市残联招聘会上，遇到了一个足以改变人生的机会。那次招聘会上，他拿着简历四处寻找投递机会，经历很多打击之后，信心全无。漫无目的行走时，他忽然发现前面展台有很多人，好奇之下挤进去一看，原来是一个平台在收简历，还有位男士在与人聊天。离开的人，脸上都若有所思。

宋颂抱着试一试的态度，交了一份简历。对方看了一眼简历，迅速抬起头说：“哇，硕士，来聊一聊吧。”求之不得的他有点紧张地坐下来，准备应对。招聘人却有点不按照常理出牌，说：“你把毕业论文拿来我看看。”对方仔细翻阅了论文目录和主要结论后，提出了一些研究方法和趋势性的问题，一瞬间，宋颂觉得自己仿佛回到了学校里在跟导师倾心交谈。招聘人提出的问题有些他有过思考，有些他不确定就直接请教。宋颂发现，原来在自己擅长的领域，其实他是可以与人对话的。那段彷徨的日子里，他第一次找到自信，明白了自己的“特殊比较优势”。宋颂觉得，这个人就是他人生中一直等待的知音——中央财经大学的黄震教授。后来，宋颂跟随他研究学习残疾人士的人力资源工作，提出残疾人是具有特殊比较优势的人力资源理论；研究“互联网 +”，分析残疾人在“互联网 +”条件下就业的新变化。黄教授还推荐他到中国残疾人联合会工作过一段时间。宋颂说：“研究生生涯给了我基本思维、技能和可能性，而黄震教授则告诉我鱼塘在哪里，如何以问题为中心提出解决方案。”

宋颂也因此第一次接触到社会公益组织。黄震教授说要建立一个帮助残疾人找工作的网站——残疾人就业促进网。于是 2008 年 7 月 1 日，宋颂就作为第一批工作者，加入这个全国最早促进残疾人就业的民间组织。他身兼数职，成为残疾人就业促进网的研究员、主编甚至人力资源总监。这也是宋颂第一份稳定的工作，期间他经历很多事情：在生活方面，从个人情感的变故到外公外婆相继去世；在工作方面，第一次见识了职场，进入社会，了解人情世故和世态炎凉。重要的是，他初步接触了互联网，学习了调研，以及如何分析问题、解决问题，对于残疾相关问题有了基本认识。

由于这些积累，宋颂得到中国残疾人联合会相关领导的肯定，于 2011 年 9 月进入中国残疾人联合会残疾人社会保障体系和服务体系建设领导办公室工作，从一个社会组织转入政府部门。2012 年，宋颂离开中国残疾人联合会，开始担任中国心智障碍服务创新联会执行理事、秘书长，他想从行业协会的整体、民间视角来观察残疾人的各个方面。现在，他还兼任杭州小善科技有限公司顾问，研究互联网行业对于残疾人的观察和解决思路。

宋颂说："人大东门有块'实事求是石'，要不向左，要不向右，中间路线一定碰壁。"从法律专业转向对民间残疾人就业服务、国家残疾人法律政策、国际残疾人发展的研究和服务，宋颂也在问自己：公益和商业，向左还是向右，还是可以融合？惯常路径是先走商业之路，通过赚钱证明自己，实现财务自由，然后再做公益。而他可能是先公益，进而达到专业服务，再转商业。现在，他开始转向通过互联网推动残疾人服务产业转型升级，由公益转向社会企业。

宋颂说：每个人无不在社会支持系统之中，既是社会支持者，也是被支持者。本质上，社会保障和支持性就业是服务人的工作。”在经历了一系列的彷徨、考验与选择后，他终于寻找到了属于自己的方向。

服务并推动残疾人就业

目前，宋颂已在日本、马来西亚、美国等多个国家和中国台湾地区残疾人相关组织“社会保障和就业”方面担任主要负责人。他说，残疾人就业是世界性的难题。这些年他积极投身残疾人就业保障工作，积累了许多认知和感悟。

梳理全球残疾人保障和就业情况，他发现，美国的《残疾人法案》（ADA）关于残疾人歧视规定比较严格，是刚性和执行性强的法律。在日本残疾程度较重的残疾人都被各级政府支持的庇护工场、康复机构照护，而就业辅导员网络是全日本三大就业支持网络之一。中国台湾地区支持性就业在东亚地区做得最好，目前有1100多名就业辅导员，每年至少能安置1万多名残疾人就业，形成了“职业重建个案管理系统”。工作流程是：个案管理员在就业服务前端，职业辅导评量员随时支援解决问题，就业服务员在就业支持的一线，达成较为有效的分工与协作。

自2013年11月带领中国心智联会在广州举办第一期支持性就业辅导员国际通行课程培训以来，宋颂的中国心智联会已在长沙、南宁、北京等地共举办8期支持性就业辅导员初级班培训、就业论坛 8 次、中级案例研讨 2 次，共有 1000 人次参与培训，涉及 157 家成员机构及社会团体和机构，授证就业辅导员 342 人。他们已在一线开展工作，收集的案例 100 多个。他带领的中国心智联会与国际劳工组织、中国智力残疾人及亲友协会于 2015 年 8 月 18 日在长沙成立中国就业辅导员网络，着力推动技术培训和政策倡导。

对于中国残疾人联合会 30 年来的发展，宋颂有着自己的体会。他说："中国残疾人就业发展很快，主要是残联系统勇于做事，民间组织敢于推动。在我心中，中国残疾人联合会是我国残疾人权利和福利的推动者，在系统里有很多有能力、有担当的领导。而新时期，残联也面临着政府职能转变，服务升级等问题，需要向更加专业化、服务枢纽型转变，向更加信息化方向改革。希望残联工作继续充分发动民间力量，呼吁引导更多社会公益资源参与。"

宋颂相信，在互联网技术支持下，中国的残疾人就业正在不断跨越障碍，从成本比较优势向综合比较优势发展，新工作、新领域、新岗位不断涌现。残疾人就业服务也将成为中国残疾人事业未来发展的一大亮点。

鲜敏：科技创业谱写感恩奉献之歌

李国　刘学艺

鲜敏在舞台上演唱歌曲

【鲜敏，肢体残疾四级，1968年10月出生于重庆巴南接龙山区。她长期活跃于重庆市残疾人文艺舞台，多次参加残疾人爱心公益演出。大学期间荣获“重庆市大学生歌手赛金奖”“重庆市残疾人文艺汇演一等奖”等；2005年在第六届全国残疾人艺术汇演中获表演奖和优秀奖。2017年，她和家人荣获“重庆市首届十佳肢残人健康家庭”。2018年，她创办的重庆芸中鹰航空科技公司被重庆市科技局认证为国家级高新技术企业。1987年，鲜敏参加高考，因残疾被大学拒收。次年参加高考，在残联帮助下被渝州大学数学系录取，后因在校成绩优秀留校工作。2007年，她因左腿频繁出现疼痛办理病退，在家休养近十年。2016年9月，创办高科技公司，与重庆大学物理学院合作成立无人机研发联合实验室。2017年6月，团队自主研发的无人机“隼”获得国家实用新型专利技术。】

“不羡百花骄，一任西风烈，折翅雄鹰梦蓝天，岁岁又年年。败也不气馁，褪羽获重生，待到展翅高飞时，翱翔天地间。”这是鲜敏为自己所作的一首诗。她用曲折而丰富的人生经历告诉大家，残疾并不可怕，只要头脑清醒、心怀感恩、勇于拼搏，残缺也能演绎美丽和精彩。

残联帮她圆了大学梦

鲜敏出生在重庆巴南区接龙山区，一岁时，因小儿麻痹后遗症无法正常走路。一向不留意广告的父母几乎找来所有能找到的报纸，一字不漏地仔细阅读每一则广告，只要一听说哪里有能治腿疾的医生，就会立即带着她上门求医。长期四处求医和自身的经历，使得鲜敏比同龄的孩子都要懂事许多。开始上学的她立志一定要好好学习，回报亲人们给她的温暖和爱。

鲜敏她们那一代的年轻人，最大的梦想就是考上大学，鲜敏也不例外。从小成绩优异的她，顺利通过小学升初中、初中升高中的考试，但这其中的求学过程却并不是一帆风顺的。刚上初一时，为了做接骨手术，她在医院里一住就是半年，出院后，她转学到巴县八中。为了跟上进度，她强忍身体的病痛，没有落下一堂课。放学后，她也丝毫不松懈，把自己关在屋子里，自学之前落下的课程，一遍遍地背诵英语单词，一道道地演算数学习题。后来读高一，她第二次去做接骨手术，手术没做成却又耽误了近半年学习时间，原本成绩优异的她在考试中成了全班最后一名，这对她无疑是沉重一击。伤心难过之后，顽强的她擦干眼泪，选择了直面困难。

儿时长年的求医之路让鲜敏在心中埋下了梦想的种子，她想要做“白衣天使”，帮助更多的人摆脱病痛的折磨。1987 年，她第一次参加全国高考，分数超过重庆医学院的录取线，然而身体的残疾使她与大学擦肩而过。后来，在重庆有关部门招聘干部的考试中，她考出全县第一的好成绩，却又因残疾被拒。鲜敏又一次痛苦地哭了，在命运的捉弄下，她是如此的无助。然而不服输的她并没有就此泄气，在父母和老师的鼓励下，她又重新振作精神，投入新一轮的高考冲刺。总结了上一次的教训，鲜敏不想“坐以待毙”。紧张复习的同时，她和亲人积极向新成立的中国残疾人联合会和各级残联、教委投递了近百封求助信，呼吁给残疾人平等录取的权利。幸运的是，她收到了一些回复。1988 年，她再次以优异成绩考过高考重点录取线。这一次，中国残疾人联合会向她伸出了援手。鲜敏最终被渝州大学数学系录取，如愿成为了一名大学生。

鲜敏说，她和家人至今十分感谢中国残疾人联合会的工作人员。多亏他们悉心的帮扶和温暖的关怀，她才能有机会进入高等知识殿堂学习，开启梦寐以求的大学生活。

接二连三的挫折让鲜敏深切体会到残疾人生存的艰辛，更深知大学的学习机会来之不易。大学期间，除了完成专业学习，她还积极参加文学社团，从小就爱歌唱的她活跃在学校文娱舞台，渐渐显露出歌唱天赋。大二时，她被推荐给西南师范大学音乐系副教授裴子言，进行了长达四年的声乐学习。她坚持每天早上六点半起床去练声，晚上把自己关在琴房练钢琴，一直弹到熄灯。

固有的音乐天赋和后天的勤学苦练使她很快取得了可喜的成绩。她连续三届荣获“渝州大学十大歌手赛大奖”，先后获“重庆市大学生歌手赛一等奖”“重庆市残疾人文艺汇演一等奖”“全国残疾人文艺汇演优秀表演奖”等。

从病退休养转向科技创业

大学毕业后，鲜敏因成绩优异留校工作，一待就是 16 年。结婚生子，她的生活平淡而幸福。2005 年，鲜敏的左腿开始频繁出现疼痛，经检查，是由于长期使用左脚支撑导致关节严重受损，医生建议她尽量不走路，否则就要换骨，但换上的人工骨头也只能管 30 年左右，于是她被迫退休，开始回家休养身体。

若不是这次退休，鲜敏可能也不会有重新创业的念头。鲜敏说：“我觉得人生不应就这样碌碌无为，趁着有能力，我还想再做点什么。”就这样，在家休养了近十年的鲜敏开始了解各行业相关信息和最新动向。在她看来，餐饮、服装类传统行业在生活中十分普遍，她想要涉足些具有开创性的行业。

2016 年，国务院印发《“十三五”国家科技创新规划》，开始深化科技体制改革，大力推进以科技创新为核心的全面创新。基于这样的时代背景她开始在网上关注科技动态。对了解到的信息进行分析后，她决定从无人机着手。她发现，国内无人机品牌较少，只有一些年轻人和媒体从业人员知道无人机，多数人不太了解，重庆更没有一家无人机品牌。于是，她和丈夫商量后，于 2016 年 9 月一同创办重庆芸中鹰航空科技有限公司，踏上了高科技领域创业创新之路。

鲜敏是个做什么都力求最好的人，无论是学业、喜爱的音乐，还是现阶段的创业，她都是付诸最大的努力，期望做到最好。这一次，她要打造重庆本土的无人机知名品牌，公司取名“芸中鹰”就是希望自己的公司是从芸芸众生、众多创新创业公司里飞出来的一只雄鹰。

在联合实验室专家、教授及公司技术人员辛勤努力下，2017年，公司取得了四旋翼摄像无人机、带喊话装置的无人机等多项无人机领域发明专利。目前，他们已自主研发出“山鹰2号”“翼歌”“隼6120”等5款工业级无人机，应用于农林植保、管网巡检、公安消防、应急救援等多个领域，受到业内人士一致好评。如今，公司不仅成为重庆大学物理学院学生实习基地、重庆工商大学学生实习基地，还成为重庆市巴南区云教育产业园明星企业。

鲜敏一直心存感恩，时常想着帮助困难的残疾人，创业期间更不忘发展公益事业。2016年12月，公司刚成立不到3个月就向重庆市肢残人联谊会捐赠2万元，用于救助贫困肢残人。2017年5月，公司再次向残疾人捐赠数千元的尿不湿，用于帮助脊髓损伤的残疾人。这期间，鲜敏和家人获得“重庆市首届十佳肢残人健康家庭”荣誉。同时，她还用公司自主研发的无人机来回报社会。公司成立了科普义工服务中心和女子无人机飞行大队，通过无人机给当地贫困残疾人家庭的农作物免费喷洒农药。只要符合条件的贫困残疾人，有给农作物喷洒农药的需要，便可直接申请，农药也是免费提供。

此外，鲜敏还加入了巴南区女子创业协会，鼓励和帮助女性创业创新。在“拥抱新时代 践行新思想 实现新作为”巴南区人生规划大赛上，她获得第二名的好成绩。

为残疾人工作者谱写感恩之歌

一谈起音乐，鲜敏开心得就像个孩子。她会演唱很多经典歌曲，她还经常自己创作歌曲。“音乐能给人带来快乐，做音乐就要传递正能量。”这是鲜敏对音乐的感悟和诠释。

从小到大，坎坷的人生经历使得鲜敏对生命有着深刻的认识和领悟，也造就了她与众不同的音乐风格。那真诚质朴的歌词，百转千回的曲调和身临其境的情感常常能引发共鸣，博得观众的赞美和掌声。热爱音乐的她善于从生活的点点滴滴寻找灵感，谱写出动人心弦的乐章。

鲜敏说，她既是残联帮扶的对象，也是帮助残疾人队伍中的一份子。双重身份让她深知这个群体的不易，深切理解残疾人生理、心理和生活、学习的痛苦。与那些残疾程度更重、更贫困的人相比，她觉得自己的残疾算不了什么。她想要竭力去帮助那些更需要帮助的残疾人。大学期间，她积极参加重庆大学生残疾人募捐义演团，利用假期到学校、工厂、农村进行慰问演出。

“时间过得真快，转眼间，中国残疾人联合会已成立 30 年了。那么多赞美人的歌曲中，有歌颂警察的、歌颂军人的，就是没有一首是歌颂残疾人工作者的，其实这一群人十分值得尊重和赞美，他们充满了爱心。”说着，鲜敏唱起了她为残疾人工作者写的歌——《美丽的心灵》：

“运动场上多么豪情万丈，我却只能在看台上观望。礼花朵朵多么灿烂辉煌，我却看不见它们的光芒。歌儿声声余音绕梁，我却只能在无声世界里彷徨。

啊，在我人生道路最无助的时候，你像天使一样飞到了我的身旁，你的深情沁入了我的心房，我要为你美丽的心灵歌唱。你的爱伴我奔跑在人生的赛场，你的爱让我生命旅途洒满阳光，你的爱让无声世界跳出了春天的乐章，我要为你美丽的心灵歌唱……”

在外拼搏多年，鲜敏也时常回忆起故乡和童年的美好时光。为了歌颂美丽的家乡，她创作了一首《情系接龙山》，歌词中这样写到：

“少小时离开我的接龙山，生我养我的接龙山。一步一回头啊，我多想再看一看母校八中的青瓦房，再爬一爬半坡千年的黄桷树，再喝一口玉峡口甘甜的山泉水，再嗅一嗅寨子山幽香的野山兰。

接龙山啊接龙山，你是我的母亲山，为了人生含泪告别了我的接龙山，走进另一个人生的天地间。人生要奋斗，先把泪擦干，奋斗道路上，千折又百转，风雨艰辛后，一定有甘甜。你是我的母亲山……”

创办了自己的公司后，喜爱音乐的鲜敏，也自己作词编曲，创作了一首企业之歌——《飞吧，芸中鹰》：

“飞吧飞吧，芸中鹰在蓝天上翱翔翱翔，迎着黎明初升的太阳，飞在祖国锦绣的大地上，我们是优秀的巴渝儿女，谱写高科技的新乐章……”

2017 年 11 月，这首《飞吧，芸中鹰》在“同在阳光下”全国残疾人原创歌曲邀请赛决赛中荣获二等奖。接受采访时，鲜敏告诉大家，这首歌不仅是他们的企业之歌，也是她写给走在创业创新征途上的残疾人朋友们的歌。她希望这首歌能向残疾人创业者传递正能量，为正在拼搏的人们带来力量。

纵然折翅，也要高飞，拼搏的人生最壮丽！自信开朗的鲜敏，乐观勇敢地面对生活给她带来的一个又一个难题。在她看来，残疾人士不仅需要拼搏和奋斗，还要懂得感恩与奉献，只有这样，才能彰显生命的价值，也才能让残缺变成另一种美。

张九童：与中国残联同龄的“月亮男孩”

温倩倩

张九童在上海世博会生命阳光馆做志愿者时留影

【张九童，男，1988年生，肢体残疾四级，中共党员，南京特殊教育师范学院讲师。出生时因难产造成脑瘫后遗症。30年来，他从本科到博士，每年综合测评成绩均排名第一，发表学术文章60余篇，出版学术专著2部、合著1部，先后举行事迹报告会和学术报告会50余场，捐赠个人书籍200余本。曾获“中国大学生自强之星标兵”“全国马克思主义博士生论坛一等奖”“硕士和博士研究生国家奖学金”“山东青年五四奖章”“山东高校十大优秀学生”“山东省优秀博士论文”等荣誉奖励80余项。现为中国残疾人事业发展研究会会员、中国散文学会会员、中国脑瘫救助海豚计划爱心大使、山东省滨州市作家协会理事、山东省滨州市无棣爱心小学名誉校长。】

如果把健全人比作太阳，那么残疾人就是月亮。太阳是圆的，而月亮却要体验圆缺的交替。但是，太阳和月亮的梦没有区别，残疾人和健全人的梦也没有区别，都是圆的。张九童就是一位追逐阳光的“月亮男孩”。

这个有着阳光梦想的男孩一路创造奇迹。无论是本科还是研究生阶段，他一直刻苦努力，以优异的成绩回报帮助过他的老师和同学。如今的张九童，已成为南京特殊教育师范学院的一名青年讲师，在三尺讲台上向同样有着残疾的学生们传授知识，传递时代的声音，播种下一个又一个追逐阳光的梦想。他说，生命的成长源于社会的博爱。这个时代给了每个顽强奋斗的人实现梦想的机会，残疾人也不例外。在残疾人救助帮扶体系日益完善的今天，每一位残疾人都可以找到实现自己人生价值的途径。

与中国残疾人联合会同龄

身为老师的张九童走下讲台后更像是一个腼腆羞涩的大男孩。他在介绍自己时用了一段很有意思的话：“我叫张九童，来自南京特师。1988 年 3 月 15 日，中国残疾人联合会成立；1988 年 10 月 24 日，我出生在黄河之滨，我与残联同龄。”30 年来的成长过程中，张九童在与残疾抗争的同时，亲身经历了社会对残疾人的关爱，也见证了中国残疾人事业的发展和壮大。

张九童出生时因难产造成脑瘫后遗症，5 岁才会走路，上小学后还经常摔跤，两个膝盖常被磕得鲜血直流。由于运动功能障碍，他在学习和生活中遇到的都是常人难以想象的困难。小时候写字吃力，为了按时完成作业，他的手上磨出了血泡，手指常常缠满胶布，3 个手指磨出了厚厚的老茧。虽然写字困难，但他从小学到博士却从没有落下一次作业。

为了更好地融入社会，他刻苦锻炼，不仅学会了系鞋带、扣纽扣，照料自己的生活，还学会了骑三轮车。上大学期间，他风雨无阻地骑行在宿舍和教室之间。他还学打篮球，起初一次只能拍一两个，半年后可以拍到十几下，一年后能用双手将球抛到篮筐。为完成投篮目标，他勤奋练习，膝盖磕碰出的血常常染红了脚面。凭着这种意志，他又学会了打乒乓球和羽毛球，还代表学院参加了校乒乓球比赛。

张九童虽然身体条件不如普通健全人，但他自强不息的精神却弥补了身体的缺陷。他不但生活上能自理，还考取和攻读了山东师范大学政治与国际关系学院博士，顺利走上了工作岗位，以饱满的热情从事教育教学和研究工作。2009 年“七一”前夕，他加入了中国共产党，这个光荣的身份让他更加坚定地追逐自己的梦想。多年来，他一直怀着一颗感恩的心，感恩生命、感恩家庭、感恩党和政府、感恩这个时代，努力尽他所能回报社会。

作为南京特殊教育师范学院的公共政治课教师，张九童主要从事马克思主义理论和残疾人研究。他说：“我时刻不忘自己作为老师的责任，紧跟马克思主义中国化的最新精神，研读国家对于特殊教育和残疾人事业的新要求，运用自身所学，将二者有机结合；努力钻研，争取把最新的时代信息传递给学生，为培养新时代的建设者贡献力量。”此外，他还多次参与中国脑瘫救助等公益活动，通过捐赠个人文集、网络交流等方式鼓励青年学生和残疾儿童以乐观积极的态度面对人生。

个人成长源于社会的博爱

“生命的成长源于社会的博爱，我要感恩生命，也要感恩给予我生命成长的这片沃土。”张九童说。

长期以来，张九童自强不息的事迹被多家媒体广泛报道，受到社会各界人士的称赞，也得到了大大小小很多荣誉和奖励。谈到这些光环时，他说：“自身的奋斗固然重要，但是个体的成长更离不开社会的关爱。在成长历程中，我得到了党和政府的深切关怀。教育部、中国残疾人联合会、共青团中央等各级组织都曾多次向我伸出援助和引领之手，帮助我克服了一个又一个困难，指引我向着心中的梦想不断前进。”

媒体的关注报道也在客观上助力了张九童实现梦想。多年来，《中国青年报》《中国教育报》《大公报》和搜狐网等上百家新闻媒体对他进行了采访和报道。这些媒体的宣传使得张九童的事迹被越来越多的人了解。他用亲身经历鼓舞更多的人心怀梦想、对抗命运、自强不息，努力实现人生价值。

多家致力于发展残疾人事业的社会组织了解到张九童的事迹之后，纷纷向他发出邀请，希望他能加入，共同为中国的残疾人事业贡献力量。“中国初级卫生保健基金会邀请我担任中国脑瘫救助海豚计划爱心大使，中国残疾人事业发展研究会也吸纳我为研究会理事，这都让我很感激。”张九童朴实的语气中充满感恩，感谢这些组织给了他一个又一个实现梦想的舞台。“2017 年夏天，在经历了一系列考核后，南京特殊教育师范学院以博大的胸怀正式录用我为一名光荣的大学教师，使我完成了从一个残疾人向一名大学老师的蜕变，让我再次感受到了博爱的力量。”张九童说。

作为全国残疾人共同的家，中国残疾人联合会始终关注各界残疾人的发展，张九童也是受到特别关心和帮助的人之一。中国残疾人联合会主席张海迪女士将自己的作品《轮椅上的梦》和《生命的追问》等书籍作为礼物寄给了张九童，并亲笔为他写了热情洋溢的鼓励信：“亲爱的九童，读了你的文字，我和很多人都很感动。这是一个健康的孩子都难以做到的，可是你却以自己顽强的斗志做到了，我们都应该学习你坚强的品格！我想，一个人身体有残疾是不幸的，但只要有美好的梦想，生活依然还会是幸福的，奋斗就是幸福啊！”

残疾人事业是他成长的风帆

工作之后，张九童一直致力于残疾人事业发展的理论研究，在对改革开放以来中国残疾人方面的相关政策进行梳理之后，他说：“中国经济的腾飞为中国残疾人事业的发展奠定了经济基础，残疾人事业的法律制度体系不断完善，残疾人的教育公平和就业公平取得了重大进展，越来越多的残疾人走上了适合自己的工作岗位，过上了有尊严的生活。残疾人社会保障体系和社会服务体系日臻完善，给残疾人的医疗、康复、就业、培训带来了福音。”

独特的成长经历使张九童对残疾人事业充满了热爱。在他看来，残疾人事业是光辉的人道主义事业，是在为广大残疾人兄弟姐妹搭建一条通往平等、公正和自由的光明大道。他说：“因为切身经历，我更能理解残疾人身体的痛楚和心灵的苦闷，因此更愿意为残疾人事业贡献自己的一份力量。”

张九童心中有一个梦想。他说：“我期盼每个残疾孩子都有一个圆满的家庭。家长都能饱含耐心对待自己的残疾孩子，教育他们、引领他们、扶持他们，永不嫌弃、永不抛弃、永不放弃。用‘爱’做好孩子的第一任老师，给他们提供良好的学习环境，营造舒适的家庭氛围。”他还希望每位残疾人朋友都有一个有价值的人生。能够享受及时有效的康复治疗，始终保持身心健康；能够接受适合自己的教育，在知识的海洋中尽情遨游；能够获得舒心安定的工作岗位，在自己热爱的职业中尽情释放潜能和热情；能够组建幸福美满的家庭，与家人一起携手前行，共享天伦之乐；能够参与力所能及的社会活动，在融入社会中回报社会；远离被歧视、自卑和焦虑，在人生大舞台上展现靓丽的风景，期盼我们的社会处处洒满爱的阳光。

他呼吁全社会的健全人，用一颗善良的爱心，倾听残疾人渴望救助的呼声，关注残疾人渴望教育的心声，体会残疾人渴望发展的心愿。希望所有的残疾人学有所成、劳有所得、住有所居、病有所医、老有所养，激发残疾人热爱生活、感恩社会、报效祖国的满腔热忱。张九童说：“我把这个梦想称作‘月亮的梦想’，月亮由缺及圆的变化恰恰体现了残疾人克服困难、迎接挑战、创造新生活的力量。”

习近平主席在参观复兴之路展览时提出：“实现中华民族的伟大复兴是近代以来中国人民最伟大的中国梦。”在张九童看来，残疾人也是中国大家庭的重要成员，应将个人的梦想融入到中国梦的伟大实践当中，成为有抱负、有担当、有作为的人。

这个曾被医生诊断为“可能终身智力残疾或不会行走”的孩子，心怀梦想，一路跌跌撞撞，在党和政府的关怀下，与中国残疾人联合会一同成长。面对未来，张九童表示将继续与他志同道合的朋友一起，在中国残疾人联合会的支持和指引下，为中国残疾人事业的发展添砖加瓦，为广大残疾人朋友的平等、和谐与幸福不懈努力。他说：“残联是我的家，残疾人事业是我成长的风帆。”

董明：轮椅上的中国最美志愿者

康宁

董明（前排中）与她的爱心团队成员在一起

【董明，女，肢体残疾一级，1986年出生于湖北武汉，“董明爱心志愿者团队”负责人、武汉市政协委员、中国第一位残疾人抗震救灾心理危机干预志愿者。她被誉为“中国最美的志愿者”“轮椅上的爱心使者”，参加过汶川地震心理救援、北京奥运会和残奥会、上海世博会、广州亚运会和亚残运会的志愿者活动；以外语翻译志愿者身份服务深圳大运会；被选为北京奥运会火炬手、北京残奥会形象大使。她还用行动和精神带动5万多人成立“董明爱心志愿者团队”，长年义务帮助他人；2011年9月20日，荣获“第三届全国道德模范之全国助人为乐模范”。】

改革开放以来，中国残疾人事业取得了很大发展。董明感觉，单从对残疾人称呼方面就能深刻感受到这一巨变。从之前残疾人被称为“残废人”，到如今被称为“残疾人士”和“残疾朋友”，她和她的残疾人朋友们都深受感动。因此，她特别感恩社会的进步和中国残疾人事业的蓬勃发展，尤其感恩党和政府以及残联多年来的支持和关爱，感谢社会各界对于残疾人群体的理解和帮助。正是源于此，她和她的志愿团队才能一直坚守心中的理想，拥有与健全人平等的尊严。

学会直面劣势

1995 年，年仅 9 岁的董明还是湖北省跳水队的队员。在一次训练中，她为了避让队友，不幸摔成高位截瘫，颈部以下全无知觉，丧失了语言能力。从一个健康的小公主瞬间变成了一个高位截瘫的病人，她第一次体会到了什么是生不如死。

董明说，真正让她勇敢“站”起来的是受伤之后接二连三的打击。除了身体上的变故，家庭经济的变故也让她开始思索起人生。为了高昂的医药费，董明的父亲不得不每天打两份工，晚上也要去上夜班；母亲则主要负责对董明进行日常护理。最让她难以释怀的是，有一次母亲由于过度劳累，晕倒在她的病床前。当时，董明想呼救却喊不出声来；想打电话求助，手却一点都动不了。时间一分一秒地过去，她不知道是不是永远失去了亲爱的母亲，只能在床上默默地流泪。直到父亲晚上下班回到家，才将已在冰冷的地面上躺了 6 个多小时的母亲送到了医院。在采访中，董明表示，这份经历使她明白了：什么叫做责任。她要为了她的父母变得更加坚强自立。

董明说："你开始坚强，首先就是要从心态开始。"她在病床上一躺就是 10 年，在这 10 年间，她一直坚持自学。她说："我也想过放弃，但是我不会真正放弃，这是我实现梦想的方式。"董明提到，在学习中遇到的最大困难就是无法说话，比如想要告诉妈妈自己想学习，她就一直盯着别人的一本书看，就这样用了将近半年时间才让妈妈明白自己想要学习。董明向同学们借来课本，看书的时候就让妈妈把书向着自己摊开，需要翻页的时候就眨一下眼睛；没有办法读出课文，她就一遍又一遍地在心里默默地念；没有办法拿笔，她就一笔一画地在心里默默地写。所谓坚持就是完全看不到希望，但还是在继续努力。靠着这样的毅力，董明在插着氧气和检测仪、不断住院的情况下，用 10 年的时间自学了从小学到高中的全部课程，并且掌握了英语和日语两门语言，还考下了高级心理咨询师的证书。回望过去，董明说，她其实很感谢有这样的一个过程和经历，教会了她如何去静静地思考。

爱不是等待而是奉献

2001 年，董明的父亲用微薄的收入为她买了一台二手电脑。可是，对于当时的董明来说要想使用电脑非常困难。她的手指完全不能动，身体又无法坐起来，于是母亲就把她抱成侧躺的姿势，再帮她把一只手放在键盘上，让她试着通过一点点挪动来触摸键盘。经过一年的努力，她终于能够用一只手的小指第二个关节和嘴唇配合，来敲打键盘。功夫不负有心人，慢慢地，董明试着开始在网上写稿，并且获得了一定的稿费。尽管当时自己的生活也十分困难，但是董明仍然用在网上写稿赚取的微薄收入去资助一些农村失学儿童，她也自此开始走上了志愿者的道路。有人问她："你那么难，为什么还要帮助别人？"董明说："面对磨难和伤害，需要多一份包容和理解。我们的目标，不是恨、不是怨，而是幸福。爱不是等待，而是奉献！"

董明刚开始恢复了一些语言功能之后，便注册成为了一名正式的志愿者。她开始利用自己康复的经验在聋哑学校教授聋哑孩子学说话。"每天都很难忘！"董明这样形容她的志愿经历。从那时开始，董明每年投入在志愿服务中的时间都超过了1000小时。2008年汶川地震之后，董明说服父母一起奔赴抗震救灾的最前线，以一名专业心理辅导志愿者的身份参与赈灾活动及灾后重建服务，成功唤醒了两位植物人，使5位父母双亡的孩子开口说话，让40多位重度残疾人重拾生活信心。她也因此荣获中共中央和国务院联合颁发的"四川省抗震救灾模范"，成为中国第一位残疾人抗震救灾心理危机干预志愿者。同年8月，董明以翻译志愿者和中央电视台特邀记者的身份参加了北京奥运会。曾是一名运动员的她以这样一种不同的方式参与到奥运会之中，让她倍感自豪。之后董明还参与了残奥会、世博会、大运会等各项赛事的志愿服务，先后荣获"全国先进个人奖""全国道德模范提名奖""中国青年五四奖章""全国助残阳光使者”“湖北省十大杰出青年”“湖北省五四青年奖章”“湖北省优秀志愿者”“北京市十大志愿者”“北京市五四青年奖章十大标兵”“四川省抗震救灾英雄模范”“世博志愿者之星”……数不清的奖项背后是董明超出常人的艰辛与努力。

残疾人也可成为志愿服务者

现在的董明已成为武汉软件工程学院的一名老师，通过自己的专业知识教书育人。同时，在政府的支持和帮助下，“董明爱心志愿者团队”也由最初的 600 余人发展成近 6 万人的庞大队伍，提供的志愿服务内容包括帮助留守儿童、参与城市建设、残疾人帮扶、心理咨询等。许多被董明帮助过的残疾人也相继加入到志愿服务的行列中。同时，董明建议加入志愿工作的残疾人朋友们，在参与志愿服务的过程中首先要保障自身的安全；其次是要通过努力学习，做一些力所能及的专业的事，发挥所学专业知识的作用，用专业去帮助他人。

在谈到为什么选择志愿服务时，董明说：“我们国家有妇女代表、青年代表，我既作为妇女代表参与过很多活动，也作为青年代表参与过。在残联的关爱下，也希望在实现中国梦的过程中能贡献出属于我们残疾人的一份力量。一份小小的努力，通过自己的影响带动身边的人回馈社会。”在参与志愿活动的 10 多年中，董明感受到我国的志愿活动发生了翻天覆地的变化。国家对于公益事业愈发重视，出台了《慈善法》等一系列法律以及政策，越来越多的普通民众愿意加入到志愿活动中来。人们对于志愿服务的认识也从仅仅是帮助弱势群体转变为志愿服务是一种“传递爱的方式”。

谈到人生，董明说：“除了我的爸爸妈妈，给我人生最大影响的就是张海迪主席。我小时候从课文中就学习过她的事迹，后来受伤后家人给我买来海迪主席的全套书籍鼓励我。从海迪主席的身上我学到了什么是坚韧，她是我精神的榜样与心中的指引。”

关于未来，董明希望能够继续做好本职工作，在教师的岗位上教书育人，做一名好老师；同时也希望自己能够持续投身于公益事业，用自己的行动激励更多的人，为实现中国梦和“两个一百年”作出自己的贡献。

周仁贵：
汶川地震压不垮的“直立”人生

黄叶　吴超超

阿贵在果园里检查果树

【周仁贵，男，肢体残疾一级，1992年出生于四川省都江堰市。2008年，正上初三的周仁贵在“5·12”汶川特大地震中被埋在了废墟里，虽然被救援人员救出，年仅16岁的他身负重伤，双腿被高位截肢，经过数次抢救才脱离险境。之后他被转到中国康复研究中心北京博爱医院进行了为期9个月的康复治疗。出院后他回到学校读完初中并顺利升入高中。2012年经过不懈努力考入四川音乐学院，学习广告设计。2016年他大学毕业后不久，回乡创业，与父母合作种植销售猕猴桃。目前他开了一间微信网店，年销售额近20万元，闲暇之余又在家中开了小卖部。】

周仁贵，昵称阿贵，1992年出生于四川省都江堰市。2008年，年仅16岁的他在“5·12”汶川特大地震中身负重伤，双腿被高位截肢，经过数次手术抢救才脱离险境。在社会各界的关爱和自身的坚强努力下，阿贵成长为“90后”青年创业者的楷模。

地震无情，救援有情

汶川地震发生时，阿贵正在都江堰中学初三（6）班上课，“轰隆”一声，阿贵没有来得及反应就被埋在了倒塌的校舍废墟中。救援人员经过12个小时的艰苦营救才帮他脱离险境，随后阿贵被立即送往当地医院进行救治。为抢救他的生命，当地医院不得不先后为他实施了右髋关节离断和左大腿截肢等6次手术，但术后仍产生了一系列并发症，创面也久久未能愈合。救援有情，地震无情，这场变故还是夺去了阿贵的双腿。

为了帮助阿贵治疗，在当地残联的安排下，阿贵被转到了北京就医。在北京，阿贵前前后后做了7次手术，经过中国康复研究中心北京博爱医院康复医疗小组专家长达9个月的不懈努力，终于达到较为理想的效果。这期间，他承受着巨大的痛苦，却一次泪也没有流过，最后成功装配上了假肢。

突然失去双腿给一个初中生带来的巨大心理落差是令人难以想象的。在重症监护室里的两个月是阿贵最难熬、最低落的一段时光。身体和心灵的双重折磨曾一度让他产生自我怀疑、自我放弃的负面情绪。转院到北京之后，医院针对身体、心理双管齐下，为他安排了专门的心理咨询师进行心理疏导；同时中国残疾人联合会领导、各界爱心人士也时常来看望他，给他加油鼓劲。在社会各界的热心帮助下，天生乐观的阿贵很快恢复了对生活的热情。他说："当你看到周围有那么多伤得比你还严重的人时，你会觉得自己的伤都不是事儿。生活必须要继续，笑着总比哭着好。"

这场大地震改变了很多人的人生轨迹，还有许多孩子也和阿贵一样遭遇了不幸，其中有 7 个人与阿贵一道被安排去了首都北京。在北京就医的日子里，他们拧成一股绳、劲往一处使、心往一处想，互相扶持、互相鼓励，结下了深厚的友谊。回到家乡后还一直保持着联系。

时光荏苒、白驹过隙，转眼间地震发生已 10 年了，阿贵也由当初的懵懂少年成长为男子汉。他的生活日渐步入正常的轨道。他喜欢慢节奏的生活，喜欢都江堰这座城市的宁静与平和。每天午后，他都会和朋友相约出门，或游山玩水、或喝茶谈心，生活悠然自得。现在的他，尽管只能靠轮椅助行，却事事亲力亲为，不需要特殊照顾。他说："我现在基本到哪儿都能自理，尽量不去麻烦别人。"

重返校园，自主创业

地震中断了阿贵的学习生活，从接受治疗到术后恢复，他有一年多时间是在校外度过的。他恢复了基本的自理能力后再次回到学校，然而校园早已不是最初的模样，以往熟悉的老师和同学们都不在了，校舍也焕然一新。新的老师和同学们也纷纷对他伸出援手，帮他适应新的学习生活，后来阿贵顺利考上高中。家人、朋友、老师和同学的关心让他倍感温暖，他也很庆幸自己选择了继续求学之路。他说：“初中和高中的学习时光是我最难忘的时光，我交到了很多朋友，尤其是初中时候，很多好朋友都是这期间结交的。”

由于身体上的缺陷，阿贵在一些方面受到限制，考大学选学校就是典型的例子。普通孩子只需要考虑与分数相匹配的学校和专业，阿贵则必须考虑学校助残设施的便利度。填报志愿前阿贵在父母的陪同下，将自己备选的学校都实地考察了一遍，最终选择了当地助残设施最完备的四川音乐学院。幸运的是，他被这所学校录取，攻读广告设计专业。这四年里，他学业进步，也接触到来自不同地方的同学，跟他们的交往也拓宽了自己的视野和人脉。

毕业之后，考虑到在外上下班的不便以及年迈的父母需要照顾，阿贵决定回到在农村的父母身边。他不想做“啃老族”——靠父母养活自己。他们当地的土壤、气候条件非常适合猕猴桃的生长，而且猕猴桃的价格、收益都很不错。有知识、有头脑的阿贵果断抓住商机，从2016年开始自主创业，种植猕猴桃。他与父母合作分工：父母负责种植，他负责找渠道，销售猕猴桃。阿贵非常重视猕猴桃的质量，从网上学习了大量的种植知识并指导父母进行应用，实行绿色种植，保证水果品质。他骄傲地说：“我家的水果质量那是相当的好，之前送到成都进行检验，都是优质绿色水果。”2016年生意刚刚起步，收益一般。2017年气候条件不错，市场环境也很好，一年下来，猕猴桃的收入共有十几万元。

猕猴桃采摘期过了之后，阿贵一下子清闲了下来。可他天生是个“劳碌命”，一刻也闲不住。他又在自家开了个小卖部，一方面打发时间，另一方面也可以与乡里乡亲联络感情，还能作为第二收入来源。开张半年多，阿贵的小卖部生意虽然谈不上火爆，但也逐步走上了正轨。

经历过生死之后，阿贵对待生活有一种不一样的平和心态。他不争不抢，对目前所拥有的一切常怀感恩之心，同时也努力为家人创造更好的生活条件。

高效残联，有求必应

一路走来，政府、残联和爱心组织等机构对阿贵的关爱让他和家人颇为感动。这其中，残联给他提供的帮助最大。“在我受伤后残联一直不停地给我各种帮助，真的非常感谢！”阿贵由衷地说道。

阿贵曾一度面临实习、找工作的窘迫。他大学就读的是广告设计专业，然而，同学们毕业后基本都转去做销售等工作了。阿贵说：“设计行业一方面靠天赋，另一方面也需要有经验。当地公司不愿意招收没有经验的人，因为培训需要成本，他们宁愿出高工资，招那种能立即创造效益的人。”在这样的就业环境下，四肢健全的人尚且找不到一份合意的工作，更何况一个残疾人。无奈之下，阿贵只能向残联寻求帮助。阿贵说：“当地有很多残疾人，残联没法对每一个人每天嘘寒问暖。我们一般是有什么困难都主动去找，残联都会积极帮我们解决。”阿贵向地方残联发出“求助”

信号后不久，残联立刻就帮忙安排阿贵去了当地一家有名的公司实习。阿贵激动地说：“残联基本是有求必应，而且办事效率非常高。”阿贵在这家公司待了半年时间，虽然最后没能在公司留下来，但已经非常开心。对他来说，这样一份经历依然是无价之宝。他说：“我知道了公司是如何运营的，体验了公司的氛围，也认识了更多的人。”

在阿贵的创业之路上，残联也提供了非常多的帮助。在得知阿贵自主创业后，当地残联第一时间上门光顾他的生意，订购了一百多箱猕猴桃，给阿贵带来了“开门红”。阿贵家产的水果味甜汁多且绿色健康，残联很多工作人员尝鲜之后，都被这样的高品质水果“实力圈粉”，成了阿贵的回头客。阿贵说：“每年一到水果成熟的季节，残联的叔叔阿姨们都会到我这儿来买水果，看到他们对我的水果的肯定，我心里也非常开心。”

各界支持，感恩常在

阿贵的创业路并非一帆风顺。2017 年就遇到了大问题。当年的“双十一”，很多商家优惠打折力度大，给阿贵带来很大的竞争压力。阿贵说：“应对风险也是一种能力，这方面我还有很长的路要走。”好在很多爱心人士纷纷向他伸出援助之手。当地狮子会聚集了很多企业家。他们常年与残联合作对接，有比较丰富的社会资源。在得知阿贵自主创业后，狮子会工作人员主动联系了阿贵，让他试着通过狮子会网络平台进行销售。平台还免去了阿贵的提成费，让他免费进行售卖，帮他渡过难关。

常年与阿贵保持联系的爱心人士之一应总（化名）非常欣赏阿贵的善良、乐观与真诚，逢年过节总是想着给阿贵买点礼物。在阿贵创业这件事情上，应总也表示了全力支持。除了会在猕猴桃盛产时节亲自上门采购外，也推荐自己身边的亲朋好友前来购买。阿贵的水果由于口碑好，这些人也慢慢地变成了常客。阿贵说："主动来我这儿购买水果的爱心人士非常多，我都没法一一数过来。"在这些人的激励下，阿贵对自己的猕猴桃事业更有信心了。他要继续努力种植，争取今年有更好的收成。命运让阿贵失去了双腿，阿贵却用另一种方式站起来了，并且活得更加精彩。

在北京就医期间，也有众多爱心人士给阿贵捐款捐物，并经常看望他。2009 年，阿贵术后回到四川，与部分爱心人士失去了联系。2016 年他又回了北京一趟，又与其中很多人重新联络上了。这些人当中，有几个叔叔阿姨对阿贵非常热心，阿贵说："我遇到什么问题都可以去找他们，他们就像亲人一样帮我想办法解决困难。"阿贵目前想扩展自己的水果种植销售业务，他们也帮忙给阿贵联络了一家公司，阿贵正在与这家公司洽谈合作事宜。

性格内向、略显腼腆的阿贵尽管不善言辞，但对于那些曾经帮助过他的人却饱含了感恩之情。他一心想着努力回报这些爱心人士、回报残联、回报社会，希望自己在有能力之后去帮助更多的人。

张倩昕：
广东首位视障研究生的成长与梦想

叶欣

张倩昕与她获得的荣誉证书

【张倩昕，女，汉族，视力残疾三级，1992年出生于广东省广州市，中共党员，广州市融爱社会服务中心创始人和总干事。她热心公益，积极参与盲人协会工作，志愿服务时数超过1000小时。2013年获“中国大学生自强之星”“华南农业大学优秀共产党员”；2014年被评为“广东省自强模范”；2015年获“全国交通银行残疾大学生励志奖”“百名盲人优秀读者”；2017年获“广州好人”“首届中国盲协‘金点子’提案一等奖”。】

张倩昕，从小随班就读。在当地学校、残联及盲协的鼎力支持下，她考取了华南农业大学社会工作专业本科，并成功保研，成为广东省本土培养的第一个视障研究生。在各界人士的关爱和帮助下，她自主创办广州市融爱社会服务中心，积极投身于公益服务事业。

多方助力，考上大学并成功保研

张倩昕从小与健全孩子一起学习，遇到的障碍令人难以想象。2010 年，她参加普通高考，希望得到考试的合理便利支持——作答大字版试卷。可当时对残疾人考试的支持保障政策仍不完善，申请高考合理便利的渠道及流程并不清晰。高三那年，除了备考的压力，她还承受着对便利申请能否获批的担忧。最终，在广州市残联和广州市第四中学等多方协调帮助下，几经周折，用了将近一年时间，在高考前 3 天，她才获批可以使用大字卷及台灯参加高考。

张倩昕说："虽然获批颇费周折，但也体现了国家主管机构在当时没有明晰政策支持的前提下，对残疾考生考试权利的优先保障。今天，残疾人学生参加普通高考已经有了常态化的制度，全国各地很多视障的弟弟妹妹们可以享受到高考的合理便利支持。这些均切实保障了我们残疾人接受高等教育的权利，是我国残疾人事业发展的重要成果。"

此后，华南农业大学在与健全同学同等条件下，公平录取张倩昕进入社会工作专业学习。在学校老师同学的帮助支持下，张倩昕专业学习表现突出。到大四时，她希望继续升学，学习更多专业知识。但在保送研究生的过程中，却遇到了很多不理解与阻力。有人质疑："你视力有障碍，读研并不容易，你如何毕业？即使顺利毕业，又有什么用？"有人表示："读研很辛苦，本科就足够，读研需要大量阅读，会损耗视力，得不偿失。"有人担心："你视力不足，很多事都做不了，很难有导师接收。"

然而，外界的声音无法左右张倩昕内心的坚持。在争取保研过程中，广州市残联、广州市盲协积极帮助她与学校沟通，告诉学校视障人士通过读屏软件支持，可以使用电脑，阅读书写都没有问题。华南农业大学公共管理学院专注研究残疾人社会工作的卓彩琴教授表示，愿意接收张倩昕成为自己的学生。最终学校经过多次讨论后，决定平等给予张倩昕攻读硕士的机会，她顺利获得免试保送资格，继续在华南农业大学攻读社会政策与社会管理专业硕士研究生。张倩昕说："华南农业大学给了我平等接受教育的机会，残联的帮助也更好地让学校了解到视障人士同样有接受高层次教育的需求和能力，这一过程，我深刻感受到《中华人民共和国残疾人教育条例》是我们残疾学生受教育的最好保障制度。"

从本科到硕士的 7 年学习生涯中，张倩昕一直走在接受融合教育的路上。很多人好奇她是怎么完成学业的。她说："在华南农业大学，老师们都会给我准备大字版试卷，还会帮我核对答题卡；绝大多数教学资料也会为我提供电子版，这样我可以通过电脑阅读。生活上，舍友们经常帮我晾衣服，每次去食堂的时候还会告诉我有什么饭菜。其他方面和大家也没有什么差别。”舍友们在认识张倩昕之前几乎没有与残疾人士一起生活的经验，刚开始都会有担忧；但慢慢相处下来，大家都成了好朋友、好闺蜜。后来舍友告诉她，刚刚接触她时，还以为得像照顾年幼的妹妹一样照顾她，可慢慢发现她有些事情比她们还厉害。

张倩昕还在广州市残联和盲协的帮助下，申请到电子助视器；参加了盲人定向训练，学会了独立出行，增强了独立生活的能力；在广州市残联开办的盲人电脑培训班上学会使用读屏软件，可以操作电脑、阅读文献、撰写论文、自主学习。

因为有学校、残联、社会各界的关心和支持，张倩昕不仅顺利毕业，成为广东省本土培养的第一名视障硕士研究生，还自主创业，创办为残疾人士提供专业服务的融爱社会服务中心。

助人自助，研究实践融合教育

张倩昕学习了 7 年的社会工作和社会管理，也做了大量残疾方面的研究。她很庆幸选择了社会工作专业，这个专业让她的人生获得了深刻的改变。在求学、科研和服务的过程中，她渐渐从自卑走向自信，从胆怯走向勇敢，从幼稚走向成熟。在学习过程中，张倩昕学会追寻心灵的方向，学习专业知识，成长为一名真正的社工。现在，张倩昕不仅可以平静面对内心，而且可以坦然接受别人异样的眼光，不再会因他人的歧视与排斥而讨厌自己的视障。她逐渐学会接纳自己，更积极地融入周围的生活。

张倩昕希望能够帮助更多和她一样身有残疾的朋友，更好地服务他们。她从自己的切身经历意识到，教育对一个人的发展至关重要，对残疾人士来说更是如此。她发现，目前我国大部分残疾孩子接受着隔离式的特殊教育，也许这样的隔离可以把他们保护得很好，但总有一天这些孩子还是需要走向社会。而融合教育如果适当的话，能很好地培养特殊孩子的社会交往能力。因此，让残疾孩子与普通孩子一起成长更容易使残疾孩子适应和融入社会；另一方面，接受融合教育，学习的知识更为丰富和系统，高等教育阶段的专业选择度更广，未来就业选择可能性也更多。

“助人自助，残疾人只要有机会、有支持，同样拥有无限的可能，残缺的生命同样多彩！所以我希望可以从事残疾社会服务与研究，一方面为残疾人士提供直接服务，帮助他们回归社会；另一方面在服务中可以总结出更多的残疾人服务经验模式，加以推广。”张倩昕坚定地说。

为了求学和梦想，她一直坚持尝试融合教育，探索融合教育和融合就业的发展。2016年，她自主创办了广州市融爱社会服务中心，旨在为残疾人士提供康复、教育、就业、生活等多方面的支持性服务，安置残疾人就业，开拓盲人就业新渠道。目前这一机构还在起步阶段，她希望在社会各界支持下，可以切实帮助到更多残疾人士，帮助残疾孩子们接受融合教育，促进残疾人士融合就业。另外，她也参与了盲人协会的工作，坚持服务盲人群体，帮他们维护合法权益；用心聆听盲人朋友的需求与心声，做他们的知心人，并且协助残联和当地政府解决残疾人遇到的各类问题。

“我愿用一生去为残疾人事业的发展贡献微薄之力，做好融爱服务中心，做好一名社工，做好一名协会工作者。在不同角色中用自己的专业知识去回馈社会，用真诚服务残疾朋友，用实际行动传递爱的正能量。我相信，只要我用心看世界，我就能看到光明。我愿将爱与希望与所有残疾兄弟姐妹们分享，创造幸福明天，一路追逐梦想。”张倩昕说。

走进新时代，一个残疾人也不能掉队

过去很长一段时间里，社会对于残疾的理解，经历了从漠视到关爱、从个体残疾观到社会残疾观的演变。个体型残疾观，是指在生物医学模式下，残疾仅仅是个体面临的问题，社会保障着眼于个体免受疾病的威胁与降低疾病后果对个体的影响。近年来，社会型残疾观日益获得大众认可。社会医学模式逐渐代替生物医学模式，我国的残疾观也越来越趋于包容和平等，更加以权利为本。残疾人不仅是国家社会的救济对象，也可以融入社会，成为社会的建设者，共享发展成果。从专业机构到普通公众，人们开始意识到，残疾人的问题更多是外在环境与社会环境的影响，而并非仅仅是残疾本身的问题。因此，我国有关部门尤其是各级残联，更加强调改善社会环境，改善社会对残疾人的偏见与歧视，重视保障残疾人享有与健全人均等的机会，真正给予残疾人参与社会生活的机会和空间。

在回顾求学成长之路时，张倩昕表示，自己很幸运生在一个日益开放包容的时代，社会在逐步接纳残疾人。她特别感谢国家对残疾人教育的日益重视，正是因为《中华人民共和国残疾人保障法》《中华人民共和国残疾人教育条例》等法律法规的出台，才能保障自己平等拥有接受教育的权利，成为真正融合教育的受益者，受到高层次的优质教育，学会了更多知识。起点更高，人生的选择和可能性才更多。

张倩昕说："我知道上一代的残疾朋友们上大学会遇到很多困难和障碍，甚至没有机会上大学。而我身处的这个时代，让残疾人不仅有机会参加普通高考，还能有机会读完本科，甚至还可以读到研究生。在学习、科研、服务的道路上，我开阔了视野，看到了我国残疾人事业的飞速发展，感受到了党和政府对我们残疾人群体的关心和重视。"

2016 年 8 月，国务院印发《"十三五"加快残疾人小康进程规划纲要》(以下简称《纲要》)。在张倩昕看来，从《纲要》的具体方针政策中，可以看到国家重视残疾人事业发展，改善残疾人各方面条件的决心。

而更令她感动的是，国家主席习近平对残疾人士的持续鼓励和支持。习主席不止一次强调，中国梦是民族梦、国家梦，是每一个中国人的梦，也是每一个残疾朋友的梦。在实现"两个一百年"和全国人民奔小康的进程中，残疾人"一个也不能掉队"。平等、参与、共享，让每位残疾人都可以成为生活的主人，让残疾人融入社会生活，让残疾人的发展也融入到社会的发展大潮中去。希望残联可以成为残疾人的家，同时希望未来的残疾人事业是多元主体参与，协同支持残疾人发展。”张倩昕说。这些话语铿锵有力，掷地有声，给像她这样的残疾人无比的信念与信心，鼓舞着他们勇敢前行、追逐梦想。

刘桂芗：搭建残疾儿童的温馨家园

施琳彤

刘桂芗近照

【刘桂芗，女，肢体残疾三级，江西兴国人。她创办了当地最大的民办教育集团，包含5所幼儿园、3所留守儿童托管中心、1所残疾儿童康复中心、1所特殊教育学校、1所春雨中医院、1所春雨福利院，在校学生近3000人、教职工200多人，集幼教、特教兼托管于一体。学校多次被评为“江西省赣州市先进幼儿园”，其中将军大道幼儿园被评为“省级示范幼儿园”。多年来，她热心公益事业，为贫困家庭捐款和为困难儿童减免学费累计上百万元，被评为“兴国县先进教育工作者”“优秀共产党员”“赣州市优秀德育工作者”“赣州市优秀民办幼儿园园长”“赣州市爱心妈妈”“赣州市劳动模范”“赣州市关爱留守儿童优秀使者”“江西省‘三八’红旗手”“江西省自强创业先进个人”“江西省自强模范”“全国百佳幼儿园园长”等。】

刘桂芗于 1970 年 8 月出生在江西省兴国县杰村乡一个边远的山村——里丰村。4 岁时，她因患小儿麻痹后遗症右脚落下终身残疾，但肢体上的残疾并没有束缚她执着昂扬的人生。从小她就立下志向，要做一个有出息的人。她用爱心浇灌着当地的幼教事业，为几百名留守儿童和残疾儿童创建了一个温馨的家。从考上幼师到创业成功，她时常感叹是国家政策的完善和残联的一步步及时帮扶，才让她的人生之路走得更加稳健和多姿多彩。

政策法规相助开启创业之路

从小学开始，刘桂芗的成绩就非常优秀，在班里一直担任班长或学习委员。1985 年，她面临初中毕业，但心里一直担忧：作为一名残疾人，今后有没有上大中专学校的机会？

幸运的是，当年，原国家教委、国家计委、劳动人事部、民政部联合下发《关于做好高等学校招收残疾青年和毕业分配工作的通知》，要求各地教委、高招办在招生工作中对生活能够自理、不影响所报专业学习及毕业后所从事工作的肢体残疾（不继续恶化）考生，在德、智条件相同的情况下，不应仅因残疾而不予录取。这一通知让刘桂芗喜出望外，她顺利考入了幼儿师范学校。1988 年，刘桂芗从幼师毕业，她特别感谢国家的政策。在刘桂芗看来，那个年代能接受中专教育实属不易，这为她的人生奠定了良好的知识和技能基础。

幼师毕业后，刘桂芗进入兴国县高兴镇粮管所工作，并于

1995 年 7 月加入中国共产党。随着国家逐步转向市场经济，计划经济下的粮食系统体制亟待改革，粮管所开始实行职工分流，刘桂芗和丈夫、公公都面临再就业的问题。

生活的挑战没有难倒刘桂芗。她注意到国家在 1997 年出台的《社会力量办学条例》中，提出“积极鼓励、大力支持、正确引导、加强管理”的方针，提倡和支持社会力量办学。幼师毕业的她敏锐地发现了这个机会，决定顺应国家改革开放大潮，捡起自己的专业老本行，自主创业。

1997 年，刘桂芗拿出家中的积蓄，在镇上办起了自己的第一所幼儿园。第一个学期，她招到了 27 个孩子。尽管人数不多，但她在 27 个孩子身上倾注了大量心血。她自己教书、自己做饭，将小小的幼儿园打理得妥妥贴贴。一个学期后，刘桂芗的悉心教育带来了良好的效果。27 个孩子在她的教导下，学会说普通话，还会讲故事，小小幼儿园在镇上树立了良好的口碑。第二个学期，幼儿园里就迎来 162 个孩子，这一成果增强了她的信心。

后来，国家又颁布了《中华人民共和国民办教育促进法》，从法律层面明确了民办教育的地位和发展方向。2002 年，刘桂芗在县城创办了将军大道幼儿园。现在，这家幼儿园已经成为整个县城中唯一的一家省级民办示范幼儿园。在省级示范幼儿园的带动下，她又接连创办了 4 所幼儿园。当时，全国各地掀起外出打工热潮，兴国县也不例外，很多孩子留在家中没人照看。针对此情况，刘桂芗又于 2005 年创办了全县第一家留守儿童托管中心。如今，她已经创办了 3 所留守儿童托管中心。

打造残疾儿童康教乐园

创办将军大道幼儿园之后，刘桂芗常常遇到一些残疾儿童的家长，他们四处奔波，甚至苦苦恳求，可他们的孩子仍然入学无门。出于同病相怜的仁爱怜悯之心，也由于幼教工作者责任心的驱使，每当看到这些残疾孩子们渴望的目光、家长失望和无助的眼神时，刘桂芗心里便隐隐作痛，甚至常常陪着家长们一同落泪。2003 年初，她毅然作出了一个重要的决定：敞开所有幼儿园的大门，全面接收残疾幼儿入学。

实际上，接受残疾幼儿入学并不是一件简单的事情，其中的艰辛是一般幼儿园老师难以想象的。残疾儿童要么身体残缺，要么智力低下，有的甚至吃饭穿衣等日常生活都无法自理，这需要老师们付出比照顾一般健全儿童多出几倍甚至几十倍的爱心与汗水。一开始，幼儿园的老师们都不太接受残疾孩子。在跟老师们开会时，刘桂芗留着眼泪劝说老师们和自己同甘苦，帮助这些可怜的孩子。在刘桂芗的感召和带领下，幼儿园的老师们逐渐克服了困难，用真诚的爱心和辛勤的汗水呵护着残疾孩子。

随着时间的推移，幼儿园的残疾孩子逐渐增加。如何解决好残疾孩子的康复问题开始成为一件大事。于是，刘桂芗又决定办一所残疾儿童康复中心，将残疾儿童的教育与康复结合起来。创办残疾儿童康复中心更不简单，不仅需要专业的知识和设备，还需要特殊教育专业的老师和康复专业的人员以及添置大批康复设施所需的资金。当时，县里还没有建立民办残疾儿童康复机构的先例。在刘桂芗创办康复中心的过程中，各级残联积极给予大力支持。最终在2007年，刘桂芗投资300余万元正式创办“兴国县春雨残疾儿童康复中心”。

残疾儿童康复中心成立之后，兴国县残联多次派专员到现场进行专题调研，解决了创办过程中的许多实际问题，比如指导填写申报材料的具体内容，帮助聘请专家进行布置、设备购置、制度建设等全方位的指导。同时，兴国县残联还积极帮助刘桂芗争取上级部门专项经费的支持。残联领导不但亲自参加了残疾儿童康复中心的揭牌仪式，还邀请县里主要负责人和有关爱心人士共同参加。刘桂芗说，县残联从精神、专业技术、经费等各方面都对康复中心给予了关心、支持和帮助。

不仅如此，江西省残联和赣州市残联也对康复中心的发展给予了很大支持。在康复专业人员培训方面，江西省残联提供机会，让康复中心的康复师赴北京、广州、上海等地参加全国性的高级别康复专业培训。同时将康复中心列为智力残疾、孤独症、听力残疾儿童康复救助项目定点机构，在政策方面给予大力支持。赣州市残联为残疾儿童康复中心捐赠了不少康复设备和器材。

推行残健融合教育实践

自从建立春雨残疾儿童康复中心以来，刘桂芗和她的幼师团队一直在实践中不断探索“残健融合”的教学模式，得到了残疾儿童家长的认可，同时也得到了当地残联的及时指导和大力支持。

赣州市残联领导多次带队到春雨残疾儿童康复中心调研和指导。江西省委常委、赣州市委书记李炳军于 2016 年 5 月上旬在市中心城区进行残疾人专题调研工作。之后赣州市残联与教育局组织的“残健融合”教育工作调研组来到兴国县春雨残疾儿童康复中心深入考察，对中心十几年来实践探索的“残健融合”教学模式给予了充分肯定。6 月，康复中心被列为“江西省赣南片区‘残健融合’教育示范基地”。残联号召各地积极组织学习康复中心的优秀经验。这些都为“残健融合”教育的推广提供了强有力的政策支持和有效激励，也给了刘桂芗极大的鼓舞和鞭策。

2008 年，国家修订了《中华人民共和国残疾人保障法》，出台了残疾人教育康复方面的一系列政策法规，这也为春雨残疾儿童康复中心的健康发展和保障残疾儿童受教育权等合法权益提供了权威的法律支持和政策保障。

2017 年 7 月，由中国残疾人联合会等七部门联合印发的《第二期特殊教育提升计划（2017–2020 年）》为残疾儿童教育提供了更有力的推动和促进作用。其中第三部分“主要措施”中明确指出：“有条件的儿童福利机构继续办好特教班或特殊教育学校”“鼓励各地积极探索建立孤独症儿童少年特殊教育学校（部）”。正是在这一政策的指导下，刘桂芗于 2017 年 9 月又创办了一所特殊教育学校—— 兴国县星儿悟学校，使中心实施的“残健融合”教育内容和对象更加广泛。

谈起对未来的期待，刘桂芗提出了三点愿望。首先，希望残联能将残疾儿童教育的形式广泛推向全社会，让更多残疾孩子受益。其次，希望所有街道社区能够为残疾人提供合适的就业机会，帮助他们创造人生价值。这也需要全社会更加开放地去接纳、包容残疾人，将他们当作平等的个体来看待。最后，她希望政府能进一步推动社会完善残疾人基础设施建设，特别是公共场所的无障碍设施建设，为残疾人出行创造更多便利。

刘桂芗感慨，在接受教育、就业和创业等方面，她充分体验和享受到了国家对残疾人的关怀，这让她在自强不息的拼博奋斗中，才有机会为幼儿教育、留守儿童教育和残疾儿童康复教育贡献自己的一份力量，发挥自身价值。同时也凭借自身的不断努力得到社会的尊重。她说，一路走来，要特别感谢残联，正是残联的庇护，让她茁壮成长并通过创业走上康教助残之路，更好地实现了自己的人生价值。

编者的话

本书即将付梓之时，恰逢2019年新年来临之际，这是一个注定载入史册的年份——中华人民共和国成立70周年。抚今追昔，我们感叹伟大祖国的巨变，更感叹这巨变给每位残疾人带来的福祉：新中国成立以来，中国残疾人的命运发生巨大改变；改革开放以来，中国残疾人事业得到快速发展；党的十八大以来，中国残疾人及家庭的小康进程加速推进；尤其是近5年来，残疾人的民生改善和脱贫攻坚取得显著成效。这种历史性的发展和进步不仅彰显于中国残疾人群体的成长过程中，更体现在每位残疾人的日常生活中。本书编写的初衷，正是为了描绘这一历史进程中残疾人群体与祖国共同成长的壮美诗篇。

这是一部颇具代表性的图书。为了更好地体现代表性，中国残疾人联合会组织联络部、研究室和中国残疾人6大专门协会以及全国各省区市残联上下联动，从全国范围推荐人选，并对推荐名单进行反复斟酌，最终选定了46位各行各业残疾人及扶残助残人士的典型代表。他们来自全国各省区市，涵盖不同残疾类别、不同行业和不同年龄，有着各自不同的人生经历和切身感悟，但他们有一个共同特点，都是伴随着新中国各阶段的发展而一路奋进、自强不息、与祖国一同成长。他们不只是46个经历不同的残疾人个体，更是中国千千万万残疾人及残疾人事业的缩影。他们的故事反映出中国残疾人命运的转变，映射出中国残疾人事业的进步，更折射出新中国方方面面的巨大发展。

这是一部凝聚着爱心与温暖的集体作品。本书采写者主要是北京大学的爱心志愿者们，他们的浓浓爱心和青春活力深深打动每位采访对象，赢得采访对象的信任与支持；他们中的一些人也因为这些采访经历而深深爱上了这个群体，立志投身于残疾人事业，用自己的行动奏响青春助残之歌。

本书持续一年多的采写和编辑出版工作，得到中国残疾人联合会研究室、组织联络部、宣传文化部的鼎力支持，并被列为中国残疾人联合会研究室的重点工作之一，同时得到中国残疾人事业发展研究会、各残疾人专门协会和北京大学人口研究所等机构团体的倾情相助；此外，在成稿过程中，慕容素娟、赵军利、张硕、官雪晖以及其他各界专家学者等都给予大力支持、付出诸多辛劳，在此一并表示感谢！最后还要特别感谢中国盲文出版社的大力支持与帮助！